运动训练与竞技能力提升的

周期整合

训练方法论、运动心理学与营养学的系统化整合方案

[罗] **图德·O. 邦帕**
（Tudor O. Bompa）

[英] **鲍里斯·布鲁门斯坦**   **詹姆斯·霍夫曼**   **斯科特·豪厄尔**   **爱丽丝·奥巴赫**
（Boris Blumenstein） （James Hoffmann） （Scott Howell） （Iris Orbach）

著

曹晓东 高志青 田石榴 张栋 译

人民邮电出版社

北京

图书在版编目（C I P）数据

运动训练与竞技能力提升的周期整合 ：训练方法论、运动心理学与营养学的系统化整合方案 / （罗）图德·O. 邦帕等著 ； 曹晓东等译. -- 北京 ：人民邮电出版社，2021.5
ISBN 978-7-115-55007-1

Ⅰ. ①运… Ⅱ. ①图… ②曹… Ⅲ. ①运动训练－关系－竞技体育－研究 Ⅳ. ①G8

中国版本图书馆CIP数据核字(2020)第191732号

版权声明

Original Title: Integrated Periodization in Sports Training & Athletic Development
© 2019 by Meyer & Meyer Sport (UK) Ltd.

免责声明

内 容 提 要

本书由周期训练理论的先驱图德·O.邦帕博士联合四位领域内专家倾力打造。作者在论述了基础体能训练方法的基础上，重点介绍了如何把身体、心理和营养计划的主要方面纳入训练计划之中，从而使运动员的训练状态、心理状态、营养状态同时得到有效的调整，以帮助教练科学执教。书中首先分析了运动训练的现状，阐释了运动员的训练必须结合营养学和运动心理学的原因，并在介绍饮食因素对成功的影响、身体成分周期等基础理论的基础上，给出了营养摄入的周期计划制订方法；然后介绍了心理技能训练的方法和原则。在此基础上对制订整合运动能力、营养和心理提升的周期计划进行了细致介绍，并提供了篮球、游泳、排球等十类运动项目的整个周期计划的示例，同时还提供了针对不同级别的运动员的整合周期计划制订方法，旨在为从事体育训练研究的专业人士和在一线的教练提供科学的周期计划制订方案，以有效提高科研和训练效果。

◆ 著	[罗]图德·O. 邦帕（Tudor O. Bompa）	
	[英]鲍里斯·布鲁门斯坦（Boris Blumenstein）	
	[英]詹姆斯·霍夫曼（James Hoffmann）	
	[英]斯科特·豪厄尔（Scott Howell）	
	[英]爱丽丝·奥巴赫（Iris Orbach）	
译	曹晓东 高志青 田石榴 张 栋	
责任编辑	裴 倩	
责任印制	马振武	

◆ 人民邮电出版社出版发行　　北京市丰台区成寿寺路 11 号
邮编　100164　　电子邮件　315@ptpress.com.cn
网址　https://www.ptpress.com.cn
北京捷迅佳彩印刷有限公司印刷

◆ 开本：700×1000　1/16
印张：13.5　　　　　　　　　2021 年 5 月第 1 版
字数：242 千字　　　　　　　2025 年 11 月北京第 7 次印刷

著作权合同登记号　图字：01-2019-0406 号

定价：148.00 元
读者服务热线：(010)81055296　印装质量热线：(010)81055316
反盗版热线：(010)81055315

目录

序言

运动训练和比赛准备是非常复杂的活动。

在训练过程中，运动员的身体和心理都需要模拟比赛时的特定状态。在运动员的身体通过特定的训练方法得以达到比赛要求的同时，其心理也要通过特定的心理准备得以优化。此外，教练还要利用最佳营养配餐为运动员提供充足的能量。

周期整合（integrated periodization，IP）论述了如何把身体优化、心理准备和营养计划的主要内容纳入训练计划之中。本书对体能训练只做简单介绍，因为图德·邦帕在另外两本书中对其进行了详细的阐述。因此，本书中的体能训练部分只具有引导性作用，目的是在此基础上展示如何为不同运动项目的运动员制订营养计划和心理计划。

第 1 章

运动训练现状

图德·邦帕 博士 / 鲍里斯·布鲁门斯坦 博士 / 爱丽丝·奥巴赫 博士 / 詹姆斯·霍夫曼 博士

简介

长久以来，人们对运动科学和训练方法论的研究往往只专注于某一特定的、孤立的领域。运动生理学、运动心理学和运动营养学均自成体系且独立发展，但这些领域的专家们忽视了谁才是这些知识的受众——教练和运动员。人类是非常复杂的有机体，运动员具有特殊的训练需求，他们需要专业、科学的指导。

为有效满足运动员的需求，运动科学专家必须考虑训练的具体目标以及训练计划和训练周期安排的方式。然而，一些运动科学专家没有意识到的是，运动员和教练所需要的不仅仅是赛前的指导，实际上，运动员和教练在整个备战过程中都需要这些服务。或者，在运动员和教练未能取得预期的成绩或完成测试目标时，也需要运动科学专家为其治愈可能出现的心理创伤。

此外，当运动科学专家和教练合作时，参与比赛的运动员会更容易达到目标，因为这种情况下运动员的生理潜能可以得到极大的提高，并能克服自身的局限性。如果运动员没有调整好身体或心理状态，则不可能取得明显的进步。

在认识到竞技运动员的多种需要的基础上，邦帕于 1997 年首次提出将运动训练的各个方面整合起来，并为这一理念注册知识产权，于 1999 年出版了相关著作（Bompa, 1999）。这个整合性的理念包括运动能力周期化训练、营养计划以及心理策略的发展和完善。新的研究表明，科学、合理的营养确实能够对运动能力的提高产生积极的影响。本书针对特定运动项目推荐的周期整合训练模式涵盖了营养学和运动心理学的新研究成果。

周期与周期整合

作为训练科学与方法论的基本术语，周期是为运动员制订年度训练计划的基础。周期（periodization）一词来源于"时期"（period），意指对时间过程进行特定的划分。在训练理论中，周期指训练的一个阶段，因此，周期训练也常被称作阶段式训练。在运动训练中，周期是一种将训练划分为若干较小的阶段，便于管理训练计划的方法。

"周期"一词是从其他学科中借用的，如历史（古代史、中世纪史等）或文学（莎士比亚文学、维多利亚文学等）。

周期虽是现代训练概念，但历史悠久。当然，古代的周期概念不同于现代的周期概念。尽管起源不详，但从古代奥运会（公元前 776—393 年）开始，它就以原始的形式长期存在。弗莱维厄斯·菲罗斯特拉托斯（Flavius Philostratus）（公元 170—245 年）曾经编写过几本关于训练计划的书籍，书中记载的希腊奥运会运动员使用的年度训练计划包含以下几个阶段。

1. 准备阶段，安排非正式比赛。
2. 比赛阶段，参加奥运会 。
3. 过渡阶段 。

理论上，如今大多数教练采用的训练计划与古代奥运会运动员采用的训练计划没有明显的不同，只是现代的训练计划更加科学。与古代奥运会的运动项目相比，现代许多运动项目的比赛阶段时间更长，比赛次数也更多。

周期作为一种复杂的训练理念，不仅用于把年度训练计划分为不同的阶段（见图 1.1），更重要的是用于提高运动员的运动能力，如速度、力量、爆发力、灵敏性和耐力（见图 1.2）。

	年度训练计划		
训练阶段	准备阶段	比赛阶段	过渡阶段
大周期			
小周期			

图 1.1　年度训练计划的阶段划分

训练阶段	准备阶段			比赛阶段	过渡阶段
力量周期	AA	MxS	P/A	保持爆发力	AA

图例：AA = 解剖适应（anatomical adaptation）；MxS = 最大力量（maximum strength）；P/A = 爆发力 / 灵敏性（power/agility）。

图 1.2　年度训练计划中的力量 / 爆发力周期

　　弗莱维厄斯·菲罗斯特拉托斯是周期整合的早期支持者，他认为一名优秀的教练同时也应该是心理医生。

　　运动员的身体和心理密切相关的理念的另一位支持者是罗马医生克劳迪厄斯·盖伦努斯，他在 *The Art of Preservation of Health* 一书中指出，运动员在训练时要摄入合理的营养，运动后进行沐浴有助于放松身心。同样重要的是，盖伦努斯建议使用谈话疗法来治疗心理问题，这种方式可以让运动员分享他们的想法与困惑。

　　早在 1,800 年前，盖伦努斯和菲罗斯特拉托斯就已经认识到了运动员与教练需求的复杂性（训练、营养和精神状态），而如今，相关领域的专家们仍然只专注于单独的某一方面。虽然营养专家与心理学家会给某些运动员提供指导，但这种指导只是临时性的，不能满足大多数运动员的全年需求。

　　不仅如此，运动科学专家指导运动员时，也常常忽视训练周期的划分和每个训练阶段的目标。除非教练、运动科学专家和运动员共同努力以达到特定训练阶段的目标，否则运动员的成绩可能不会达到最佳水平。这正是本书的目的所在。周期整合训练需要整合运动训练所需的各个方面，以满足运动员与教练的需求。

周期与训练负荷

　　周期训练已存在逾 2,500 年之久，其效果已被许多顶级运动员验证，但仍有人质疑它的有效性。如果人们对周期训练有争议，那么对训练、计划、组织，甚至生理适应也会有争议！但是，周期与训练负荷经常被人们混淆！

　　有些作者或运动科学专家认为周期就是线性和波动性（或波浪式）周期，实际上这是对周期的误解！有些学者甚至使用这种混淆的概念进行科学研究。

这种无知会导致严重的后果！

如上所述，严格地说，周期训练是指以阶段为基础的训练。训练阶段或周期既不是线性的，也不是波动性的。事实上，周期是一系列训练时期或阶段。每一个阶段都有特定的训练目标，最终目标是使运动员在比赛阶段发挥潜能，达到最佳运动表现水平。

周期作为一种计划概念，十分灵活，有几种不同的主要模式，但采用哪种模式取决于运动员的参赛项目和日程。因此，周期并非线性或波动性周期，线性或波动性周期仅指为运动员或团体训练计划确定训练负荷的方法，不属于周期！

上文简要定义了什么是周期，下面介绍确定训练负荷的几种不同方法。

德·洛尔姆和沃特金斯（De Lorme & 1951）是最早提出递增式训练负荷的学者，此后，这种方法演变为线性训练负荷，即不断增加或每天增加训练负荷。线性训练负荷主要用于增肌，其效果非常明显，但是这种负荷模式是运动员经常过度训练的原因之一。有些人提倡采用线性周期，并错误地认为训练越多越好，忽视了身体适应的渐进性原则。1956 年，邦帕在罗马尼亚提出了波动性训练负荷，并于 1983 年在美国出版了相关著作（Bompa，1956）。

递增式训练负荷是分阶段进行的。将多个周期每一阶段的最大负荷相连，就会得到一条训练负荷不断增长的波动曲线，运动表现水平也是逐步提高，如图 1.3 所示。严格来说，波动性训练负荷就是递增式训练负荷的长期形式。

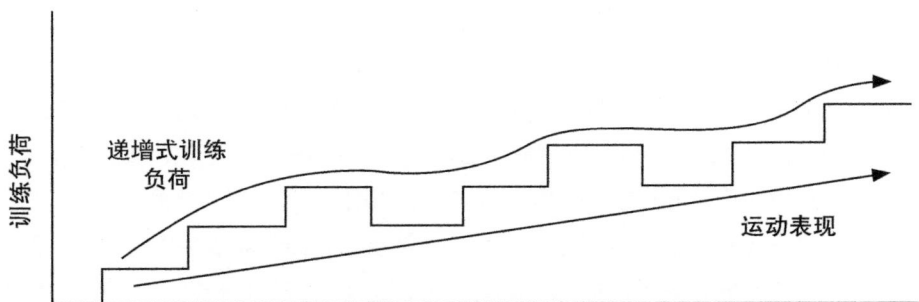

随着训练负荷的波动，运动员的运动表现水平不断提高。

图 1.3 一段时间内的递增式训练负荷

源自：T.O. Bompa, Periodization: Theory and Methodology of Training, 4th ed. （Champaign, IL: Human Kinetics, 1999）, 48.

为什么必须将运动员的训练与营养学和运动心理学整合

　　许多关于运动训练的讨论的主要关注点是各种训练方法和能量系统，人们很少将运动训练的讨论放大到更完整、更综合的范畴。人体非常复杂，运动员具有特殊的需求，除了技术、战术和体能训练，他们还需要具体的营养计划和心理调节策略。然而，与运动训练相关的不同领域的专业人士却将训练、营养学与运动心理学相互孤立，忽视了需要关注的主体——运动员。因此，本书将会讨论运动员和教练需要关注的内容：训练、营养学和运动心理学。

运动训练中的营养准备

　　在过去 50 ~ 60 年的时间里，与运动员的训练准备有关的所有方面都取得了新的进展，包括身体、心理和营养准备策略。关于周期训练的研究大都围绕如何系统地对训练变量进行调整以实现训练效果最大化，同时控制整个训练周期的应激。然而，这些研究往往不够全面，因为它们忽视了运动营养以及营养周期对训练结果的影响。人们常常因为不了解运动营养以及营养周期的作用，导致训练效果不理想。为了更有效地整合各种策略，我们需要更全面地理解这些不同策略的作用。

　　目前，传统的运动营养模式受到了一般营养实践策略的严重影响。一般营养实践策略包括尽量食用颜色丰富的水果和蔬菜，改善人体的微量元素含量，降低心血管疾病的发病率，鼓励人们向着更健康的生活方式转变。尽管这些都是有益的、有价值的建议，但这些建议不一定能满足运动员的营养需要。因此，教练和运动员往往缺乏正确的营养策略指导，或者没有充分利用他们可利用的营养资源。

　　运动营养不是一般营养或保健养生，虽然后两者促进健康的作用的确值得肯定，但其与运动营养是不同概念。简而言之，运动营养的唯一目的在于通过营养干预提高运动表现水平。若要提高运动表现水平，任何不能促进这一目标实现的内容均不在考虑之列。在周期整合中，运动营养旨在促进新陈代谢、改善身体成分和增强恢复适应性（recovery-adaptive, RA），最终提高运动表现水平。我们必须确保运动员合理摄入营养以提高他们的运动表现水平，帮助他们适时地调整体重和身体形态，建立良好的饮食习惯，能够从艰苦的训练和比赛中恢复。

促进新陈代谢

摄入的食物最终会成为运动或训练所需的能量。摄入的食物的种类和数量会直接影响运动员完成高强度、大量的运动的能力。这不仅是一个一般性的概念，如每天摄入足够的热量才能满足运动需求，而且从细胞水平上看，某些营养成分，如碳水化合物的补充或缺乏都会显著影响代谢过程。因此，将食物中储存的能量转化为运动时的机械能的能力，与产生超负荷训练刺激和训练适应的能力密切相关。如果运动员在训练和比赛时没有摄入充足的营养，即使制订了年度训练计划，运动员也无法达到理想的运动表现水平。

新陈代谢的改善不仅能够提高身体为训练产生可用能量的能力，加快能量产生的速度以满足高强度训练的需求，还有利于运动员在比赛期间提高运动表现水平。此外，较高水平的训练还有助于产生足够的递增式训练负荷，以诱发运动员的恢复适应过程。通过控制总体可利用的能量（热量平衡）、能量供应基础成分（大营养素）、训练对应的进食时间、摄入食物的类型以及运动补剂的合理运用，运动营养实践可以优化运动员的训练表现和比赛表现。

改善身体成分

所有运动项目都对运动员的身体有一定的要求，如对体重、体脂或肌肉量的要求。但一些教练和运动科学专家并不重视这些方面，他们认为这只是健美运动员或想要增肌的"大块头"才需要考虑的方面。实际上，身体成分的长期和短期变化，都是教练在安排训练和营养周期时要考虑的因素。某些体育运动项目需要优化爆发力与体重之比，如那些对体重进行分级的项目，如果运动员尽可能减少体脂，增加肌肉量，则有助于显著提高运动表现水平。至于其他运动项目，只需运动员保持最适合比赛的体重，以达到最佳运动表现水平。

改善身体成分包括增加肌肉质量的各种策略，但这只是该领域中的一小部分。经验表明，只要求运动员增加或减轻体重，而不给他们提供需要摄入的食物类型，往往收效甚微。训练能够促进肌肉生长或维持肌肉量所需的蛋白质转换过程，以满足能量消耗的需求，摄入的营养成分也需要确保能量消耗需求的满足，并能够以最有效的方式使身体成分发生变化。例如，运动员需要减重时，要在减少体脂的同时尽可能地维持肌肉量；相反，运动员需要增重时，就要尽可能快地增加肌肉量，同时尽量减少脂肪的积累。训练与营养相结合，能够在整个年度训练计划中合理地控制运动员的身体成分变化，从而最大限度地提升训练效果并降低受伤的风险，如图 1.4 所示。

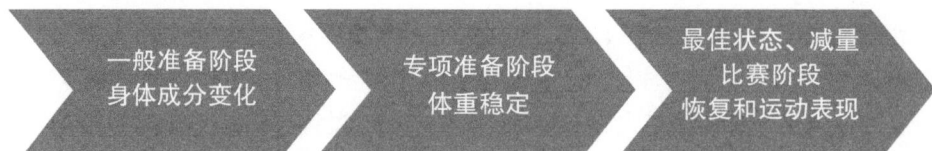

图 1.4 营养周期和运动训练计划时间表

增强恢复适应过程

运动营养计划最主要的目的不仅在于使运动员的身体在训练和比赛时达到最佳状态，还在于增强运动员的恢复适应过程，促进后续的信号级联反应达到最佳水平。虽然训练能够为蛋白质合成、改变基因表达提供主要刺激，但是运动员有效恢复的能力对适应性反应过程有着重要影响。营养策略不仅有助于运动员在训练后及时恢复，而且有助于持续提高蛋白质合成水平。运动后的恢复策略对各个方面都有积极的促进作用，包括激素分泌、平衡合成代谢和分解代谢、建立细胞信号通路、改善神经系统兴奋度及众所周知的水合过程、补充消耗的碳水化合物储备等。

营养策略能够帮助机体补充消耗的糖原储备、促进骨骼肌的蛋白质合成。促进运动后恢复的综合策略有助于运动员为高强度的训练和比赛做好充分的准备，并在最有利的条件下产生适应性反应。

本书将介绍基本的运动营养概念、营养周期理论，并提供实际范例以说明如何将这些知识应用于实践。本书还包括训练、非稳态管理以及心理学的相关内容，以及之前未涉及的周期训练的整体方法，为竞技体育运动的教练、运动员及学者提供参考。

运动训练中的心理准备

运动心理学已经成为所有体育项目训练计划中的重要组成部分，运动心理学的应用有助于激励运动员为训练和比赛做好准备。要提高教练和优秀运动员的成功概率，其训练计划应涉及多个相关领域，如运动医学、营养学、生理学以及运动心理学。运动员个人的心理准备（psychological preparation, PP）及团队表现是决定比赛表现的重要因素，但心理准备只是运动员赛前准备的一个方面。

运动员通常需要进行 4 个方面的准备：身体、技术、战术和心理 （Bompa, 1999; Bompa & Haff, 2009）。这 4 个方面的准备相互关联，并以运动专项的目标和训练原则为基础。无论运动员的性别、年龄和技术水平如何，均会涉及上述 4 个方面。准备过程的时长、强度和类型会根据运动员、团队或环境的具体需求不同而变化。本书将介绍心理准备的定义及其在运动训练中的作用，以及与运动表现相关的心理因素。后续章节将对心理准备进行更广泛的讨论。相关研究和实践表明，心理准备对运动表现和运动成就有重要的影响（Gould & Maynard, 2009; Vealey, 2007）。心理准备为运动员提供了特定的心理技能和策略，可以帮助他们有效应对训练或比赛中遇到的心理和情绪问题，促进他们达到最佳运动表现水平。

最佳运动表现

最佳运动表现通常与运动员的最佳成绩有直接关系。在现代体育运动中，运动员和教练逐渐认识到运动员在进行重大比赛时心理因素的重要作用。邦帕（Bompa, 1999）认为最佳运动表现是一种特殊的训练状态，其特征为"较高水平的中枢神经系统适应性、运动与生理的协调、高动机水平、应对挫折和接纳潜在的竞争压力的能力和自信心"。同样，运动心理学家认为最佳运动表现与身体和心理因素相关，能够通过训练得到提高（Krane & Williams, 2015）。运动员达到最佳运动表现水平的关键是在比赛压力的干扰下，学会形成并保持最佳心理状态。

最佳心理状态

运动科学专家和相关研究人员认为最佳心理状态是指身体与心理两方面的理想状态，也被称为心流状态（flow state）（Csikszentmihalyi, 1990）， 或个人最佳功能区 （Hanin, 2000; Jackson, 2000）。理想的心理状态是运动员能够通过必要的心理技能缓解比赛压力，达到最佳运动表现水平（见图 1.5）。

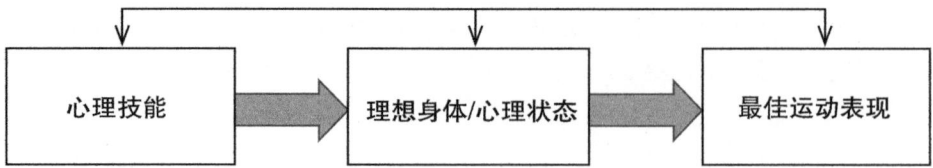

图 1.5 达到最佳运动表现水平的示意图

在高水平竞技运动中，运动员是否达到个人的最佳心理状态或进入最佳功能区，是决定成败的关键因素。在最佳心理状态下，运动员反应自如，无须费力或有意识注意。理想心理状态的特征包括高度的专注（注意力适当）、兴奋度的自我调节（精力充沛但心情放松，没有压力）、高度自信、适度控制、适当放松，达到最佳状态的决心与信心（Krane & Williams, 2015）。然而，这种最佳状态并不会一开始就存在，需要经过一个漫长而复杂的训练过程，以及不断地学习、实践和发展心理技能和策略。

心理技能与策略

优秀的运动员能够确定自己的理想心理状态，并通过一定的心理技能和策略促进这种状态的产生和维持。为达到最佳运动表现水平，优秀运动员通常采用的心理技能和策略包括放松和兴奋度调节、专注、目标设置、意象（可视化）、保持自信、比赛（训练）前心理准备（Blumenstein & Orbach, 2012a, b）。对集体类项目而言，心理技能还包括凝聚力、领导力以及沟通能力（Vealey, 2007）。与身体技能相同，所有心理技能也可以通过系统的学习和实践获得（Weinberg & Williams, 2015）。这些心理技能和策略能够帮助运动员达到最佳心理状态，从而在训练和比赛中获得最佳运动表现（Gould, Flett & Bean, 2009）。每项运动需要不同的心理技能和策略，这些将在第 3 章和第 5 章中进行讨论。

从总体上来看，运动员和教练对心理准备的潜力和作用的认识是模糊不清的。虽然有些运动员与教练认为心理准备是成功的关键因素，但大多教练和运动员侧重身体训练，忽视了心理或精神因素。在过去的 20 年里，越来越多的教练与运动员认识到心理准备的作用，并将其纳入训练过程之中（Balague, 2000; Blumenstein, Lidor & Tenenbaum, 2005, 2007; Blumenstein & Orbach, 2012b, 2018; Holliday et al., 2008）。但是，心理准备大多作为独立的活动，没有与其他训练因素相结合（见图 1.6）。

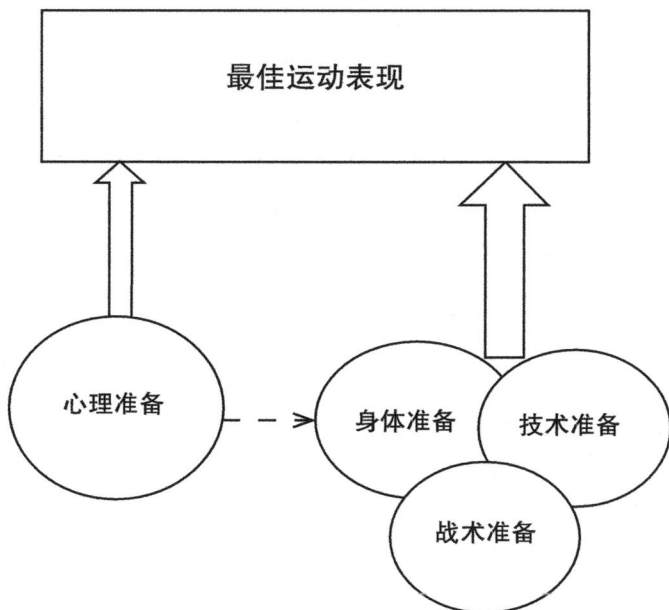

图 1.6　心理准备在训练中的特定地位

出现上述情况可能有以下几个原因。

- 对心理准备存在误解，认为心理准备仅仅适用于顶级运动员。
- 运动员只有在比赛前或遇到冲突、困难时，才会主动寻求运动心理咨询师的帮助，只与运动心理咨询师进行短暂的合作。
- 教练并未充分了解心理准备，对其持怀疑态度，他们希望通过心理准备快速达到训练效果，但在很多情况下往往忽视心理准备。
- 认为心理准备与其他准备类似，不能客观地衡量心理准备的进展，错误地认为心理准备并不科学。
- 教练是训练过程中的主导者，不希望其他人介入训练过程，如运动心理咨询师。
- 运动心理咨询师应被视为团队的一员，可以帮助运动员达到最佳运动表现水平，但也要知道运动员和教练才是取得成功的关键。

- 心理准备的研究主要在实验室环境中开展，没有应用于实际训练。对于如何改变对其的误解，如何在训练和比赛中恰当、系统地运用心理技能，大多数运动心理咨询师并不了解。
- 运动心理咨询师有可能不了解特定项目的训练理论和方法。大多数情况下，运动心理学家的培训计划中缺乏运动训练和运动项目的相关理论和方法。因此，大多数心理准备是独立进行的，没有与其他准备相结合。但在运动训练中，有必要结合心理准备与其他准备，本书将在第 3 章对此进行全面的讨论。

第 2 章

运动营养基础

詹姆斯 · 霍夫曼 博士 / 斯科特 · 豪厄尔 博士

　　虽然许多运动科学专家和体能教练采用了现代周期训练方法来提高运动员的成绩，但他们往往忽视了营养的作用。与其他运动科学一样，运动营养学已经发展为一门学科，并被来自各个运动领域的运动员和教练认可，广泛应用于实际训练中。运动营养学虽然是一门相对年轻的学科，但运动营养学家认为，运动营养的干预是影响运动表现的基本因素之一。然而，对营养学知识的误解和某些不科学的研究结果，常常导致人们不知道如何将运动营养学的知识应用于有效的训练计划之中。本章旨在介绍营养周期的基本概念，以及在年度训练计划中的实际应用。

　　由于营养的用途多、应用范围广泛，所以其作用往往存在很多不确定性。许多人利用营养来改善健康、提高身体或心理机能、增强自主生活能力以及延年益寿。在临床实践中，营养可用于预防和治疗疾病，以达到维持或改善身体健康的作用。但是，运动营养学的主要目的是通过营养干预提高运动员的运动表现水平。这是在训练开始时就应该理解的一个重要概念，否则人们会将一般的健康和临床实践中的营养与运动营养混为一谈。运动营养不仅局限于一般的健康，其主要目的是提高运动员获胜的可能性。在以下几个环节进行改进，可以提高运动员的成绩。

- 新陈代谢。
- 身体成分。
- 恢复适应过程。

饮食因素影响运动表现

　　在运动科学以及运动营养领域，常常充斥着一些流行的错误信息，同时也存在着一些偏见，这些内容会干扰或误导那些想要提高运动表现水平的教练和运动员。

尽管营养概念不断变化，但是运动营养学和其他运动科学一样，已经确立了普遍适用的基本原则和概念。就像训练必须遵循超负荷原则、专项性原则和阶段增强（phase potentiation）原则等，基于训练实践的运动营养计划也必须以提高运动表现水平为目标，主要考虑的因素如下。

1. 热量 / 能量平衡。
2. 常量营养素。
3. 营养摄入时间。
4. 食物成分。
5. 营养补剂。

这些因素使教练和运动科学专家不再关注那些无聊的问题，如怎么节食减重，或者某种特殊的训练方法是否适合某位运动员，而只关注那些提高训练效果的方面。在运动营养学中，无法采用流行或有趣的模式来制定食谱，而需要遵循一些基本指导原则，从根本上帮助运动员提高运动表现水平。然而，谨记并非所有营养要素都具有同等作用，其存在主次之分。为了有效地利用这些营养要素，应对这些营养要素进行排序，让教练和运动员懂得如何选择重要的营养要素。在确定了营养要素的基本顺序之后，再进行更加精细的调整。

热量 / 能量平衡

在运动营养学领域有一个重要的、可论证的饮食因素，也是最容易被忽视的一个因素，即热量平衡。在通过营养改善身体成分和增强恢复适应性来提高运动表现的同时，也应该保证热量平衡。热量平衡代表一个人的净能量状态，即摄入的总热量与消耗的总热量之比。可以每天评估摄入和消耗的热量之比，也可以在较长的时间范围内进行评估，如 7 天评估一次平均热量。消耗的热量用于维持正常的身体功能，完成运动、训练及恢复和适应过程。据估计，在各饮食因素中，热量平衡的相对重要性高达 50%，这一数字并不夸张，热量平衡是运动员取得成功的关键因素。

能量平衡存在 3 种状态。

1. 负能量（低热量）：运动员消耗的热量超过摄入的热量。能量不足会导致身体分解体内储存的能量源，包括碳水化合物、脂肪、蛋白质等，以补偿能量净损失。因此，随着时间的推移，负能量平衡会导致体重减轻（见图 2.1）。

2. 能量平衡（等热量）：运动员摄入的热量与消耗的热量相等。实际上不可能每天都处于能量平衡状态，因为体重每天会在一定范围内上下波动。能量平衡可在一段时间内使体重保持稳定（见图 2.2）。

3. 正能量（高热量）：运动员摄入的热量超过消耗的热量。多余的热量将用于合成新的结构分子或作为能量储备。因此，随着时间的推移，正能量平衡会导致体重增加（见图 2.3）。

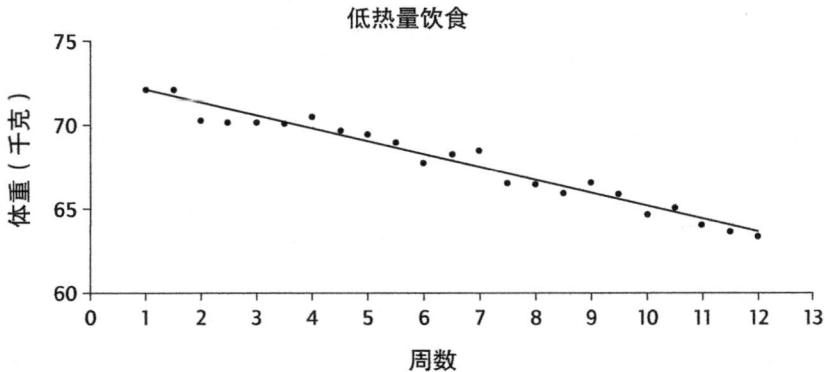

图 2.1　低热量饮食实例

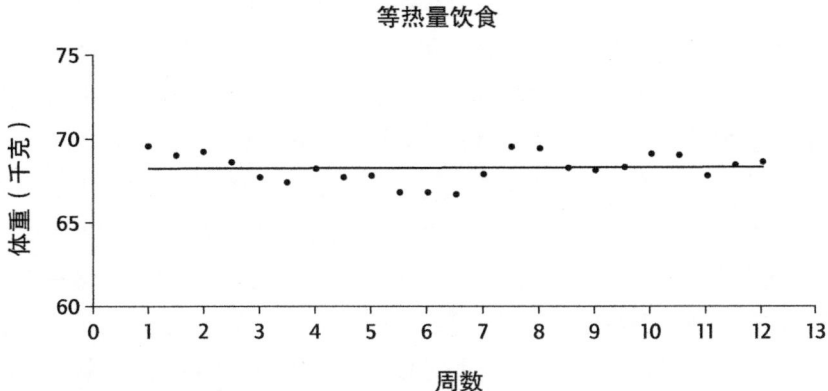

图 2.2　等热量饮食实例

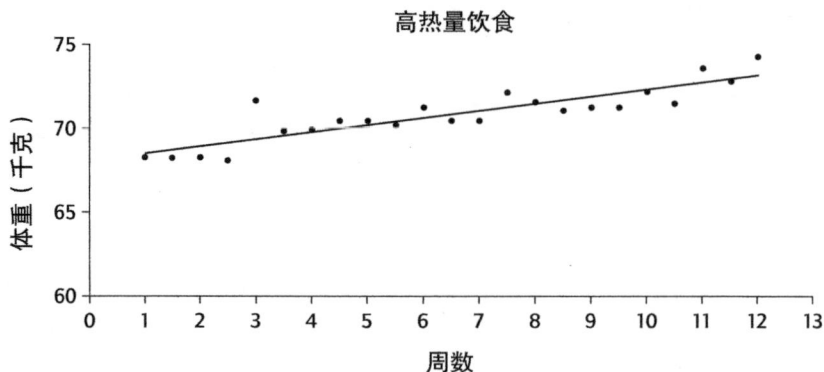

图 2.3 高热量饮食实例

在所有影响运动员表现的变量中，能量平衡对运动员能力的影响最大，主要影响增肌、减脂、高强度运动后的恢复、长期训练适应以及运动表现等方面。能量平衡状态不仅能为能量转换和分子合成提供原材料，还能调节所有代谢过程中的潜在细胞信号通路、酶活性和激素水平。能量守恒定律是不能违背的。热量就是热量，这意味着如果一个运动员想增加体重，就必须摄入更多的热量；如果一个运动员想要减重，就应减少热量的摄入，并增加热量的消耗，或者两者同时进行。控制能量平衡是制订有效的运动营养干预计划的第一步。但如何知道运动员摄入多少热量才最合适呢？如何知道他们目前处于什么样的能量状态呢？

有几种可用的测试方法和公式可帮助教练和运动科学专家计算或估计一个人每日应摄入的热量。估算运动员的热量需求有几种常用方法：静息代谢率测试、哈里斯－贝内迪克特（Harris-Benedict）公式或预测每分钟能量消耗率。其中一些方法是侵入性的（译注：器械或其他物体进入身体内）、成本过高或操作过于复杂，教练和运动员无法定期选择使用。但是有一种方法成本相对较低，操作简便，可任意使用，而且可以根据运动员的能量状态得出可靠和实用的能量数据，它就是表格法。对于确定能量数据，表格的确是一种有效又简便的工具。只需要记录体重随时间变化的数据（在相同的条件下测量的），就能得出运动员能量的变化趋势，无须使用数据统计、复杂的公式或其他测量工具。如果运动员的体重随时间推移在增加，那么该运动员处于正能量（高热量）状态。这种方法简单明了，清晰有效。但是仍然存在一个常见问题，如何确定一名运动员的能量状态？或者一名运动员到底需要多少热量才能达到能量平衡（等热量）状态？这类数据可以通过详细记录运动员的饮食而获得，最好以两周为一个周期，并将其与体重数据做对比。虽然这种方法会导致一些人为错误，但仍是确定能量状态这一重要步骤的实用方法。

只要得到运动员两周的饮食记录和体重数据，就可以确定运动员平均每天摄入的热量以及体重变化。目的是确定一个适当的能量平衡（等热量）状态，可以根据需要进行修改，以达到运动表现和身体成分目标。如果一名运动员想减少体重或体脂，平均每天摄入 4,000 千卡（1 千卡约为 4.19 千焦，此后不再标注），而其体重保持不变，那么就可以间接确定该运动员当前的运动量、体重和热量摄入处于能量平衡状态。如果该运动员想要进一步减重，就需要限制热量的摄入，或增加训练量，或两者同时进行。详细记录其体重和热量摄入是一种相对简便的方法。记录热量的方法既实用，又能记录饮食和健身计划的应用，因此明显好于其他方法。教练和运动科学专家利用这样的热量记录表，很容易就能获得相关数据，从而大大降低和减轻教练和运动员确定热量平衡的难度和负担。教练能够不断了解运动员热量需求的变化，并根据需求及时做出调整。

常量营养素

一旦确定了达到热量平衡状态所需的热量值，下一个重要步骤就是确定常量营养素的热量分配比例，即每天需要摄入多少碳水化合物、多少蛋白质和多少脂肪。热量平衡是运动营养中最重要的因素，适当比例的常量营养素具有重要的作用，可保证运动员肌肉质量的增加或保持，并使运动员从高强度训练中充分恢复，也为训练或比赛做好体能储备。据估计，每日所需的总热量划分成恰当比例的常量营养素，在成功因素中约占 30%。为帮助读者了解常量营养素在运动营养中的作用，下面简要介绍几种营养物质。

蛋白质

膳食中的蛋白质是骨骼肌生长的重要成分，不仅为蛋白质的合成和肌肉生长提供所需的原料，还能够降低蛋白质的降解速率，并能在较少的能量供应条件下维持现有的肌肉组织。膳食蛋白质是身体成分改变时最重要的常量营养素。然而，在恢复和提高运动表现水平方面，碳水化合物的作用比蛋白质更大。

碳水化合物

碳水化合物几乎是所有运动和训练活动的主要能量来源，也是中枢神经系统的首要能量来源。那些持续时间极长的活动则不只由碳水化合物提供能量。碳水化合物以糖原的形式储存在人体的肝脏或肌肉之中。储存在肝脏中的糖原可用于调节血糖水平，储存在肌肉细胞质中的糖原是进行高强度活动的主要能量来源。虽然糖原可以大量储存在体内，但它不能无限制地持续储存，在某些时候，它可能成为限制运动表现的一个因素。随着糖原水平的降低，运动员完成训练任务会变得越来越费力，从而导致运动表现不佳。虽然细胞可以通过葡萄糖异生作用再生极少量的碳水化合物，但其与需要补充的已消耗的能量相比微不足道：剧烈的、运动量大的活动会耗尽体内的碳水化合物，只有摄入含有丰富碳水化合物的外源性食物才能进行补充。虽然许多教练和营养专家似乎仍然提倡在运动中采用低碳水化合物的饮食结构，但经验和事实证明碳水化合物对运动员的运动表现至关重要。曾有人提出一个观点："人类生存不需要碳水化合物。"对此的恰当回应是："人类生存也不需要金牌。"

体内碳水化合物的含量对调节细胞内信号传导和激素水平有重要的作用。细胞内储存的能量的多少，尤其是储存的碳水化合物的量会影响合成代谢和分解代谢的平衡。肌糖原含量长期较少不仅会导致运动表现水平下降，还会导致肌肉萎缩、低血糖和训练适应能力变差。要特别注意膳食中的碳水化合物对胰岛素的影响，因为胰岛素是人体主要的合成代谢激素之一。胰岛素由胰腺分泌，在血糖调节中起重要作用。摄入碳水化合物会引起血糖升高，从而刺激胰岛素的分泌。胰岛素的作用是提取血液中的葡萄糖和氨基酸，并将其储存在骨骼肌和肝脏中，或转化为脂肪。因此，胰岛素在恢复运动能力和提供肌肉组织所需的氨基酸方面功不可没。虽然碳水化合物不能直接合成骨骼肌，但它在肌肉的恢复、生长以及防止肌肉退化方面发挥着重要的作用。

在改善身体成分方面，碳水化合物的重要性仅次于蛋白质。碳水化合物不仅能为高强度的、运动量大的训练活动提供能量，还能刺激骨骼肌的生长。在运动和恢复过程中，碳水化合物最为重要，并且是每日热量配比中最重要的常量营养素之一。人体内储存的碳水化合物耗尽是导致疲劳的主要原因，这类疲劳无法通过休息加以缓解。如果不能及时通过食物补充碳水化合物，这类疲劳就会影响中枢神经系统的活动和后续的体力活动、训练和运动表现。碳水化合物能提高运动员的运动能力和身体恢复能力。

脂肪

脂肪在不同的系统中发挥着不同的作用。虽然脂肪是维持生命所必需的营养物质，在内分泌功能中发挥重要作用，但对于运动营养而言，脂肪并不是特别重要。大多数人储存能量的形式是脂肪，其储存量比一次训练甚至多次训练所需的能量更多。膳食中的脂肪不能像碳水化合物一样直接产生能量，对于改变身体成分以及运动后的恢复和运动表现而言，脂肪是 3 种常量营养素中需要最后考虑的一种营养素。脂肪虽然不能显著改变身体成分，但是，脂肪有一些独特的作用，它是调整热量平衡的理想因素。

脂肪含量较高的食物通常更加美味，因此多食用这类食物会增加现有饮食计划中的热量。单位脂肪所能提供的能量更高，每克脂肪含有 9 千卡能量，而每克碳水化合物或蛋白质只含有 4 千卡能量。脂肪既美味，又能提供大量的能量，更重要的是，还能与其他食物很好地进行混合，如橄榄油、坚果黄油、鳄梨等，但人们往往不重视脂肪类食物。例如，要增加 200 千卡的热量，增加 1 杯糙米和增加 1.7 汤匙橄榄油，哪一种会更方便呢？单不饱和脂肪已被证明有益于健康，一旦碳水化合物和蛋白质的需求量足够了，脂肪类食物就是最好的增加热量的食物。虽然脂肪在改善运动表现方面不会产生直接的影响，但它确实为满足运动员每日所需能量提供了良好的热量保障。

摄入量及摄入时间

蛋白质

蛋白质的每日摄入量取决于运动员的去脂体重。一般情况下，去脂体重更高的运动员蛋白质的每日摄入量更多，反之亦然。但是，在有些情况下，只要身体成分在合理的范围之内，运动员的体重可以替代去脂体重的测量。如果运动员的去脂体重过高或过低，则需要测量其身体成分。

专家建议，蛋白质的每日最低摄入量，即增加或维持肌肉质量所需的最低蛋白质量，约为 1.3 克 /（千克体重·天）。摄入量低于这一水平会导致运动员处于低热量状态，出现肌肉萎缩、高热量摄入和肌肉生长不良。

蛋白质的每日最佳摄入量为 1.8 ~ 2.2 克 /（千克体重·天）（Helms, Aragon, & Fitschen, 2014; Houston, 1999; Phillips, 2012; Phillips et al., 2007; Phillips & Van Loon, 2011）。蛋白质摄入量超过 2.8 克 /（千克体重·天），除了增加热量的摄入，没有太大益处。此外，蛋白质摄入量超过其最佳摄入量，还会影响其他常量营养素，如碳水化合物或脂肪的摄入。

蛋白质的摄入时间也是人们一直在讨论和研究的重要问题。目前有证据表明，蛋白质的摄入时间对体育活动的影响很小；也有证据表明，蛋白质的摄入时间会影响蛋白质合成和分解速率的平衡。与传统饮食结构（每天 1 ~ 3 餐）相比，每隔 3 ~ 5 小时（每天 4 ~ 7 餐）少量多次摄入适量蛋白质，似乎更有助于蛋白质的合成，减缓蛋白质的分解速度，改善身体成分。

例如，一名体重为 63.6 千克的女子短跑运动员，将每天需要的 140 克蛋白质（2.2 克 / 千克体重）平均分成 5 餐摄入，每餐摄入 28 克，这种方式比每餐摄入 70 克蛋白质、分两餐摄入的效果更好。

也有证据表明，蛋白质的摄入量和骨骼肌蛋白质合成存在剂量 - 反应关系。每餐摄入多少蛋白质才能促进骨骼肌蛋白质的合成，目前还没有明确的答案，但在理论上蛋白质摄入量确实存在上限。由于人体摄入的蛋白质对机体的多个系统和机能起作用，所以摄入蛋白质的上限的影响因素较多，还与骨骼肌蛋白质需要的特殊蛋白质有关。由于蛋白质的摄入在剂量 - 反应关系上存在上限，所以大量少次的摄入方式本质上并不是满足每日蛋白质需求量的最佳方案，蛋白质的最佳摄入方式是少量多次，这样才更有利于蛋白质被骨骼肌吸收。

碳水化合物

尽管有些人仍然否认碳水化合物在运动营养中的作用，但科学研究证明，碳水化合物事实上几乎是所有运动人员在运动和训练时的主要能量来源。因此，碳水化合物的摄入量与运动员的总训练负荷成正比。

表 2.1 详细列出了不同运动量所需的碳水化合物摄入量。注意，如果体脂率超过 20%，将体重换成去脂体重进行计算。

表 2.1　不同运动量所需的碳水化合物摄入量

运动量	碳水化合物摄入量
极少（不进行训练或运动，大部分时间久坐不动）	0 ~ 1.1 克 / 千克体重
较少（高强度运动时间少于 60 分钟，进行低强度日常活动、恢复活动）	1.1 ~ 2.2 克 / 千克体重
中等（进行正常训练或运动，高强度运动时间不超过 90 分钟，生活中较活跃）	2.2 ~ 3.3 克 / 千克体重
较多（每天进行多次训练或运动，高强度运动时间不超过 2.5 小时）	3.3 ~ 4.4 克 / 千克体重

续表

运动量	碳水化合物摄入量
很多（高强度运动时间每天超过 2.5 小时，进行耐力训练，每天训练 2 次以上）	4.4 ～ 6.6 克 / 千克体重
高水平耐力运动	7.0 ～ 10.0 克 / 千克体重

原则上，运动员每天的训练量越大，需要的能量就越多，需要补充的消耗了的碳水化合物储备也越多。同样，如果运动员的训练量较小，对碳水化合物的需求也较小，特别是在运动后补充了适当的糖原，所需的碳水化合物也会较少。特别要注意的是，碳水化合物的摄入量取决于运动量，但是人们常常将运动量与运动强度混淆。例如，健美运动员、短跑运动员和举重运动员通常需要进行高强度、高难度的训练，但实际上这些训练所需的时间相对较短，因此运动量或运动负荷也较小；另外，耐力型运动的运动强度通常较低，但实际运动时间较长，因此运动量就较大。训练过程中运动时间的长短和运动量的大小才是决定碳水化合物的摄入量的重要因素。

碳水化合物的摄入时间主要集中在训练开始时。但这并不意味着在一天中的其他时间摄入碳水化合物不好或无益；相反，在运动前、运动中、运动后摄入碳水化合物都会提高运动表现水平、改善身体成分或促进身体恢复。运动前摄入碳水化合物有助于在运动开始时降低运动员的血糖，促进碳水化合物氧化和糖原分解，并抑制脂肪氧化和脂肪酸的产生。运动中摄入碳水化合物有助于维持运动员的血糖水平，促进碳水化合物氧化，节省肌肉与肝脏中的糖原储备，促进间歇性运动中的糖原合成，并对神经系统和运动表现产生积极影响。在长时间的运动中，建议每小时摄入 70 克碳水化合物。运动后摄入碳水化合物最为重要，可促进糖原再合成，抑制运动的分解代谢效应，促进蛋白质合成（同时摄入蛋白质），以及使内环境稳定以促进机体的恢复适应。

有证据表明，碳水化合物与蛋白质一样，其剂量 - 反应关系与摄入量和糖原储备有关，但存在上限。糖原再合成所需的最佳碳水化合物摄入量为 0.8 ～ 1.2 克 /（千克体重·小时）。大多数运动员应在运动后 1 ～ 3 小时内摄入 1 克 /（千克体重·小时）的碳水化合物。人体不能无限制地将碳水化合物转化为糖原储备。一般情况下，成年人骨骼肌中储存的糖原为 300 ～ 400 克，肝脏中储存的糖原约为 100 克。一个体重为 100 千克的运动员，如果能以 1 克 /（千克体重·小时）（100 克 / 小时）的速度补充碳水化合物，就能较快地补充消耗的糖原储备。即使每餐或每天的碳水化合物的摄入量存在上限，仍然建议每天摄入较多的碳水化合物。

脂肪

与碳水化合物和蛋白质不同，脂肪的摄入量没有上限和时间限制。脂肪一般用于产热，可通过增加或减少其摄入量以达到能量平衡。只有在蛋白质和碳水化合物耗尽时，身体才会消耗脂肪。每日摄入的脂肪低于 0.7 克 / 千克体重，可能会影响内分泌系统机能，加剧机体疲劳程度。短时间内减少脂肪摄入量是可以接受的，不会对训练产生严重的不利影响。

脂肪和膳食纤维确实会减慢消化的速度，所以应该尽量避免在训练期间摄入大量的膳食纤维或脂肪。虽然高脂肪或高膳食纤维的食物可以增强饱腹感，但其并不比在训练时快速摄入和消化碳水化合物和蛋白质，更能够促进糖原的再合成。因此，训练时尽量减少摄入富含脂肪和膳食纤维的食物。在早上和上午训练时，应减少脂肪和膳食纤维的摄入量，在训练后的中午或晚上可以适当增加脂肪和膳食纤维的摄入量；在下午或者晚上训练时，可以在早上或中午摄入较多的脂肪和膳食纤维，晚上尽量减少摄入量。每天需要进行多次训练时，较为明智的方法是在训练期间保持低脂肪和低膳食纤维摄入，防止胃肠道出现不适，降低糖原再合成的速度。

营养摄入时间注意事项

营养摄入时间表面上是一个简单、合理的概念，但其直接的应用价值还值得进一步探讨。营养摄入时间是指运动员的进餐时间和频率，通常与运动员的训练时间相对应。如果营养摄入时间恰当，运动员的身体成分或运动表现可以改善10%。虽然并非主导性因素，但其作用还是可见一斑。

碳水化合物摄入时间对运动员的影响更明显，在训练前、训练中和训练后摄入碳水化合物，都会对运动员的表现水平、身体成分和身体恢复产生积极影响。对于蛋白质摄入时间的研究存在争议，研究结果和建议存在相互矛盾的情况。有学者认为蛋白质的作用与摄入频率相关，但临近训练时摄入蛋白质可能不会对运动员产生明显的影响。有些学者认为，训练时间与蛋白质的摄入量成正相关，但与训练时间外的蛋白质摄入量相比，这些影响并不具备统计学上的意义。有些学者认为，蛋白质的摄入时间可能只影响高水平的运动员，即使效果不明显，可能也会有作用。脂肪几乎没有摄入时间的影响，只会减慢消化速度，因此一般在训练时会减少脂肪的摄入量。

如果运动员一天只训练一次，那么营养摄入时间对运动表现的影响就会相对较小，但还是要引起重视，因为最终其还是会影响运动表现。然而，如果运动员一天要进行多次训练，那么营养摄入时间就会显著影响运动员的运动表现。运动员能从合理的营养摄入时间中获益，主要原因是糖原再合成是影响运动表现的主要限制因素。根据营养摄入时间，摄入的碳水化合物重新合成糖原并完全补充运动消耗的糖原，至少需要 24 小时。遵循适当的营养摄入时间，如糖原补充策略，可以确保糖原合成发生在最佳时间，从而有助于缓解运动后的代谢性疲劳。

关于营养摄入时间对运动表现的作用及其对代谢率的影响仍然存在争议。一种观念认为少食多餐可以提高代谢率，但我们认为这种观念是错误的。我们认为只要满足每天摄入的总热量，提高进食频率不会对代谢率产生明显的影响。代谢率只与摄入食物的总量有关。如果每日摄入的总热量不变，提高进食频率确实会对代谢率产生一定影响。科学家建议，运动员每天进餐 4 ~ 7 次，根据训练时间，摄入碳水化合物的间隔时间应相对平均。

营养摄入时间这一因素可能不如热量或常量营养素之类的因素重要，但仍然值得研究。对于把运动当作休闲活动的普通人，或者那些每天训练少于一次的运动员而言，营养摄入时间的影响极小。但对于每天训练多次的职业运动员而言，营养摄入时间会显著影响他们的运动表现。

食物成分

对食物成分进行研究主要是为了确定哪些食物对运动员更为有益。目前，这是一个热门话题，科学界对这一话题给出了肯定的答案，但健身行业和流行媒体的报道却完全相反。这一话题引起如此多的争议，但其实际效应却没有造成显著的影响，让人觉得实在有趣。实际上，食物的选择对身体成分和运动表现的影响据估计只占所有影响因素的5%。食物成分对于保持健康是一个极为重要的因素，但对于运动营养而言，重要性相对较小。我们可能会提出疑问：食用垃圾食品是否能够瘦身或增肌？大量食用健康食品是否会增加脂肪摄入量？答案非常简单。是的，但这可能不是最好的方法，原因有很多。在运动营养实践中，通常强调的是食物的数量而非食物的质量。然而，每天选择合适的食物种类，有助于身体机能的改善。因此，需要更加深入地研究营养的来源与组成。

一般情况下，蛋白质是必须要考虑的最重要的常量营养素，因为人体的骨骼肌合成实际上来源于膳食蛋白质。蛋白质由不同的氨基酸链组成，不同的食物含有的氨基酸链不同。因此，目前已有许多不同的蛋白质质量评分标准，可以评估蛋白质来源的"完整性"，或评估其对人体氨基酸需求的影响。最常用的评分标准之一是蛋白质消化率校正氨基酸评分（Protein Digestibility Corrected Amino Acid Score，PDCAAS），该评分标准已被美国食品药品监督管理局（Food and Drug Administration，FDA）及其他知名机构采用，用于评估蛋白质来源是否能满足人体需求。评分范围为 0 到 1，0 是最低分，1 是最高分。表 2.2 列举了几种蛋白质来源及其对应的 PDCAAS。

表 2.2　不同蛋白质来源的 PDCAAS

蛋白质来源	PDCAAS（0 ~ 1）
酪蛋白	1
乳清蛋白	1
大豆分离蛋白	1
蛋清蛋白	1
乳蛋白	1
牛肉	0.92
大部分水果	0.76
大部分蔬菜	0.73
豆角	0.68
花生	0.52
大米	0.5
全麦	0.42

虽然这种评估标准并非十全十美，但确实为我们了解哪些蛋白质来源可能最有效提供了参考。以牛奶为主的蛋白质和蛋白质补剂，提供了最高质量的蛋白质来源。其次是动物蛋白，然后是来源于水果、蔬菜和谷物的蛋白质。因此，对于损伤后想要最大限度地恢复或增重的运动员来说，每天主要从牛奶等乳制品，以及含动物蛋白的食物中摄取膳食蛋白质，比只吃植物蛋白要好。这并不意味着采

用素食生活方式的运动员不可能取得好成绩，但这些运动员应该更加认真地研究蛋白质来源和组合，以达到乳制品或肉食所能提供的同等的蛋白质水平。

通过饮食摄取蛋白质，还需要考虑蛋白质的消化率。就像碳水化合物的血糖指数（glycemic index，GI）一样，蛋白质也有不同的消化率，会影响氨基酸进入血流的速度和进餐后的饱腹感。通常乳清蛋白和蛋清蛋白易于快速消化，因此，含这些蛋白的食物是训练期间膳食的最佳选择（Graf, Egert & Heer 2011；Hayes & Cribb, 2008）。然而，这些食物会让运动员在食用后 45 ~ 60 分钟内感到非常饥饿，因此不适合作为正餐。动物蛋白、酪蛋白和植物蛋白往往消化速度比较慢，饱腹效果强，在非训练期间，这些食物无疑是正餐的理想选择。大多数情况下，蛋白质来源应主要为脂肪含量合理（≥ 90%）的瘦肉 。应避免脂肪含量高的蛋白质，如熏肉、香肠、全脂牛奶和奶油、其他加工肉类、肥肉或其他牛肉制品，优先选择鸡肉、火鸡、鱼、瘦牛肉和瘦猪肉、乳制品、鸡蛋和蛋清以及蛋白质补剂等食物。

碳水化合物和蛋白质在食物中的组成比例差不多。一般来说，运动员可选择的碳水化合物食物的范围很广。然而，运动员在训练的过程中，需要慎重考虑碳水化合物食物的选择。建议运动员将全谷物、全麦、水果、蔬菜和其他有益健康的食物作为运动营养的主要来源。这些食物所包含的碳水化合物通常富含膳食纤维和微量营养素，且低糖，摄入后会有很强的饱腹感。对于许多运动员来说，即使他们每天摄入的碳水化合物超过所需的量，也不会有问题。例如，一份含有100 克碳水化合物的糙米或燕麦片并不容易被消化，如果在吃饭时再额外增加一些常量营养素则更不易被消化。然而，同样是 100 克碳水化合物，如果其来源是运动饮料、水果、零食或儿童麦片，则可以更快速且更容易被消化。

运动员和教练可以充分利用碳水化合物的血糖指数，来选择有益健康的食物以实现营养计划。最近有证据表明，碳水化合物的血糖指数对提高运动员的成绩不是特别重要，碳水化合物总量才是最重要的决定因素。对于每天进行运动量较大的训练的运动员来说，控制膳食的血糖指数可能更为重要，因为糖原重新合成的速度可能是影响运动表现的一个限制性因素，而对于每天训练一次或更少的运动员来说它就不那么重要了。无论如何，运动员选择食物时，可以根据情况适当考虑食物的血糖指数，但并非必须考虑。一般情况下，血糖指数高的食物往往能很快进入血液，让运动员的身体出现明显的胰岛素反应，并且很容易激发他们的食欲，让他们摄入大量的食物。同时，该类食物还有助于促进体内糖原的再合成和外源性葡萄糖氧化，在运动中控制血糖水平，所以比较适合在运动中和运动后食用。然而，由于运动员食用后饱腹感不强、食欲强烈以及这些食物普遍缺乏膳食纤维和微量营养素，当运动员不运动的时候，这些食物都不适合作为首选食物。低血糖指数的食物富含膳食纤维和微量营养素，食用后饱腹感强、胰岛素反应弱，在非运动时期比较适合运动员食用。表 2.3 列出了各类食品的血糖指数。

表 2.3　各类食品的血糖指数

碳水化合物来源	血糖指数
干枣	103
葡萄糖	99
供能饮料	95
玉米片	81
佳得乐	78
甜甜圈	76
白面包	73
白米饭	64
薯条	54
小麦面包	53
橙汁	50
低脂冰淇淋	50
胡萝卜	47
橙子	42
苹果	38
麸谷类	38
全麦意大利面	37
脱脂牛奶	32
豆角	28
低脂奶酪	24
花生	14

对于低水平运动员或业余运动员来说，通常不需要考虑血糖指数，只需要按照传统建议正常摄入全谷物、小麦、水果和蔬菜即可。这些含有碳水化合物的食物可以让运动员一整天都有饱腹感，有助于促进整体健康。那些水平更高的运动员或每天进行大量训练的运动员，选择血糖指数不同的食物会更好。例如，在训练期间集中摄入血糖指数高的食物，可以促进恢复；在非训练期间逐渐减少摄入血糖指数高的食物，以保持饱腹感和血糖稳定。

值得注意的是，尽管运动员控制热量和碳水化合物总量时，血糖指数似乎对他们没有太大的影响，但有新的证据表明，摄入含糖量高的和美味的食物会让运动员对此类或其他食物更有食欲。清淡而有饱腹感的食物能更有效地减轻饥饿感，甚至可能抑制食欲。这种食物看上去似乎有点多余，但在运动员为了达到最佳比赛体重，需要节食减重 3 个月的时候就不多余了。尽管食物血糖指数的高低不会对运动员的运动表现产生明显影响，但如果过度食用垃圾食品，运动员可能会养成这一不好的饮食习惯并长期坚持，长此以往必然会对运动员的心理准备造成伤害。运动员也难以通过大量食用糙米和西兰花来增重 5 千克。虽然控制血糖指数可能不会对运动表现产生立竿见影的效果，但这些证据表明，控制血糖指数是有实际意义的，因为这样可能会让运动员更容易走上成功之路。

脂肪是否会影响人体的健康一直备受争议。在运动营养学的相关研究中，脂肪是否会影响运动员的运动表现也存在争议。大多数运动项目中，脂肪对运动员的影响非常小，因为脂肪只是维持人体基本需求的营养成分。

在选择脂肪类食物时，有两类脂肪：一是单不饱和脂肪，如坚果、天然坚果、黄油、橄榄油和鳄梨含有单不饱和脂肪，公认有益身体健康；二是饱和脂肪，存在异议，如黄油、奶酪和肥肉含有饱和脂肪。研究表明，适量食用这些食物是安全的，但食用过量时，对超重、过于肥胖的人来说，可能会增加患心血管疾病的风险。虽然膳食脂肪对我们的身体健康有益，但它与运动营养无关。关于这方面的知识，应向注册营养师或医学专业人士请教。如果运动员想要提高健康水平，就要从食物中摄取单不饱和脂肪，但这对运动员的成绩其实没有显著的实质性影响。

营养补剂

坦白地说，当我们讨论有助于成功的饮食因素时，总是最后才提到营养补剂，因为它们对身体没什么影响。对于许多想改善营养状况的运动员和其他人来说，营养补剂是他们的首选。然而，与热量平衡和常量营养素的效果相比，营养补剂对身体的影响非常小（Manore, 2012）。据估计，对改善运动员的身体成分和提高成绩而言，营养补剂在膳食中的作用低于 5%。

营养补剂只是用于对制订合理的营养计划进行补充，使之更完善。这并不是说它们根本没有意义，只是它们的作用比较小。

运动员可能想知道，是否有一些营养补剂能够帮助他们改善运动表现，答案当然是肯定的。虽然有大量关于营养补剂的文献综述，但本书作者只愿意推荐一些既有丰富的科学依据，又具有高度可操作性的建议。这些营养补剂如下。

1. 蛋白质补剂。
2. 碳水化合物补剂。
3. 肌酸。
4. β - 丙氨酸。

当然，这些并不是全部的营养补剂。以上例子只是想让运动员根据实际情况，选择更有效的营养补剂。教练和运动员应该明白，不能把运动补剂当作营养计划的首选，而应在体内的基础营养指数达标后，再使用营养补剂，达到锦上添花的作用。

当运动员能够熟练掌握并运用热量平衡和常量营养素的知识后，他们就可以在营养摄入的合理时间将营养补剂和食物成分更好地结合，以提高其效果。

其他营养因素

补水

对大多数人来说，补水对保持身体健康和运动表现很重要。对运动员来说，即使因水分补充不足导致体重只下降 2%（比例非常小），也会对其运动表现有负面影响，因此在整个运动过程中，保持充足的水分，对改善运动表现至关重要（Casa et al., 2010; Jeukendrup & Cleeson. 2010; Judelson et al., 2007, Maughan & Shirreffs, 2010; Shi & Gislfi, 1998）。教练和运动员应采取措施，始终使身体内的水分维持在正常水平。同时还应该明白，超出正常水平的水分不一定对身体有益，补水并非越多越好。在因其他食物或电解质消耗而大量饮水或大量出汗时，过量补充饮用水会导致低钠血症。

对于大多数运动员来说，每天必需的水的摄入量是每 100 千卡 5 盎司（1 盎司约为 28.35 克，以后不再标注）。当然，在高温环境下或长时间运动时，摄入量会根据外部环境和运动条件进行适当调整。水量是否合适通常可以通过检测尿比重、运动失水引起的体重变化以及尿液颜色来进行判断。测定尿比重的检测仪器是折射计，并且需要新鲜尿液，尿比重正常值是 1.003 ~ 1.030，大于 1.030 通常表示严重脱水。运动过程中流失的体液，可以通过体重的变化来判断，补充水分的原则为：一般水分的补充量大约是流失体液的 1.5 倍，即每减少 1 千克体重，就补充 1.5 千克液体。观察尿液颜色是一种定性的监测方式，正常尿液为透明、淡黄色的液体。对于刚开始运动、训练或还在发育的运动员来说，平时要实施严格的补水计划。而经验丰富和训练有素的运动员，通常根据口渴等感觉来判断是否需要补水，但运动员要明白，无论口渴与否，都要采取措施保持体内水分充足。

微量营养素

维生素和矿物质可促进运动员健康和提高运动表现水平。教练、运动员和运动科学专家可查看很多相关知识来了解每种物质在人体内的功能、体内浓度、来源的食物。我们在这本书中对微量营养素进行的讨论比较简单，因为有关这方面的营养学知识范围非常广泛。瘦肉、全谷物、全麦、水果、蔬菜、坚果和油等食物，几乎能满足人体对微量营养素的大多数需求。即使单靠饮食不能满足相关需求，也可以通过非处方的维生素补剂加以补充。这些知识超出了运动营养学的范畴，属于临床营养学，应由注册营养师或医务人员来回答。

营养周期

为了使运动员取得更好的成绩，成熟的营养计划在一定程度上可以解决一些饮食问题，但在整个训练周期中，还有更重要的因素。在不恰当的时间段过度强调营养，可能会导致训练效果或运动表现水平欠佳。饮食计划和训练计划的原理相同，训练计划必须随着时间的推移进行周期安排，饮食干预计划也应该因运动员的短期和长期目标、疲劳恢复情况以及身心准备水平而周期化。因此，运动员的饮食干预计划也必须配合训练和比赛周期。将营养干预措施纳入年度训练计划时，作者建议考虑以下 4 个阶段。

1. 身体成分变化阶段。
2. 相对稳定阶段。
3. 恢复与运动表现阶段。
4. 主动休息阶段。

身体成分变化

改善身体成分并不仅仅局限于体重分级的运动项目，如摔跤、举重和健美项目。所有运动员都必须在肌肉、体脂和体重之间取得平衡，使体型达到最佳，才能取得好成绩。任何一项运动都有其身体成分的正常标准参数范围，这类标准参数非常有用，运动员应通过锻炼达到该项目要求的基本水平。人们观看一名挺着大肚子的运动员进行 100 米跨栏，和观看一名体重 75 千克的橄榄球运动员举着橄榄球的感觉是不一样的。身体成分的改变不仅是为了练出肌肉形状或让肌肉更有力，更是为了优化运动员的体重和身体成分以达到最佳运动表现水平。年度训练计划的目标之一是要改善运动员的身体成分，达到上述标准参数范围，以提高运动员的竞技水平。

改善身体成分具体是指减少体脂和增加去脂肌肉。除了极少数项目，如相扑、美式足球等，增加体重通常不是提高成绩的最佳策略，因为体重较轻的运动员的运动表现通常优于体重较重的运动员。运动员容易把改善身体成分和增加去脂体重并减少或维持现有体脂水平（有时被称为减脂增肌）这几个概念弄混。尽管会出现运动员同时进行减脂和增肌训练的情况，但通常只有在以下 3 种情况下才会发生。

1. 运动员对系统化训练过程不熟悉。
2. 运动员对系统的营养计划不适应。
3. 运动员正在使用（或使用药效更大的）合成代谢剂。

减脂增肌训练对运动员的身体带来的变化虽然短暂，但会随着时间的变化越来越明显。训练是一件费力耗时的苦差事，运动员只需要通过几个月有计划的营养饮食计划来完成减脂增肌，不必花费一两年的时间。因此，对于训练有素的人来说，可有效利用时间集中进行减脂增肌训练。看似简单，实际上，当需要将以减脂增肌为导向的营养计划与训练计划相结合时，需要考虑更多的因素。

身体成分的变化遵循着交替进行的阶段性模式，分为以下 3 个阶段。

1. 高热量阶段（称为"增肌"阶段）。每日增加 500 ~ 1,000 千卡热量，体重增加（见图 2.3）。
2. 等热量阶段（称为"中间"或"维持"阶段）。每日能量摄入与能量消耗持平，随着时间的推移，体重比较稳定（见图 2.2）。
3. 低热量阶段（称为"减脂"阶段）。每日减少 500 ~ 1,000 千卡热量，维持热量水平，体重减轻（见图 2.1）。

高热量阶段

高热量阶段的目标仅仅是增加体重，主要是尽可能地增加去脂体重。随着时间的变化，难以做到在不断增加肌肉的同时，体脂没有明显的变化。但大多数运动员会在增肌的同时增脂。

运动员需要认识到摄入高热量食物会让肌肉长得更快。这就要求运动员了解增肌和提高运动表现水平之间的良性关系。在此阶段运动员根据自身情况增加去脂体重或减少体脂，使身体成分达到比赛所需的最佳水平。

有证据表明，在增重之前越瘦，肌肉质量增加的相对比例就越高。鉴于此，在男性体脂率≥ 15%、女性体脂率≥ 25% 的情况下，不建议进入增重阶段。他们需要在体脂率低于这个水平后再开始考虑增重，这是因为这种情况下获得的大部分体重来自脂肪的增加 (Forbes, 1987, 2000)。对于大多数正常体型的人来说，每周体重增加 0.5% ~ 2% 最为适宜 (Helms et al., 2014; Morton et al., 2015; Slater & Phillips, 2011)。如果增重超过这个范围，通常会导致肌肉与脂肪的比例提高，这样会延长减重阶段的时间。如果每周增重小于这个范围，就会延长增重的过程。

因为运动员要增加肌肉质量，身体需要承受大量的运动负荷，所以高热量阶段应该纳入准备阶段。因为一般的准备阶段强调提升运动员的运动能力，通常这是训练周期中负荷最大的阶段，在这个阶段，运动员适于增加肌肉质量。若在年度计划的其他阶段，运动员尝试获得更多的热量或增肌，结果不会太理想。因为大量的运动训练会影响运动员的力量、爆发力和运动表现，如果没有足够的训练刺激就摄入高热量的食物，会导致体脂的增加。

等热量阶段

身体成分的改变在等热量阶段非常重要，但很多运动员并没有意识到这一点。它在本书所介绍的年度计划的稳定阶段也起着十分重要的作用。身体成分变化的等热量阶段主要有以下 3 个目的。

1. 缓解长期增 / 减体重、节食带来的生理和心理疲劳。
2. 稳定体重和代谢率。
3. 使运动员的身体逐渐适应新增的体重和变化的身体成分。

每个运动员都会根据自身条件设定一个基础体重，当运动员的体重发生实质性变化时，往往会忽略自己设定的基础点的延迟效应。运动员通过系统训练和艰难的饮食控制方法使体重下降了，但在不控制饮食时，体重就很容易反弹到基线水平。同样的情况也出现在增重以后，运动员在快速减脂后迅速进入减重阶段，也会出现体重快速下降，而且达不到增肌效果的情况。维持阶段用来便于保持体重增减阶段之间的平衡，也可以用于经过长时间的增减体重训练之后，便于运动员通过适当休息调节身体成分的变化。

维持计划，是一个可以持续的计划，而减重阶段不可持续。维持阶段是让运动员在恢复正常的均衡饮食和训练习惯后应对身心疲劳的阶段。运动员通常在进行了较长时间的增减重训练，如一般准备阶段，或更多的专项运动训练，如专项准备阶段之后，才进入维持阶段。运动员的体重和身体成分发生变化之后，必须有足够的时间进行训练，因为许多运动技能和技术已经发生了改变。例如，一个习惯使用负重带辅助举重的运动员，在减重 20 磅（1 磅约为 0.45 千克，此后不再标注）后，他可能需要改变运动技术来加以适应。同样的，橄榄球运动员在体型显著增大、力量显著增强后，需要时间来调整并适应冲刺、跳跃和对抗争球技术。赛前的 1 ~ 3 个月（根据实际时间而定），在维持阶段中的运动员的主要身体成分应该保持稳定。这样，在这段时间内可以让运动员调整平衡状态，避免因比赛时改变饮食计划带来不良反应。

低热量阶段

低热量阶段的目标是减重，重点是减少身体脂肪而不是减少去脂体重。除了热量，训练是肌肉生长的强力刺激，但当热量受到限制时，肌肉增加的可能性会变小，肌肉减少的可能性会变大。此外，限制热量摄入也会引发疲劳，因此，在低热量阶段，应该谨慎并密切监测热量的摄取。通过正确平衡训练、热量和常量营养素的摄入，肌肉的损失可以最小化，身体脂肪也可以随着时间的推移而减少。

对于正常体型的人来说，每周减重的比例范围应为 0.5% ~ 2%。超过这个减重范围运动员会容易疲劳，也更容易损耗去脂体重。低于这个范围则效果不佳，并且在相同的时间内会减掉更多的体重。运动科学专家和教练应该明白而且必须监测和调整运动员的疲劳程度，过度疲劳会导致运动训练、技能训练、恢复等效果不佳。总之，所有不良反应都会降低运动员对训练的适应能力。

与高热量阶段一样，低热量阶段的最佳时间也是在全年计划的一般准备阶段。由于运动员训练负荷较大，控制饮食和增加运动量都容易达到负能量（摄入热量低，消耗热量高），这些高强度的训练有助于运动员进行适度增肌。然而，在任何其他时间段进行低热量阶段的训练都是非常不可取的，因为它会让运动员感到疲劳，降低运动员的最大力量和爆发力，影响运动员运用运动技术和战术的能力。在许多运动项目中，采取各种方式进行减重是常规训练，但由于训练条件不理想，取得成功的可能性很小，即很难达到减重的效果，所以这类做法是不可取的。

身体成分改变阶段

在身体成分改变阶段，根据所设定的特定目标来确定运动员的体重是增减还是保持不变。当准备阶段较长时，运动员的体重和身体成分可能会发生较大变化。当准备阶段相对较短时，运动员在这段时间内可能只需要增重或减重，并在下一个训练周期进行相应的调整。

和流行观点相反，无论是增重阶段还是减重阶段，都可以进行长时间的持续训练。为了增肌，运动员需要进行高负荷训练，并持续不断地消耗体内的营养，但这些都会对运动员的身心造成压力。同样，随着脂肪的减少，热量供应不足，运动员又需要进行大负荷训练，会让运动员感到疲劳。随着时间推移，无论是增重还是减重，速度越来越慢，难度越来越大，会对运动员的身心适应能力造成不利影响。胰岛素敏感性、静息代谢率、训练动机、食欲、身体能否恢复动态平衡等一系列问题，都会让运动员倍感压力。因此，建议增重或减重阶段一般不要超过 3 个月，应该与维持阶段穿插进行，持续 1 ~ 3 个月。这样有利于运动员正常代谢，实现身体的动态平衡，并有助于减轻因节食导致的长期心理疲劳。

　　对于短期的增重和减重，高热量阶段和低热量阶段可以在一般准备阶段中实施，时间为 1 ~ 3 个月，随后是等热量阶段，持续时间为 1 ~ 3 个月或更久，取决于比赛阶段的长短。运动员在进入下一个一般准备阶段时，再在下一个训练周期完成另外的增肌和减脂过程。短期增重和短期减重的例子见图 2.4 和图 2.5。

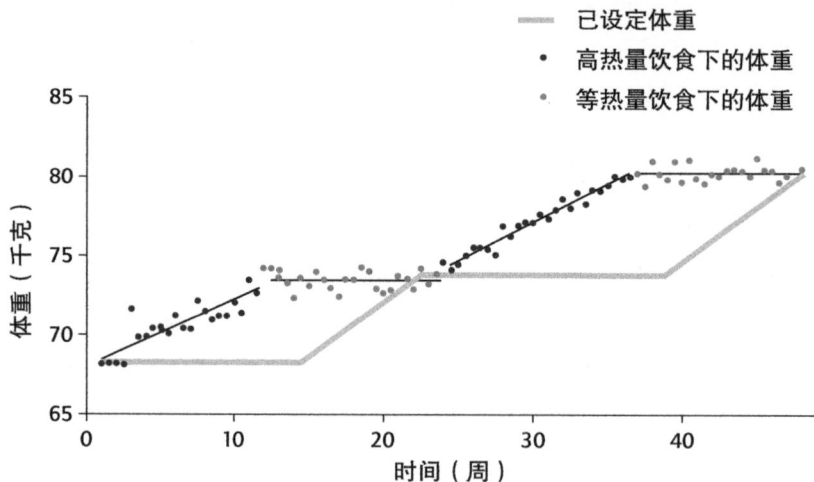

图 2.4　短期增重

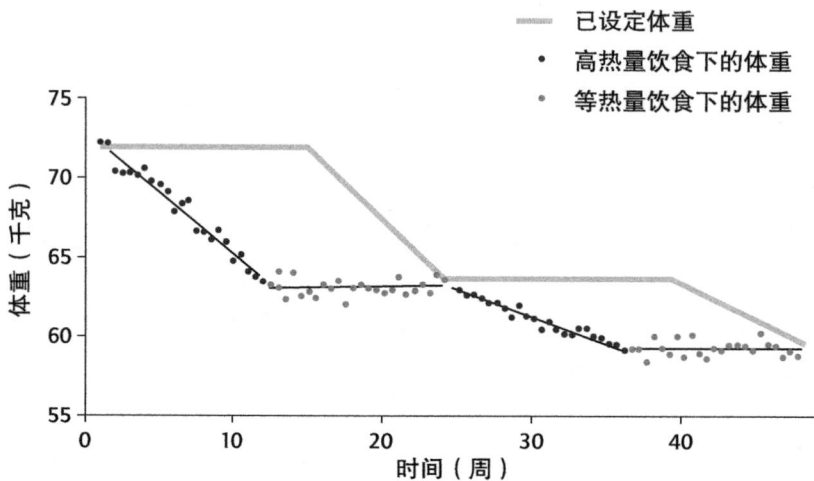

图 2.5　短期减重

想要用较长时间来增减体重的运动员需要稍微改变一下方法。花较长时间增重应先进行持续 3 个月以上的高热量阶段训练，随后进行 1 ~ 3 个月的维持阶段训练。一旦完成维持阶段，运动员就可以进入减脂阶段，减去堆积的脂肪，并在接下来的 3 个月里恢复到以前的基线身体成分，这样就达到了增肌的效果。一旦恢复了基线身体成分，就会重复这个循环过程，通过增肌减脂，体重也会相应增加。

教练和运动科学专家应该明白，周期性的减重和增重阶段具有一定的积极作用。增重（增肌）通常与静息代谢率提高、胰岛素敏感性降低和代谢效率降低有关。静息代谢率的提高和代谢效率的降低可能会对后续低热量阶段产生增效作用，使减重更快、更容易。体重下降通常与静息代谢率降低、胰岛素敏感性提高以及代谢效率的高低有关。静息代谢率的降低和胰岛素敏感性的提高也会对后续增重阶段产生增效作用。因此，在长期训练中，运动员在后续减脂阶段的训练可以增强减重效果，减脂阶段也有助于增重。

对于需要长期减重的运动员，可以进行持续 3 个月以上的低热量阶段训练，然后进行 1 ~ 3 个月的维持阶段训练。一旦体重稳定，运动员就可以体会控制饮食和训练之间的良性关系，随后继续进行低热量阶段训练，并且重复这一过程。需要强调的是，每个运动员对不同的减重目标会有不同的反应，在长期减重过程中，维持阶段的长短跟他们的身体素质和心理状态有关。

在身体成分改变阶段，可以根据准备阶段的长短，尤其是一般准备阶段的长短，对增减体重阶段和维持阶段的循环进行排序。身体成分的变化贯穿整个一般准备阶段，当运动员进入专项准备阶段时，身体成分将不再变化，应增加针对性训练，此时运动员进入营养周期的稳定阶段。

稳定阶段

在营养周期中，稳定阶段非常重要，但却经常被忽略。稳定阶段的重点是在身体成分改变之前，设定运动员在比赛中或需保持的大致目标体重。这通常是根据先前设定的体重目标，每天递增或递减 500 ~ 1,000 千卡热量，然后使目标体重在 1 ~ 3 个月内保持不变。尽管这样的改变显得微不足道，但是持续一段时间之后，可以调整之前由于较快的体重增减变化对运动员的身体成分、目标体重、肌肉增减、身心疲劳产生的显著的影响，从而使体重和代谢紊乱恢复正常。

稳定阶段与年度计划内的专项准备阶段相结合。在这个阶段发生的明显转变是从常规体能训练转变为专项训练。专项准备阶段旨在一方面提升运动员的运动技术和训练技能；另一方面增强运动员的专项体能，如最大力量、爆发力、速度和专项耐力等。为了更好地提升这些技能和能力，该阶段的训练量通常比一般准备阶段少 40% 以上，因为训练量过大会产生疲劳，影响他们的表现水平。在这个阶段，运动员开始用更多的时间进行技术动作模仿练习和模拟实战，训练量往往会增加。因此，运动员的能量平衡状态会跟以前的训练周期有所不同，需要重新评估，以保持体重稳定。

身体成分的显著变化会使体能和运动技能发生改变。增肌的运动员往往会发现自己比以前更强壮有力，减脂的运动员会发现自己将力量转化为速度、爆发力的能力提高了，并且由于体重降低，运动时爆发力得到了增强。例如，自行车运动员可能会发现自己的爆发力 - 体重比提高了，使得节奏变得更加高效。很多研究表明，体重和身体成分的重大变化会影响运动员的训练和比赛表现，有好的影响也有坏的影响。教练和运动科学专家应该明白，运动员对这些变化需要时间进行调整和适应。随着针对比赛的专项训练的增加，运动员的竞争意识也必须增强，体重应该稳定在接近比赛体重的水平。运动员要认识到身体、技术和战术的调整都是为了参加比赛。

对于大多数运动项目来说，建议运动员在进入比赛阶段之前的 1 ~ 3 个月，将体重稳定在比赛体重的 ±2% 以内。虽然在举重等重量级运动或摔跤等搏击类运动中，在比赛前节食非常常见，但这种做法实际上忽视了比赛前的生活质量和专项训练。低热量饮食引起的机体疲劳会对专项准备阶段的效果产生直接的负面影响，从而降低运动员的适应能力，对比赛表现产生负面影响。疲劳不仅会降低体能和机体的适应能力，还会对运动员技术的发挥、决策能力和战术水平产生负面影响。疲劳会使运动员的体能下降，降低运动员的运动表现水平，影响比赛结果。控制饮食还会带来不必要的心理压力，运动员进入高度专项化的训练阶段后，为了达到良好的比赛表现水平，他们不应该过多地关注体重，应该专注于训练，以获得比赛的胜利。在比赛前 1 ~ 2 个月，在相同时间内一个只需要减重 5 磅的搏击运动员，和一个需要减重 20 ~ 30 磅的搏击运动员相比，训练效果要更好。

为改变身体成分而设计的营养计划一般都比较刻板，不太适合长时间坚持。运动员进入稳定阶段后，不要轻易改变自己的饮食习惯，这将有助于取得比赛的成功。

在完成身体成分的改变阶段后，运动员需要制订一个与自己的生活方式相一致的营养饮食计划。在稳定阶段，运动员要对已有的饮食计划进行优化，增加或减少摄入的热量（和相应的常量营养素），他们可以通过自由选择摄入食物的时间和食物成分来减少控制饮食带来的压力。在这个阶段，运动员和教练应该考虑所有重要的因素，制订一个更合理的饮食计划，如选择的食物、进餐频率和食物的量，会不会分散运动员的注意力或给运动员带来压力。如果运动员摄入了高热量的垃圾食品，并觉得这些食物不利于增肌，那么他可以选择那些让他感觉更好，不会感到腹胀的食物及其摄入的量。同样，遵循严格减脂计划的运动员，在看到鸡肉、糙米和西兰花等这些他们常用来控制饮食的食物时，就会崩溃，心率每分钟可以提高 10 次，然后他们会选择食用那些他们更喜欢的食物，但必须保持摄入热量的平衡，避免摄入大量营养物质。令人欣慰的是，这些运动员都能很好地适应这些饮食习惯，并坚持下去。这一阶段的任何调整都应该是微调，只是为了使饮食习惯更健康。

稳定阶段是运动员的重要阶段。随着体重进入维持阶段，训练也更具有针对性，即从提高体能的训练转变为针对比赛的训练。控制饮食和训练的压力减少了，身体有足够的时间来适应体重和身体成分的显著变化。当运动员进入训练计划的比赛阶段时，训练和比赛的强度更具有挑战性，运动员要能够从高强度训练中有效地恢复，并完成后续的训练。因此，饮食的重点也必须转变，以满足这些需求，并确保运动员在高强度训练条件下保持最佳状态。

恢复与运动表现阶段

恢复与运动表现阶段都是运动员主动比赛的阶段，无论是季节性比赛、系列赛，还是铁人三项这样的特殊项目，这个阶段需要针对专项和比赛实施高强度的训练。对于许多运动员来说，这一阶段可能包括跳跃，速度快、有节奏要求的跑步、自行车、游泳等活动，以及在比赛水准下进行的跳跃、短跑、投掷运动等训练。产生疲劳的主要因素有微小损伤和神经内分泌失调，以及能源物质耗竭，特别是碳水化合物的耗竭，这些对运动员的运动表现水平、恢复和训练会产生不利影响。因此，在训练的各个阶段，富含碳水化合物的饮食都是最容易获得和最有效的抗疲劳保护机制之一，在恢复与运动表现阶段尤为重要。

在身体成分改变阶段，蛋白质的重要性高于碳水化合物和脂肪。但在恢复与运动表现阶段，我们要优先考虑碳水化合物的摄入，以确保运动员及时补充消耗的糖原。在这一阶段，专家认为，应进一步减少或最小化脂肪的摄入量，以增加碳水化合物的量来代替脂肪摄入量。必要时，蛋白质的摄入量也可以减少，但碳水化合物的增加是用于替代日常脂肪摄入，而蛋白质的基本摄入量要以日常需求量为标准。但这并不意味着蛋白质不再重要，只是说明在关键时刻，在摄入其他食物之前，运动员应优先摄入碳水化合物，在必要的情况下首先牺牲脂肪的摄入，其次考虑蛋白质的摄入。事实上，在过渡到这一阶段时，常量营养素的优先级并不是唯一的考虑因素，因为营养摄入时间、食物成分和补充方面的重要变化可能会提供额外的帮助。

无论是什么阶段，热量平衡永远都是成功的最大决定因素。正如前面提到的，常量营养素的摄入量很重要，必要时需要增加碳水化合物摄入量。营养摄入时间也成为越来越重要的因素，因为糖原补充是决定表现水平的重要因素，特别是运动员在同一天参加多项比赛或连续几天参加比赛时。在运动中，营养摄入时间会影响运动员补充肌糖原和肝糖原的能力，也会影响运动员有效利用碳水化合物的能力。关于营养摄入时间和效果的关系仍存在争议，但绝大多数研究表明，在运动阶段（运动前、运动中和运动后）优先补充碳水化合物对快速补充糖原有积极作用。对于想要以最佳状态参加比赛的运动员来说，应考虑训练和比赛时间，还要考虑碳水化合物的血糖指数，以确保糖原的高效补充。

关于运动营养学的一个常见误解是，几乎所有摄入的碳水化合物都应该是高营养、低血糖指数的食物，如水果、蔬菜、全麦和全谷物等。这个建议表面上非常合理，也可以促进运动员的身体健康；但是，给运动员这一建议要考虑实际操作的可能性以及潜在的局限性。在比赛阶段，很多运动员每天摄入的碳水化合物是体重所需的两倍，这是很正常的。而在 CrossFit、骑自行车和其他耐力型运动中，碳水化合物的摄入量可能更高，关键是一个运动员每天必须吃多少糙米、橘子和燕麦才能完成 500 克或更多的碳水化合物摄入？大多数尝试这种方法的人很快就会意识到很难完成这样的目标，因为食物量太大了。吃得太多，不仅会让人感到疲劳，而且对身体有害。许多富含碳水化合物的食物，虽然不被认为是传统的健康食品，但可以为运动员提供大量的碳水化合物而不会让他们感到腹胀。血糖指数高或中等的食物，包括运动饮料、苏打水、低脂谷类、低脂软糖零食和许多易消化的美味食物。当在训练时摄入这类食物时，可以在摄入一开始就进行糖的吸收，这在运动员需要快速补充大量的能量储备时非常有利。我们必须记住的是，运动营养不是普通的健康营养，尽管促进运动员的健康很重要，但不能以牺牲运动表现的提升为代价。事实上，食物成分对一个合理的饮食计划影响甚微，可以在比赛阶段进行调整，以确保运动员摄入足够的碳水化合物，避免吃得过饱或感觉过饿。很多时候，与在下一场比赛前吃得不够相比，赛后喝苏打水、吃冰淇淋和意大利面的效果可能更好。

在恢复与运动表现阶段，运动员应该重点考虑热量平衡和常量营养素的摄入，同时还要注意摄入时间，以确保尽快恢复。因此运动员可以减少食用传统的健康食品，而以实际应用为目的来灵活地选择食物。

值得注意的是，在这一阶段运动员可以摄入营养补剂，虽然作用不大，但可以增强运动员的身体机能。其实营养补剂在一个合理的营养饮食计划中并不怎么重要，要综合考虑其他所有的饮食因素。教练、运动员、营养专家和运动科学专家必须了解运动项目管理机构针对营养补剂的相关指南和要求。运动员在购买、使用营养补剂之前，应该做详细调查，因为许多公司并没有公布其营养补剂的实际成分，而运动员则可能成为这些营养补剂的试验品。例如，肌酸已经被证明是可以增强高强度间歇性训练的恢复效果的营养补剂，推荐的每日安全摄入量为 5克。一般情况下，运动员不应长时间使用肌酸，而应定期循环使用，以不断重新建立身体对其的敏感性和有效性。肌酸的循环使用周期是 1 ~ 3 个月，切记，不能连续使用。运动员在训练或比赛前使用合法生产的肌酸有助于提高运动表现水平，增强心理素质。运动员在使用肌酸补剂之前应该对其形成耐受性，使用时应遵循肌酸所需要的循环模式。在这段时间，摄入碳水化合物补剂的效果可能会比较好，因为碳水化合物的需求量相对较高，很难大量摄入。碳水化合物补剂便于加入运动员的饮用水和蛋白质饮料中，帮助运动员在运动期间保持血糖水平，从训练和比赛中恢复，在长时间的运动中减少体内碳水化合物的消耗。

要注意的是，在赛季，运动员可能会在国内或前往国外进行比赛。许多运动员所面临的常见问题是：没有为比赛和恢复做好食物储备，需经常食用自己不熟悉的食物。教练和运动员应该自己准备食物，防止在外地比赛和训练过程中因饮食不当而患病。运动员习惯摄入的食物，不会引起肠胃不适，而且会在赛前、比赛期间、恢复期和休息期间给运动员提供足够的能量。对许多运动员来说，在外地训练，比赛时没有准备食物的情况比较常见，他们需要在当地购买，这种情况下，可能导致食物数量不足和 / 或可选择的食物不多，不利于运动员的恢复和提高比赛表现水平。教练和运动科学专家应主动提醒运动员，去外地训练或比赛时应随身携带食物，特别是去国外，以避免产生任何不必要的与食物相关的麻烦，尽量减少心理压力。

在整个训练周期，运动员逐渐进入比赛阶段。在一般准备阶段，我们看到了运动员在训练中产生的身体成分和运动能力的转变；在专项准备阶段，运动员体重保持稳定，运动更具有针对性；在比赛阶段，运动员恢复更快，成绩、表现更好。运动员必须记住，训练过程本身就充满了压力。遗憾的是，与之相匹配的营养计划却不会有太大的改变。经过一个漫长的赛季或高强度的训练周期后，许多运动员需要休息一段时间来摆脱系统的训练和饮食控制，通常称之为主动休息。训练周期的最后阶段，即主动休息阶段，有助于运动员调整饮食和训练计划。

主动休息阶段

年度训练计划中最后一个主要阶段是过渡阶段或主动休息阶段，旨在完全缓解高强度比赛和训练周期导致的身心疲劳。单调的饮食控制计划也是造成疲劳的因素之一，所以年度营养计划的最后阶段也是主动休息阶段。运动员并不喜欢规范化的饮食模式，因为这样的饮食模式单调、乏味。运动员需要时间从剧烈运动中放松，也必须花时间从系统的饮食计划的压力中解脱出来。这一阶段的目的不仅是减轻上述训练周期带来的疲劳，还要减轻饮食控制带来的疲劳。

实际操作中，运动员可以自由选择喜欢的食物数量和种类，调整过分严格和规范的营养饮食计划。我们仍然希望鼓励运动员摄入足够的蛋白质、足够的碳水化合物，但也会让他们有机会享受自己喜爱的美食。

在大多数情况下，教练和运动员可以减少与营养摄入时间、食物成分和营养补剂有关的压力。

运动员进食时只需要考虑常量营养素的摄入和热量平衡，而不用担心体重或大量比赛时的营养摄入，这才是正确的做法。此外，运动员从整体上考虑常量营养素和热量即可，不必每次吃东西时都担心超出分量或做大量的计算。此外，运动员也不应该专注于保持一定的体重或身体成分。特别是在划分体重级别的运动中，体重的测量和修改是很常见的，运动员应该避免频繁地进行体重监测或担心体重变化。正如系统化训练往往会改善运动员的运动表现，规范化的控制饮食也会有类似的效果。休息一段时间可以让运动员更好地开始后续的饮食控制阶段。你可以把主动休息阶段想象成周末，不管你多么喜欢或不喜欢你的工作，每个人都会在度过一个愉快的周末后感到精力充沛。

像训练一样，主动休息阶段的时长取决于运动员的训练水平和疲劳累积的程度。综合格斗（mixed martial arts, MMA）、各种搏击运动、力量举、形体运动、体操，以及其他和体重级别或爆发力 - 体重比有关的运动项目的营养计划的制订，比其他运动项目的营养计划的制订更困难。橄榄球、篮球、网球和田径运动的营养计划的制订也非常具有挑战性。制订那些划分重量级别的运动项目的运动员的年度营养计划反而相对简单。缓解疲劳所需的时间可能因人而异，因运动项目而异。

从训练与营养相结合的整体情况来看，在很大程度上，合理利用营养计划可以提高训练效果，有利于运动员的体重或身体成分发生变化，表 2.4 对此进行了总结。

表 2.4　训练和营养年度计划的目标总结

训练阶段	准备阶段		比赛阶段	过渡阶段
	一般准备阶段	专项准备阶段		
训练目标	提升运动和训练技能	掌握运动和训练技能	缓解疲劳，提高心理准备能力	连接多个比赛周期
	提升运动能力和整体健康水平	提升特定运动的力量、爆发力和体能	继续提升或保持体能	缓解身心疲劳
	基本的运动战术	团队和个人战术	完善技能和战术	保持基本体能
训练阶段	身体成分改变阶段	稳定阶段	恢复与运动表现阶段	主动休息阶段
营养目标	增肌减脂	体重达到并保持在比赛体重的 2% 以内	常量营养素优先选择碳水化合物	减轻节食压力
	制订基本的饮食和水合常规	改善饮食和补水模式	保持水合作用	保持合理的体重
	持续监测体重	缓解疲劳	保持去脂体重	保持去脂体重

理论付诸实践

现在，在营养周期整合方面，介绍了理论基础和方法的运用原则。接下来本书将分析理论付诸实践的方式。本书将制订小周期、大周期和年度营养计划，像制订年度训练计划一样。年度训练计划就是一个模板！一般在制订训练计划时，最好在开始时就首先确定比赛时间和恢复时间（或多阶段计划），然后循环实施营养计划（和比赛无关）。我们首先从小周期计划开始，然后逐步过渡到大周期计划，便于缺乏经验的运动员理解。

小周期计划

小周期计划的目的是制订运动员每天的饮食计划。该计划取决于每天的训练量，也可能取决于大周期和年度计划，或运动员改变身体成分的需要。我们在制订小周期内的营养和训练计划之前，先做一个需求分析。用标准值作为对比项，利用运动员的自我感觉和教练员的观察，结合运动科学专家对运动员的测试和监测数据，我们可以确定比赛目标，也可以确定营养周期整合中使用的所有计划。

关注以下几个特别重要的营养问题。

1. 在体重或身体成分方面，与参考标准相比，运动员情况如何？
2. 运动员是否达到或接近理想的比赛体重？
3. 运动员是否需要在减脂的同时增加 / 保持肌肉量？
4. 以上 3 个问题如何影响这个训练周期，以及以后的长期训练周期？

教练总是希望用最短的时间让运动员达到最佳运动表现水平，以应对即将到来的赛季，然而这是一种常见的错误想法。周期整合提醒我们，长周期和短周期一样重要，训练计划不仅包括针对本赛季的计划，还包括从现在开始到两年后、五年后，甚至更长时间的计划。举例说明，现在有一个优秀的新后卫（橄榄球项目），体重 93 千克，参加过高水平的训练营和季前赛，但是否可以让他增重到111 千克，成为一名水平更高的球员？这可能是决定该运动员能否成为优秀的橄榄球选手的因素之一。因此，进行需求分析可以告诉我们现在需要做什么，同时也可以友好地提醒运动员怎样制订未来的计划。

估算每日所需热量

借助周期整合提供的方法，运动员就可以确定大概方向，着手制订一个小周期计划。第一步，也往往是最容易被忽视的一步，但却是营养计划中最为关键的一步，即确保运动员保持热量平衡状态或等热量状态。这是营养计划的核心，也是年度计划的核心，构建周期训练计划和制订小周期计划时需要确定热量平衡。一旦确定了需要保持的热量水平，就可以实施以下几点。

1. 适当调整热量水平，以适应身体成分的改变。
2. 摄入每日补充基础热量所需的蛋白质、碳水化合物和脂肪。
3. 根据营养摄入时间的原则，分为多餐进食。
4. 分别确定每餐的常量营养素含量。
5. 分别确定每餐的实际食品内容。

　　这似乎很简单，但是这一步却经常被忽略，因为大家通常不会经常讨论这些内容，讨论起来也可能会令人困惑和沮丧。如何确定运动员每日所需热量？我们常用方法都有其准确性和实用性。最常见和最简单的方法是使用每日热量估算公式，网上有很多相关信息，对于那些不确定从哪里开始的人来说，这是一个很好的起点。其中需要注意的是哈里斯－贝内迪克特公式，该公式根据运动员的性别、年龄、身高和体重估计其基础代谢率，即根据相对运动水平估算每日能量消耗值，从而估计每日所需热量。

　　这个公式虽然并不完美，只能得到估算值，但是对于那些第一次研究营养问题的人来说，仍然是一个很好的工具。大量期刊、教科书和其他网上资源，都概述了不同训练和不同强度运动的能量消耗，通常用千卡每分钟或每小时表示。在运动生理学、运动科学和运动营养学教科书中也可以找到相关内容，有助于运动员更准确地估算热量需求。

　　使用不同形式的直接测热法来估算热量，优点是结果更精确，缺点是不太实用。最常见的方法是间接测热法中的气体交换法，世界上几乎所有运动生理学实验室都会使用这一方法，其在现代医学领域的使用也越来越普遍。气体交换法是估算氧气利用率的一种方法，通过测量吸入的氧气和呼出的二氧化碳的比值来测算消耗的热量。运动模式通常是在跑步机或功率自行车上以恒定的速度跑步或者骑车，也可以采用改良的阶梯实验或斜坡方案，通过递增负荷测量最大摄氧量和最大心率的最大运动负荷，并测试休息时的静息代谢率。这种测试比估算公式更准确，但需要在实验室中进行，费用高昂。直接测热法需要非常大的能量室来测量热量的直接变化，成本昂贵，且室内封闭，也不能真实模仿大多数运动的动作。

　　使用估算法来估算每日热量是最实用和最具有成本效益的方法，不需要任何实验室或复杂的公式。由于技术的进步和健身行业的趋势，方法越来越简便，只需要简单记录每天的食物摄入量和监测体重变化趋势即可。运动员登录一个应用程序，认真记录每天摄入的所有饮食，系统会自动计算每天摄入的热量和常量营养素的量。图 2.6 为每天的食物日志范例。每天记录摄入食物的热量，持续 1 ~ 2 周，然后计算 7 天的平均值，表示该运动员每天摄入的平均热量，如果能持续数周，还可以估算日变化量。

食物名称	分量	热 量 /千卡	碳水化合物 / 克	纤维 / 克	脂肪 / 克	蛋 白质 / 克	摄入时间
GV 葡萄干麦麸脆饼	2 杯	380	88	8	2	6	早餐
脱脂牛奶	2 杯	182	24	0	2	16	早餐
佳得乐	2 勺	450	126	0	2	0	运动期间
ON GSW	2 勺	260	8	0	3	48	运动期间
希腊酸奶	1 瓶	130	21	0	0	12	运动后
糙米（已熟）	1 杯	216	45	4	2	5	运动后
鸡胸肉	8 盎司	220	0	0	8	40	运动后
蔬菜混合物	1 杯	25	4	1	0	0	运动后
GV 全麦面包	4 片	280	52	8	2	12	午餐
希腊酸奶	1 瓶	130	21	0	0	12	午餐
GV 全麦面包	4 片	280	52	8	2	12	晚餐
佳得乐	2 勺	450	126	0	0	0	
ON GSW	2 勺	260	8	0	3	48	
脱脂牛奶	2 杯	380	88	8	2	6	零食
GV 葡萄干麦麸脆饼	2 杯	182	24	0	2	16	零食

图 2.6　通过应用程序或使用电子表格完成的食物日志

如图 2.6 所示，受许多不同原因的影响，每天不同时间测量体重的结果会有很大变化。因此，科研人员不要只关注某一次的测量结果，而是应该使用趋势分析和统计过程控制等类似的方法采集数据。只有这样，才会真正了解运动员的体重变化趋势。因此，不能只用一种测量方法来估算体重的变化，像是趋势分析和统计过程控制这样的方法才能更深入地了解运动员实际摄入热量的情况。建议在几乎相同的条件下，每周进行 2 ~ 3 次体重基线测量，至少坚持两周，并将这一趋势与每周平均每天摄入热量进行对照。如果体重的变化趋势比较平稳，运动员摄入的热量会达到等热量状态。如果体重趋势是上升，则处于高热量状态；如果是下降，则处于低热量状态。运动员想要保持等热量状态，每周可以微调热量（±250 ~ 500 千卡）的摄入量，直到体重保持稳定。常量营养素的摄入则以此热量测量值和每日的基线热量值作为参考。热量摄入的调整取决于运动员的训练水平、体重变化情况及身体成分变化的阶段。

确定常量营养素的摄入量

最难的部分是确定运动员为实现训练周期的目标每天需要摄入多少热量。下一步是把这些热量适当地分配到每日摄入的常量营养素之中。根据前面的相关图表，运动员应该摄入 25% 的蛋白质，65% 的碳水化合物。但是这些概念太宽泛，不适用于不同的个体或不同的训练水平。我们用之前讨论的常量营养素的相关理论，来确定每天需要摄入多少营养素。

运动员必须首先确定每日摄入的常量营养素的量。在论及身体成分变化和蛋白质的作用时，我们认为膳食中的蛋白质不仅构成了骨骼肌组织的基本成分，对肌肉的组成至关重要，而且能修复在高强度训练中受损的组织。每个运动员所需蛋白质的多少在很大程度上取决于去脂体重和运动量。力量 / 爆发力型选手的去脂体重通常更大，需要摄入蛋白质成分高的食物；田径运动员适用于一般建议；耐力型运动员只需摄入适量的蛋白质即可，但对碳水化合物的需求非常高。注意：这些都是一般性的建议，实际情况应该因人而异，有可能会有例外，如一个肌肉发达的女足球运动员，和一个肌肉不如同龄人发达的短跑运动员，所摄取的蛋白质的量不相同。这也是为什么单项运动不能成为衡量运动员蛋白质需求的最佳标准。运动员的体重或去脂体重更具有参考价值。

我们先举一个简单的例子。一个体重约 100 千克的男性力量型运动员，他每天大约摄入 3,650 千卡热量，每天的蛋白质摄入量为每千克体重 1.8 ～ 2.2 克，相当于每天摄入 220 克蛋白质。蛋白质的热量约为每克 4 千卡，所以 220 克蛋白质的热量约为 880 千卡。碳水化合物的摄入量取决于每日运动水平。运动水平低，摄入的碳水化合物就少，反之亦然。力量型运动员每天训练 1 ～ 2 次，累计 90 分钟。根据我们之前的建议，每天每千克体重应摄入 2.2 ～ 3.3 克碳水化合物。简单起见，运动员可以按照每天每千克 3.3 克碳水化合物的标准来摄入。运动员每天大约摄入 330 克碳水化合物，每克碳水化合物大约有 4 千卡热量，总热量为 1,320 千卡。

脂肪与运动负荷没有任何实际的直接关系，但当蛋白质和碳水化合物满足需求后，脂肪可以用来缓冲热量的摄入。要确定每天摄入的脂肪量，可用每日所需热量减去蛋白质和碳水化合物的热量。该运动员每天需要热量 3,650 千卡，减去蛋白质热量 880 千卡，再减去碳水化合物热量 1,320 千卡，剩余热量为 1,450 千卡。每克脂肪的热量大约是 9 千卡，剩余热量除以 9，得到每天所需的脂肪量大约为 161 克。

我们已经考虑了热量的摄入和常量营养素的摄入，这是我们可以控制的两个最重要的考虑因素。根据我们收集的信息，不考虑其他因素，饮食因素占了80%，这个比例是非常大的。在这一点上，可以使用一些手机软件来帮助我们记录并控制饮食，或者可以将一天所需的营养物质平均分配到我们期望的膳食次数中（4 ~ 7 次 / 日）。但这有可能（也不一定）忽略了剩下的 20%，而这 20% 决定着运动员能否成功，如营养摄入时间、食物成分和营养补剂。我们必须更进一步地研究营养摄入时间。

我们之前在讨论营养摄入时间时讨论过，运动员可以将蛋白质分配到每日多次的膳食之中，训练密度大时，可以增加碳水化合物的摄入量；而脂肪的摄入则与碳水化合物的摄入截然相反，在训练时摄入的频率要低。以力量型运动员为例，他所需的膳食蛋白质为每天 220 克。每天以不同的方式分配蛋白质似乎没有用处，可以用每天所需的总克数简单地除以每天的进餐次数，在这个例子中，运动员每天进餐 6 次，每次约 37 克蛋白质，可以平均分配到每顿膳食当中，间隔3 ~ 5 小时。

在训练中或训练后，补充碳水化合物都非常重要。对于大多数持续时间超过 60 分钟的常规训练而言，一般建议运动员在训练中摄入一些碳水化合物，通常摄入高糖液体，如运动饮料和果汁，有助于维持血糖水平和运动强度，减轻疲劳。对于大多数竞技运动员来说，这种情况常见于低强度训练和恢复期。那么，需要摄入多少碳水化合物呢？运动员需要摄入的碳水化合物的总量应该以每千克体重每小时约 1 克来计算。对于体重为 100 千克的力量型运动员，在运动期间需要持续或间歇性地摄入 100 克碳水化合物。训练结束后也应尽可能及时地摄入 100 克碳水化合物，摄入的最好时机为训练结束后（不超过 1 小时）。

至于运动前摄入的碳水化合物的量，没有标准的答案，其在很大程度上取决于饮食与训练时间的间隔，以及个人对运动前饮食的耐受程度。一般建议运动员在训练前的 1 ~ 3 小时内进食，食物分量应与训练和进餐的时间间隔成正比，也就是说，距离训练时间越近，摄入的食物就要越少；反之亦然。运动员可以采用非常简单的计算方法进行补充，即用糖原补充值除以 2。对于体重 100 千克的运动员来说，这相当于运动前摄入 50 克碳水化合物，运动中摄入 100 克碳水化合物，运动后立刻摄入 100 克碳水化合物。一天中所需的剩余碳水化合物可以在运动后逐渐减少。而脂肪的摄入时间和量则与碳水化合物完全相反。

表 2.5 显示了在实际训练中可能出现的情况。

表 2.5　体重 100 千克男性力量型运动员训练一天摄入的营养量

早晨训练				中午训练				晚上训练			
饮食	蛋白质	碳水化合物	脂肪	饮食	蛋白质	碳水化合物	脂肪	饮食	蛋白质	碳水化合物	脂肪
训练前	37 克	50 克	10 克	早餐	37 克	0 克	55 克	早餐	37 克	0 克	55 克
训练中	37 克	100 克	0 克	训练前	37 克	50 克	10 克	午餐	37 克	30 克	55 克
训练后	37 克	100 克	10 克	训练中	37 克	100 克	0 克	训练前	37 克	50 克	10 克
下午	37 克	50 克	31 克	训练后	37 克	100 克	10 克	训练中	37 克	100 克	0 克
晚上	37 克	30 克	55 克	晚上	37 克	50 克	31 克	训练后	37 克	100 克	10 克
就寝前	37 克	0 克	55 克	就寝前	37 克	30 克	55 克	就寝前	37 克	50 克	31 克

　　在表 2.5 中，我们可以看到体重 100 千克的男性力量型运动员的营养摄入量数据。左栏是训练时间为早晨的每日饮食计划，中间一栏是训练时间为中午的每日饮食计划，右栏是训练时间为晚上的每日饮食计划。从中可以发现蛋白质的摄入量一目了然。在制订出训练前、训练中和训练后的碳水化合物摄入计划后，剩下的食物成分就很容易确定。这是一个相当简化的饮食计划，这样做的过程和结果的趋势是完全相同的。

　　在饮食计划安排方面，最困难的部分已经讲解完毕。最基本和最重要的部分都已经涵盖在计划内，剩下的就是有关营养补剂的选择。根据之前所讲的有关食物成分的内容，运动员可以通过选择蛋白质、碳水化合物和脂肪来满足基本饮食需求。虽然一开始看起来很复杂，但经过一段时间的熟悉和练习后，很快就会适应。对有些人来说，正确阅读食品标签比较困难，但是更麻烦的是有些食品根本就没有相关信息，如水果、蔬菜、肉制品、餐馆的餐食等。但是，现有大量网站，如营养数据库（nutritiondata）网站和许多其他网站，整合了大量的食物来源和各自的分量，所以现在选择食物变得更加容易。

　　实际食用的食物类型并不是非常重要，但要想使营养计划的效果更好，必须考虑食物类型。在前面的例子中，所有运动中或运动后的膳食都可能富含瘦肉或奶制品、全谷物和全麦、水果、蔬菜、坚果和天然坚果酱、橄榄油等食物。运动期间的膳食通常是液体的，主要是能快速消化的食物，如含有高糖碳水化合物的运动饮料和果汁，以及各种形式的乳清蛋白粉。运动后的膳食通常是固体和液体的混合物，消化速度或快或慢。中高血糖指数的食物，如麦片、脱脂点心、配有果酱和果冻的白面包及其他食物能够达到预期的消化效果，即使大量摄入也不会导致胃肠道不适。蛋白质的来源可以是固体或液体，如巧克力牛奶或酸奶等奶制品都是很好的选择。

我们现在可以用同样的系统方法来评估处于不同环境的运动员。表 2.6 列举了不同运动员的例子，以及他们各自在饮食需求方面的变化。请注意不同体型的运动员每天需要摄入的蛋白质的量不同，每个运动员都有自己的训练计划和训练量，这会影响他们每天需要的碳水化合物摄入量。需要再次强调的是，运动量是影响碳水化合物每天摄入量的主要决定因素。人们在评估中经常会犯一个错误，即混淆运动量和运动强度。例如，举重运动员克里斯蒂安的训练强度非常大，这意味着功率输出和举重负荷通常非常高；而铁人三项运动员米歇尔的训练强度通常要小得多，但最终完成的训练量非常大。这并不是说克里斯蒂安训练时不太费力，也不是说米歇尔的训练强度更小，而是这两个人完成的训练总量有很大的不同。因此，当考虑补充碳水化合物时，应选择训练总量作为指标，而不是训练强度。

表 2.6 不同运动员每日营养需求示例

运动员	梅利莎 （Melissa）	克里斯蒂安 （Christian）	安迪 （Andy）	米歇尔 （Michelle）
运动类型	MMA	举重	橄榄球	铁人三项
性别	女	男	男	女
体重	61 千克	87 千克	110 千克	57 千克
训练次数 / 天	2 ~ 4	1	2	1 ~ 3
训练时间	上午 / 中午：格斗 下午：举重	下午：举重	上午：举重 中午：橄榄球	训练不同项目
总训练时间	2 ~ 4 小时	1 ~ 2 小时	2.5 小时	3 个小时以上
预估热量 / 天	3,000 千卡	3,020 千卡	4,035 千卡	2,655 千卡
蛋白质 / 天	1.8 克 / 千克 ≈ 110 克	2.2 克 / 千克 ≈ 191 克	2.2 克 / 千克 =242 克	1.5 克 / 千克 ≈ 86 克

运动员	梅利莎 （Melissa）	克里斯蒂安 （Christian）	安迪 （Andy）	米歇尔 （Michelle）
碳水化合物 / 天	5 克 / 千克 ≈ 305 克	2.2 克 / 千克 ≈ 191 克	4.4 克 / 千克 =484 克	7.5 克 / 千克 ≈ 428 克
脂肪 / 天	（3,000-1,600） ÷9 ≈ 149 克	（3,020-1,528） ÷9 ≈ 166 克	（4,035-3,064） ÷9 ≈ 108 克	（2,655-2,056） ÷9 ≈ 67 克
进餐次数 / 天	7	5	6	6

大周期计划

我们已经对所有主要饮食因素的基本日常需求进行了概述，现在要开始制订一个系统的大周期计划。小周期计划涉及的概念相当简单，如能量消耗、体型和身体活动水平，但大周期计划需要进行需求分析，为运动员设计、建立测试和监控系统，并要考虑比赛日程。为了使营养计划配合年度训练计划，教练不仅要了解运动员的现有水平，还要确定与之对应的需要达到的水平目标；不仅需要了解运动员的体型和身体成分，还需要了解他们的力量和爆发力等体能特征。

和制订年度训练计划一样，制订营养计划也是一项艰巨的工作。我们遵循的一般原则是从主要比赛开始设计年度训练计划，再回到训练周期的开始，再到主动休息阶段或过渡阶段。第一步要确定主要比赛和比赛时段，并在年度计划中安排恢复与运动表现阶段。事实上，这些都最终指向训练计划中的比赛阶段。

我们先假设比赛时运动员的体重和身体成分发生了一些细微的变化，赛前可以称体重。第二步确定保持体重稳定的时间，应该是从比赛阶段开始的 1 ~ 3 个月。稳定阶段的目标是将运动员的体重控制在比赛体重的 ±1% ~ 2%，并应严格遵循训练计划的专项准备阶段的要求。稳定阶段的时长取决于运动员当前体重与比赛体重的差距，如果运动员没有增减体重的需求，那么稳定阶段的时长为 2 ~ 3 个月。如果运动员需要更多的时间来增重或减重，那么稳定阶段的时长则需要缩短至 1 ~ 2 个月。对于很多教练和运动员来说，跳过这一步是初学者易犯的主要错误，因为运动员的体重和身体成分的改变会贯穿比赛过程。有智慧的教练、运动员或体能训练专家会在早期发现并有办法应对这些变化，从更有效的训练和恢复中获益，为进入比赛阶段做好准备。

最后，在身体成分的改变阶段，营养计划应该与训练计划的一般准备阶段一致。这个阶段通常距离主要比赛时间较远，训练负荷也非常大。这个阶段的长短取决于运动员的增重或减重计划。在这个阶段，一般建议运动员身体成分改变的持续时间不超过 12 周，需要继续改变身体成分的运动员可以安排一段稳定期，其目的是缓解饮食疲劳，并调整身体的自稳态。有时候可能出现运动员不想继续改变身体成分的情况，这时则可以安排一个稳定阶段。一般情况下，无论是何种运动项目，大多数运动员在增肌或减脂方面都有提升的空间。如果运动员提前达到期望的目标体重，他们就可以进入稳定阶段。然而，教练和运动员应该认识到，每周体重增减不要超过 1% ~ 2%，超过这个范围可能会有副作用。

比赛阶段中还包括主动休息阶段，它可以作为营养计划的一个恢复期，也可以作为多个赛季或不同年度计划之间的连接环节。这个阶段一般会在训练周期的主要比赛阶段之后，也就是训练计划的主动休息阶段和过渡阶段。这个阶段的时间长短取决于运动员承受的非稳态负荷（见第 8 章），通常持续时间为 1 ~ 4周。如果运动员进入训练周期的非赛季或非比赛阶段，或直接进入稳定阶段，或者在接下来的几个月内多次进行比赛，那么他们的身体成分会随之发生变化。

年度计划策略

年度计划策略通常围绕两个核心概念展开，作者认为这是周期整合的核心内容。

1. 持续成长和运动能力提升。
2. 非稳态管理。

大多数情况下，教练和运动员无时无刻不在考虑如何才能在即将到来的赛季中达到最好状态。这并没有什么错，因为运动能力的持续提升也包括当下运动能力的提升，但当下运动能力的提升往往有可能牺牲长期运动能力的提升。对于竞争力强的运动员来说，营养周期的主要限制就是时间。对于赛季较长或有多个分赛季的运动项目，如曲棍球、田径、橄榄球等，在训练周期中可能没有太多的时间来进行身体成分的改变或完全恢复。对一些运动项目来说，时间不是主要问题，但随着运动员运动水平的提高，体型不断增大、力量不断提高，并成为成功的决定性因素，如高中橄榄球这样的体育项目，运动员进入一级联赛后，就可以直接进入国家橄榄球联赛。

当着眼于长期的训练策略时，如为期 4 年的训练计划，在运动员的发展过程中，在特定的时间点，教练和运动员对训练的侧重点略有不同。例如，教练可能会花更多的时间对那些年轻的或还在发育的运动员进行增肌训练，对训练有素的或发育成熟的运动员进行速度和爆发力的提升训练。当一些策略还没有发挥最好的效果时，以比赛的形式继续实施超负荷训练并重视增肌和基础力量的增强，可能会导致短期的运动表现水平下降，但从长远来看，会获得良好的训练效果。一些具体的策略，如最佳运动表现与减量策略、减少训练量、强调力量和速度特性，可能会在短期内对运动表现和缓解疲劳有积极影响，但对长期训练效果的提升可能不会太理想。

这意味着教练要花时间去考虑运动员的短期、中期和长期计划，更好地调整营养计划，以实现训练和比赛的目标。运动营养是训练计划的辅助。在与营养计划整合之前，运动员需要确立能够实现的训练目标和计划。请想象一下，运动员每天开始摄入多余的 500 ~ 1,000 千卡的热量，但常规的训练计划仅仅是运动技术练习和短跑。他们的体重会增加吗？一定会。大部分增加的体重来自肌肉吗？可能不是。这是因为训练目标和营养目标根本不匹配。训练计划和营养计划都必须纳入短期、中期和长期计划。

下列问题有助于制订周期整合的年度计划。

1. 运动员的体型、力量或去脂体重是否达到同龄人标准？
2. 运动员可以分配多少时间用于促进身心恢复？
3. 在未来的比赛水平（大学、职业、奥运会等）上，运动员的体型、力量或去脂体重与标准值的差距有多少？
4. 当前训练周期的目标是什么？
5. 后续 2 ~ 5 个训练周期的目标是什么？
6. 在年度计划中，运动员有多少时间分配给身体成分的改变阶段、稳定阶段和主动休息阶段？

小结

运动营养的重要性在训练过程中经常被忽视或被低估。运动营养不同于健康营养或临床营养，作用是提高运动表现水平，提供充足的能量供应，改善身体成分，促进恢复适应过程等。运动营养不应被视为训练过程中单独的外部组成部分，而应与运动中的身心训练计划紧密结合。

并不是所有的营养成分都同样具有强大的功效。改善身体成分和运动表现最重要的因素是能量平衡和热量消耗。与健身行业的趋势不同的是，与训练负荷相对应的进食量相比，运动员进食的成分并不重要。每种常量营养素都具有不同的重要作用，也都会提供热量。运动员每天需要的蛋白质的量一般取决于他们的去脂体重，需要的碳水化合物的摄入量一般取决于每天的净活动水平（net activity levels），而膳食脂肪是在摄入足够的蛋白质和碳水化合物之后用于满足热量需求。营养摄入时间对许多人来说有些复杂，它也发挥着重要的作用，但其重要程度要低于热量和常量营养素的摄入量。食物成分和营养补剂对运动员的成绩影响甚微，但它们可以对运动营养计划进行微调。

营养周期变化类似于训练周期的变化，在我们的周期整合概念中，训练和营养存在内在的联系。训练的一般准备阶段与营养的身体成分改变阶段相联系，在这个阶段，运动员的营养和训练目标是努力增肌或减脂。训练的专项准备阶段与稳定阶段相联系，在稳定阶段，运动员达到一定的比赛体重，并将其保持在理想比赛体重的 ±2% 以内。比赛阶段、恢复与运动表现阶段相关联，强调碳水化合物的摄入，确保达到最佳运动表现水平和恢复水平。针对训练和营养安排的主动休息阶段，可使运动员从艰苦的饮食控制、训练和比赛中获得全面的身心恢复。

第 3 章

心理准备：运动训练的必要内容

鲍里斯·布鲁门斯坦 博士、詹姆斯·霍夫曼 博士

> 坚定的意志力不一定让你赢得奥运金牌，但意志力弱则一定无缘金牌。
>
> ——斯塔特勒、萨穆尔斯基

过去 30 年，人们迅速认识到教练和运动员进行心理准备的重要性。在心理准备对于个人和团体竞技运动的作用研究中，超过 85% 的研究表明心理准备对成绩具有积极效果（Gould & Carson, 2007; Greenspan & Feltz, 1989; Meyers, Whelan & Murphy, 1996; Vealey, 1994, 2007; Weinberg & Comar, 1994; Weinberg & Gould, 2015）。

在实际应用中，尽管大多数运动员都认可心理准备的重要性，但只有 44% 的人经常使用心理策略和技术（Heishman & Bunker, 1989）。运动员主要在比赛中使用心理技术，无法在训练场景应用最佳心理准备（Frey, Laguna & Ravizza, 2003）。只有将心理准备作为运动员整体准备工作（包括身体、技术、战术和心理）的一部分时，才能有效发挥其全部潜力（Balague, 2000; Blumenstein et al., 2007; Bompa, 1999）。遗憾的是，教练和运动员尚未认识到在日常训练计划和准备阶段中纳入系统、综合的心理准备的必要性。

本章有 4 个目的：第一，介绍心理训练的基本原理；第二和第三，讨论心理技术以及达到最佳运动表现水平的策略；第四，建立一套科学的、实践性强的心理准备与周期化原则相结合的方法。

心理准备基础

心理准备已经成为所有运动项目的重要基础，旨在为运动员传授心理技

术（策略）并使他们为比赛做好准备（Singer & Anshel, 2006; Weinberg & Williams, 2015）。心理准备方法由运动心理学家（咨询师）提供，有两种不同的方法：教育方法和临床方法。教育方法的基础是系统的心理技能训练，这是运动员在运动中达到最佳表现水平和获得个人幸福所必需的。临床方法的目的是为存在人格或行为障碍的运动员提供治疗帮助 (Vealey, 2007)。科学和应用证据表明，与临床方法相比，大多数与运动心理学家合作的运动员从教育方法中受益更多（Weinberg & Williams, 2015）。

　　有效的心理准备不能独立进行，应与其他运动准备相结合（见第 1 章）。在每次训练和练习中，做好心理准备能促进身体、技术和战术准备。身体、技术和战术准备之间存在明确的关系显而易见，而它们与心理准备的联系常常被忽略（Blumenstein et al., 2005; Blumenstein et al., 2007; Lidor, Blumenstein & Tenenbaum, 2007）。为使运动员达到最佳运动表现水平，准备工作的 4 个部分应相互关联（见图 3.1）。

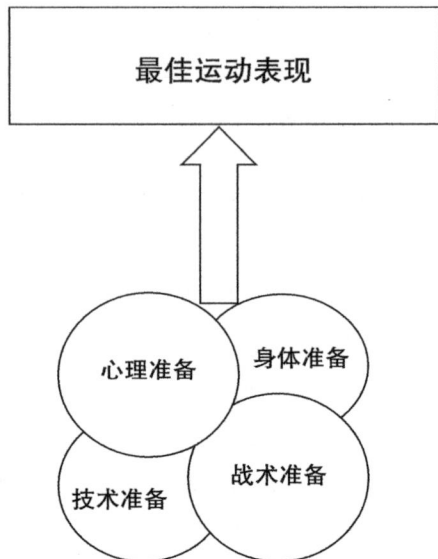

图 3.1　运动训练准备之间应有的关系

　　心理准备的一个主要目的是传授和练习心理技能训练（psychological skill training, PST）计划中的心理技术，该计划可以应用于训练和比赛。心理技能训练的定义是运动员为达到最佳运动表现水平进行的系统且一致的心理技术练习。

成功的心理技能训练计划基于以下 6 个基本原则。

心理技能训练原则

原则 1：系统的心理技能训练

应系统地学习和练习心理技术，这点与身体技能类似（Blumenstein et al., 2005; Weinberg & Williams, 2015）。心理技能训练可以根据不同的时间框架以不同的方式进行：短期干预用于特定情况，如具体比赛；定期干预是在比赛阶段等特定时间段应用于运动员，训练时可随意暂停；系统的长期心理训练与运动员训练过程中的其他准备方式类似。根据运动员技能的熟练程度和需求，每周进行 1 ~ 3 次长期干预，可以产生最佳的积极效应。

原则 2：制订心理技能训练计划

应根据运动员训练的周期原则制订心理技能训练计划。具体而言，心理技能应与训练阶段相适应，主要目的是在练习和比赛中应用这些技能。制订心理技能训练计划可为持续有力的干预提供保证（Balague, 2000; Blumenstein & Orbach, 2012 a, b; Holliday et al., 2008）。

原则 3：整合心理技能训练

心理技能训练应该与身体、技术和战术等所有运动准备的相关要素相结合（Balague, 2000; Blumenstein et al., 2005; Blumenstein & Orbach, 2012a, b）。在不同的准备工作中纳入心理技能训练可提高运动表现水平。此过程将心理技术从实验室转移到运动场，最终在比赛环境中实现心技合一。

原则 4：与教练和医务人员合作

运动心理咨询师和教练（医务人员）进行合作，对于在训练过程中成功整合心理技能训练至关重要。运动心理咨询师应该是专业人员，了解运动训练的基础知识，能为教练和工作人员提供教育心理学材料（Blumenstein & Orbach,

2012a; Gould & Carson, 2007）。遗憾的是，由于知识和时间不足，或者认为心理技术是天生的，无须学习，教练常常忽视心理技能训练（Weinberg & Gould, 2015）。

原则 5：连接科学研究与训练实践

应该根据规范和实际数据制订有效的心理技能训练计划，这取决于科学研究的结果。科学数据是理论基础，为训练过程中心理技术的应用提供指导，利于设定未来目标，使心理技能训练计划清晰而明确。这有助于系统地构建训练计划，形成有效的心理技能训练概念（Blumenstein & Orbach, 2012a; Holliday et al., 2008; Kellman & Beckmann, 2003; Vealey, 2007）。

原则 6：应用心理技能训练的伦理道德

运动心理咨询师的伦理道德是运动心理学领域开展研究和应用工作的框架。运动心理学的主要道德准则是能力、保密、诚信、责任和尊重（Hackfort & Tenenbaum, 2014; Oliver, 2010）。这一道德规范是为运动心理学量身定制的，是"该领域整体专业化的重要方面"（Ziegler, 1987）。

与最佳运动表现水平相关的心理技术

在过去 30 年中，运动心理学研究人员和应用运动心理学家一直专注于提高运动员成绩所必需的心理技术和策略（Gould, 2002; Gould & Damarjian, 1998; Gould & Maynard, 2009; Henschen, 2005; Orlick & Partington, 1988; Vealey, 1988, 2007）。例如，维莱（Vealey, 2007）介绍了帮助运动员和教练取得成功的 4 种重要的心理技术，包括基础技术、表现技术、个人发展技术和团队技术。大多数运动心理学研究主要涉及 4 种基本的心理技术，这些技术都有益于意象、目标设置、放松（激活）和自我对话能力（Eccles & Riley, 2014）。

应该强调的是，为达到最佳运动表现水平，每项运动对心理技术的需求是不同的。综合这些研究结果，人们发现在不同的运动中，一般使用以下几种常见的心理技术和策略，以达到最佳运动表现水平。

· 放松和唤醒自我调节（Statler & Henschen, 2009; Vealey, 2007; Weinberg

& Gould, 2015）。

- 专注（Moran, 2003, 2010; Vealey, 2007; Vernacchia, 2003）。
- 自信（Feltz & Oncu, 2014; Gould, 2002; Vealey & Vernau, 2010）。
- 自我对话（Hardy & Zourbanos, 2016; Hatzigeorgiadis et al., 2014; Vealey, 2007）。
- 意象（Cumming & Williams, 2014; Suinn, 1993; Vealey, 1988, 2007; Vealey & Forlenza, 2015; Vealey & Greenleaf, 2006）。
- 目标设置（Gould, 2015; Vealey, 2007; Weinberg & Butt, 2014）。
- 生物反馈训练（Beauchamp, Harvey & Beauchamp, 2012; Blumenstein & Orbach, 2014）。

为达到最佳运动表现水平，运动员应该通过在心理技能训练中运用心理策略，来练习学到的心理技术（见图 3.2）。

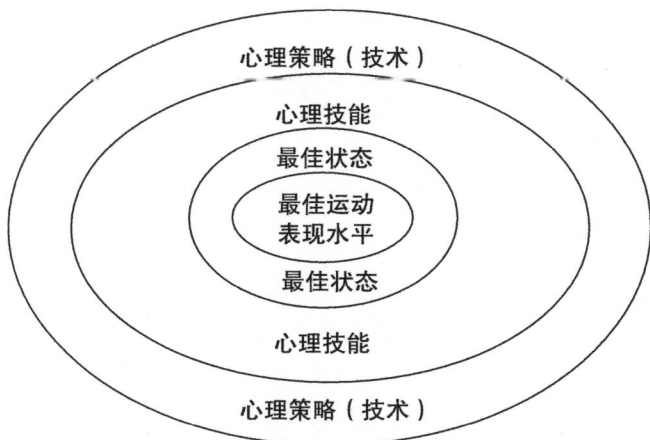

图 3.2　最佳运动表现水平的心理因素

与最佳运动表现水平相关的心理策略

心理技能训练包括一些常用且众所周知的心理策略和技术，如放松、意象、目标设置、自我对话、生物反馈训练、专注和比赛（训练）前心理准备（Acharya & Moris, 2014; Blumenstein & Orbach, 2014; Cotterill, 2010; Henschen, 2005; Lidor, 2007; Moran, 2010; Vealey, 2007; Vealey & Forlenza, 2015; Weinberg, 2010）。这些心理技术被运动心理咨询师广泛应用，对运动表现有显著的

积极影响。这些技术中的每一种都可以单独应用或作为心理干预方案的内容
（Blumenstein & Orbach, 2012a, b; Vealey, 2007）。这些心理策略（技术）的
特点是个性化的内容和背景，取决于不同的运动需求和运动环境。上述所有内容
都应与训练阶段相关联并协调一致。例如，射击运动中的专注方式不同于篮球运
动中的专注方式。准备阶段的放松目标和比赛阶段的放松目标不同，故应进行不
同练习。下面介绍应在心理技能训练中学习和练习的主要心理策略（技术）。

　　放松是一种运动常用技术，与在高压情况下调节身体能量的能力和唤醒水平
相关。据报道，放松有助于运动恢复（Acharya & Morris, 2014; Blumenstein
& Orbach, 2012b; Gould & Udry, 1994; Vealey, 2007）。最常用且众所周知
的放松技术是雅各布森（Jacobson, 1938）提出的"肌肉 - 心理"（mind-to-
muscle）技术（身体放松策略），如呼吸练习和渐进式肌肉放松（progressive
muscle relaxation），以及"心理 - 肌肉"技术（心理放松策略），如自我暗示
训练（autogenic training）（Schultz, 1932）、冥想和瑜伽。运动心理学领域
的许多研究证实了这些放松技术的有效性（Vealey, 2007; Weinberg & Gould,
2015）。放松技术的目标是缓解焦虑症状，调节唤醒水平，促进恢复。放松可以
与自我对话和意象等其他心理策略结合使用，作为心理技能训练的多模式干预方
法之一（Vealey, 2007）。

　　意象是指在没有真实体验的情况下，获得模拟真实情境的内部体验。尽管类
似于所有感官（例如，视觉、触觉或听觉）的真实体验，但仅是心理层面的完整
体验（Cumming & Williams, 2014；Hall, 2001； Henschen, Statler & Lidor,
2007）。教练和运动员表明，他们使用意象技术的次数多于任何其他心理技术。
与不太成功的运动员相比，取得成功的精英运动员能够更系统、更广泛地使用意
象技术（Morris, 2010）。运动中进行意象训练的有效性体现在能够有效提高运
动员的成绩和运动技能（Morris, Spittle & Watt, 2005）、增强运动员的自信心
和动机（Evans, Jones & Mullen, 2004; Martin & Hall, 1995）、改善运动员的
注意力和控制能力（Calmels, Berthoumieus & d'Arripe-Longueville, 2004）。
运动员使用意象技术有不同的原因，包括技能学习和练习、制订策略和演练、准
备比赛以及应对各种运动压力或障碍（Morris et al., 2005; Vealey & Forlenza,
2015）。可在许多不同的心理训练策略和模型中纳入意象技术。

　　专注通常与在任何情况下将精力集中于最重要的事物，忽略分心刺激的能力
相联系。人们广泛认为这是运动员取得成功的重要决定因素（Moran, 2003）。
通过运用适当的心理技能训练计划，包括特殊的专注力练习、目标设置和自我对

话策略、比赛（训练）前心理准备、唤醒控制和生物反馈训练，可以提高专注力。研究人员认为这些技术可以提高不同运动中运动员的注意力和成绩，如射击、射箭、搏击、网球和集体类项目（Moran, 2003）。干扰注意力和专注力的常见因素有焦虑、担忧和无关的想法（Essig et al., 2014）。尽管在所有提高运动表现水平的心理技术中，专注技术（技能）可能最为重要，但只有当运动员首先学会运用放松技术来控制焦虑和唤醒水平后，才能掌握专注技术（Henschen et al., 2007）。

自我对话是一种心理技术，指运动员与自己对话，可以有声或无声，其目的是对比赛或动作做出内在或策略性的自我促进、指导、反应和评估。运用自我对话技术需注重自我指导或强化性的口头对话（Hardy & Zourbanos, 2016; Hatzigeor-giadis et al., 2014）。研究表明，不同类型的自我对话（即指导性和激励性）可有效提高不同类型的运动表现水平（Vealey, 2007）。高水平运动员相较于低水平运动员，使用自我对话技术更有计划性和一致性，而低水平运动员通常只能进行反射性思考（Hardy, Hall & Hardy, 2004）。多种心理训练技术均涉及自我对话，如思维中断、思维替换、反驳、重塑和认知重组等，自我对话在 P3 思考法（Vealey, 2005）和能量管理法（Hanton & Jones, 1999）等多模式心理训练干预中经常被用到。

目标设置是增强运动员的动机和信心的一种常用技术，是改变行为的有效工具。应用运动心理学讨论 3 类目标：结果目标、表现目标和过程目标（Burton, Naylor & Holliday, 2001）。结果目标通常关注最终结果，例如，赢得奖牌或达到特定排名。这些目标通常用来在长时间身心准备过程中提高运动员的动机水平。表现目标有助于运动员专注于提高自身的表现水平。表现目标更加灵活、清晰、可控。例如，运动员的表现目标可以是提高自己在篮球比赛中的投篮命中率或游泳运动中的个人最佳表现水平。过程目标的重点是运动过程，而不是运动的最终结果或表现，例如，运动员完成特定技能的技术。这些目标主要用于训练，促使运动员专注于特定的任务需求（Vealey, 2007; Weinberg & Butt, 2014）。对运动员的研究表明，目标必须纳入系统的心理技能训练计划，使运动员能够计划、设定、重视和调整与目标相关的个人态度（Gould, 2015; Vealey, 2005,2007）。

生物反馈训练（biofeedback training, BFBT）是一种根据运动员身心获得的信息或反馈，来控制自我调节的技术（Blumenstein & Orbach, 2014）。在接受强化的生物反馈训练后，心理技术会成为自动反应。运动领域中，大多数关于生物反馈训练的研究最初都是评价其帮助运动员调节成绩焦虑和唤醒水平的功效（Zaichkowsky & Fuchs, 1988）。此后，研究重点是将生物反馈训练与放松、意象、呼吸和自我对话等其他心理策略相结合。研究结果表明，生物反馈训练作为干预方案的一部分，对运动员的表现能够产生积极影响（Blumenstein, Bar-Eli & Tenenbaum, 2002）。此外，研究还表明生物反馈干预对训练从练习转向比赛具有放大效应，尤其是在动作技能学习和运动技术完善方面（Issurin, 2013）。生物反馈训练如今已用于研究和练习计划，成为射箭、足球、游泳和风帆冲浪等各种运动项目的心理技能训练的重要内容。例如，2010 年温哥华冬奥会之前的 3 年期间，加拿大国家短道速滑队制订的一项生物反馈训练计划（Beauchamp et al., 2012）。W5SA 五 步 法（Wingate 5-Step Approach；Blumenstein, Bar-Eli&Tenenbaum, 1997） 以 及 LMA 三维法（Learning-Modification-Application，学 习 - 改 进 - 应 用；Blumenstein & Orbach, 2012b）是基于运动训练的周期原则，制订并运用心理技能训练计划的方法。这些方法首次在运动员的训练中纳入了系统的心理技能训练。

　　LMA 三维法是一种创新的心理技能计划，由 3 个维度（学习、改进和应用）和 7 个应激干扰组成。该方法包括生物反馈训练，并结合其他心理技术组成了心理技能训练的一套干预方案。根据运动训练的周期原则，将 LMA 三维法纳入运动员的准备工作。在学习阶段，运动员在实验室环境中的可控和无干扰条件下习得基本的心理技术，从而能够学习每种策略的基础知识。在改进阶段，运动员继续完善心理技术，在实验室和训练环境的各种应急干扰条件下，快速、准确地学习简短的心理策略。最后，在应用阶段，运动员将心理策略作为比赛（训练）前心理准备的内容，应用于实际训练和比赛。LMA 三维法的独特之处在于重视将在实验室中学到的心理技术转移到运动场上的能力。运动员在渐进的应激干扰条件下，练习心理技能训练中的这些心理策略，能够为真实的比赛做好准备。

　　比赛（训练）前心理准备是运动员在赛前使用的身心动作模式。具体而言，比赛（训练）前心理准备是为了引导运动员的注意力，调节运动员对刺激的心理和生理反应，使运动过程中的意识干扰最小化（Jackson, 2014）。在此期间，运动员将相关的心理技术和策略（放松、意象、专注、积极的自我对话）与身体活动相结合，使自身达到最佳唤醒水平，最终达到最佳运动表现水平。比赛（训练）前心理准备持续的时间很短，每名运动员各不相同，其与许多心理技术结合，使运动员将意识集于准备进行的体育运动（Henschen, 2005）。研究表明，比赛（训练）前心理准备可以使运动员集中注意力，帮助其专注于任务的相关方面，防止分心（Boutcher, 1992）。此外，比赛（训练）前心理准备可以帮助运动员调节情绪、思想和行为，最大限度地减少分心，保持专注力（Jackson, 2014）。最后，比赛（训练）前心理准备有助于激发自动执行，提高任务完成的准确度，尤其是自定进度的任务（Cotterill, 2010; Lidor, 2007）。

心理技能训练与运动训练准备的整合

根据运动训练的理论和方法，典型的训练计划包括 3 个主要阶段：准备阶段、比赛阶段和过渡阶段。准备阶段包括两个子阶段：一般准备（general preparation, GP）和专项准备（specific preparation, SP）。一般准备阶段的主要目标是提高一般运动能力和身体能力，专项准备阶段的主要目标是提高特定运动项目运动员所需的能力和技能。比赛阶段的主要目标是尽可能地在各种比赛中提高运动员的运动能力和心理能力，使其达到最佳运动表现水平。最后，过渡阶段的目标是促进身心休息，确保运动员的一般准备状态保持在可接受的水平上。每个阶段包括 4 种特定类型的准备工作：身体、技术、战术和心理（Bompa, 1999; Bompa & Haff, 2009; Carrera & Bompa, 2007; Holliday et al., 2008; Zatsiorsky, 1995）。本节将讨论运动员的训练计划如何与心理准备工作相结合。关于这些阶段和其他 3 项准备工作，更详细的内容和信息请参阅本书的第 5 章、第 6 章和第 9 章。

制订运动员训练计划的工具是周期原则。在应用心理计划时，重点是在运动员的训练计划中纳入心理训练，并将其与身体、技术和战术等其他准备工作相结合。运动员的训练量和训练强度对于调整心理训练至关重要。周期原则为运动员的整体准备工作增加了规划时间表，因此可作为心理技能训练的指导原则，特别是 LMA 三维法（Balague, 2000; Blumenstein et al., 2007; Blumenstein & Orbach, 2012b; Blumenstein & Orbach, 2018; Holliday et al., 2008）。这种方法为说明运动员的训练过程与心理技能训练的整合方式提供了一个系统的框架。

在一般准备阶段，运动员可以大量使用低强度运动、重复训练，单一负荷、高难度的日常训练，以及教练要求的严格的大量训练等进行训练，来改善自己的爆发力、速度、柔韧性和耐力等一般身体状况。这一时期心理技能训练的主要目标是帮助运动员有效应对练习中所承受的身体负荷。运动心理咨询师在这一时期必须关注两个主要目标。第一个目标是帮助运动员在艰苦训练后得到恢复，第二个目标是增强运动员的运动动机、信心并提高其即将开始的赛季目标。为实现这些目标，在此阶段应用的心理技术包括放松（20 ~ 25 分钟）、特殊音乐训练（15 ~ 20 分钟或持续时间较短）、自然风光图片意象、视频片段（10 ~ 15 分钟）、生物反馈训练以及这些技术的组合，如放松和意象、放松和音乐，以及放松和生物反馈训练（Blumenstein et al., 2002; Blumenstein et al., 2007; Blumenstein & Orbach, 2012a; Dosil, 2006; Statler & Henschen, 2009; Vealey, 2007）。

　　从 LMA 三维法的角度来看，在学习阶段，运动员在可控和无干扰的实验室条件下习得基本的心理技术，有利于他们学习每种策略的基础知识。在此阶段结束时，运动员在轻度刺激下进行训练（语言鼓励和消极激励）（见表 3.1）。

表 3.1　LMA 三维法建议的一般准备阶段的心理技术，包括实例和目标

阶段	LMA 阶段和刺激	心理技术	目的	应用、时长和场所
一般准备	轻度刺激下的学习阶段	放松	心理恢复	每周末 20 ~ 25 分钟；每周 1 ~ 2 次；每次 10 ~ 15 分钟；每周 3 ~ 4 次，每次 5 ~ 10 分钟
		意象（自然风光图片）	心理恢复	每周 1 ~ 2 次，每次 10 ~ 15 分钟
		音乐（放松导向）	心理恢复	每周 1 ~ 2 次，每次 15 ~ 20 分钟和 5 ~ 10 分钟
		生物反馈（训练和比赛）	心理恢复	每周 1 ~ 2 次，每次 10 ~ 15 分钟
		目标设置	自信、*↑激励	每周 1 次，每次 10 ~ 15 分钟；每周 1 ~ 2 次，每次 5 分钟
		组合：放松和意象放松和音乐放松和生物反馈训练	心理恢复	在实验室环境下 20 ~ 25 分钟，每周 1 ~ 2 次

* ↑ 改善（增加）。

　　专项准备阶段的目标是根据运动员在特定运动项目中的生理和心理特征，进一步提升运动员的身体能力（Blumenstein et al., 2007; Blumenstein & Orbach,

2012a, b; Bompa & Haff, 2009）。训练强度增大，重复次数则显著减少。心理技能训练中专项准备阶段的主要目标是练习心理技术和策略，提高特定运动项目所需的身体、技术和战术技能。运动员接触与比赛相关的各种实际环境因素。在特殊的刺激干扰下使用与运动特定需求有关的心理技术。运动员在此期间参加比赛时，个人运动的心理技能训练应更加注重自信、自我调节和专注力等参数，团队运动的心理技能训练应以改善团队凝聚力、沟通能力、领导力、团队动力以及队员之间的关系为核心。运动心理学咨询师参加运动员个人（团队）练习，介绍训练中的心理技术，识别运动员个人（团队）心理准备中的弱点，最后优化比赛（训练）前心理准备训练。在此期间，重要的是要注意心理、战术和技术准备之间的相互作用。做好技术准备并考虑心理和运动控制的重要作用尤为重要。

　　从 LMA 三维法的角度来看，运动员个人（团队）在改进阶段应为现实情况做好准备。运动员在中等刺激（特定需求和奖惩）下短期、快速而准确地执行心理策略，继续提升心理技术。这些技能应与技术 – 战术目的和运动要求一致。例如，运动员重点练习专注和意象技术，想象比赛情境中自己和对手的可视化技术要素。运动员先在实验室中进行心理练习，然后转换至训练环境（Blumenstein et al., 2005; Blumenstein & Orbach, 2012b, 2014）（见表 3.2）。

表 3.2　LMA 三维法建议的专项准备阶段的心理技术，包括实例和目标

阶段	LMA 阶段和刺激	心理技术	目的	应用、时长和场所
专项准备	中等刺激下的改进阶段	放松	专注和唤醒调节	1 ～ 5 分钟（训练场景）5 ～ 10 秒（训练、对抗和比赛之间的练习）
		意象	心理准备，专注于比赛的技术 – 战术方面	1 ～ 3 分钟（练习，训练、对抗和比赛之间的热身）
		自我对话	心理准备、自信	10 ～ 15 秒（在训练、对抗、比赛或热身之前）
		专注练习	比赛准备、心理准备	5 ～ 10 分钟（实验室场景）
		呼吸练习	心理准备、心理恢复	1 ～ 2 分钟（训练，运动前后）
		生物反馈训练	心理准备、自信	10 ～ 30 秒（实验室场景），每周 1 ～ 2 次

　　在比赛阶段，技术要素的强度增加，重复次数减少，训练的总时间减少。运

动员积极参加各种比赛。个人项目的运动员参加若干比赛，为国家、欧洲、世界锦标赛或奥运会等重要比赛做准备。团体项目的运动员通常参加全国联赛，每周进行比赛，持续数月。

这一时期的主要训练目标如下。

· 保持一般和专项的身体能力。
· 改进运动员的技术和战术。
· 应对比赛压力。
· 获取比赛经验。
· 改善团队沟通、互动和团队战术。

这一时期心理技能训练的目标是将大部分心理训练从实验室环境转移到运动现场，在不同的训练和比赛场景中应用心理策略。根据训练和比赛需求，如持续时间和运动特点等，改进心理策略。此期间的心理技术与运动类型、比赛的实际环境因素有关，是比赛（训练）前心理准备的必要内容 (Blumenstein et al., 2007; Blumenstein & Orbach, 2012 a, b)。

从 LMA 三维法的角度来看，应用阶段的心理策略是比赛前和运动前的常规内容，运动员接触更真实的环境和刺激，以用于实际练习和比赛。运动员能够在训练和比赛中迅速、有效地应用心理策略，而且这些策略应与技术、战术以及比赛和运动所需的身体要求相结合。综上所述，运动员在此阶段进行的心理训练应练习专注和意象等心理技术，并承受强烈的比赛刺激（例如，使用录制的比赛视频和噪声）（Blumenstein & Orbach, 2012b, 2014）（见表 3.3）。

表 3.3 LMA 三维法建议的比赛阶段心理技术，包括实例和目标

阶段	LMA 阶段和刺激	心理技术	目的	应用、时长和场所
比赛	高强度刺激下的应用阶段	放松和音乐，放松和意象	训练准备、心理恢复	5 ~ 10 分钟(周末或比赛期间，在训练、对抗、练习之间)
		意象	心理准备，专注于技术、战术表现	90 秒（韵律体操） 4 分钟 （柔道） 游泳比赛（游泳距离或时间） 篮球（组合） 赛艇、皮划艇（比赛距离）
		自我对话	心理准备，专注于技术、战术表现	10 ~ 15 秒(比赛和训练场景、比赛进行之前)
		专注练习	运动准备，心理准备	5 ~ 10 秒(比赛和训练场景、运动前)
		呼吸练习	唤醒调节	10 ~ 15 秒(比赛和训练场景、运动前)
		赛前心理准备	心理准备	训练场景、运动前
		生物反馈训练	* ↑专注和自信	5 ~ 10 分钟，实验室场景；每周 1 ~ 2 次

* ↑ 改善（增加）。

过渡阶段的目标是让运动员个人（团队）进行身心休息和恢复。建议运动员在此阶段保持活跃状态，为下一个准备阶段做好较充分的准备。过渡阶段心理技能训练的主要目标是在结合生物反馈的情况下进行心理恢复，如放松、听特定的个性化音乐以及进行呼吸练习（Blumenstein & Orbach, 2012a, 2012b, 2014）（见表3.4）。

表 3.4 过渡阶段建议的心理技术，包括实例和目标

阶段	心理技术	目的	应用、时长和场所
过渡	放松	心理恢复	10 ~ 15 分钟；每周 1 次，实验室或家庭场景
	音乐	心理恢复	10 ~ 15 分钟；每周 1 次，实验室场景
	生物反馈训练	心理恢复、自信	10 ~ 15 分钟；每周 1 次，实验室场景

小结

　　心理准备是现代体育运动中运动员个人（团队）准备工作的重要内容。本章重点介绍了心理准备、心理技术、心理策略等基础知识以及基于训练过程的心理技能训练整合。LMA 三维法的框架体现了心理技能训练与运动员训练过程相结合的独特性。根据运动训练的理论和方法，周期训练原则是年度训练过程的基本方法。周期化运动训练既是运动员长期发展的成熟方法，也是在运动训练领域进行比赛准备工作的工具。本章重点为使用周期原则作为制订心理技能训练计划的工具，并概述了 LMA 三维法在训练过程中融入心理技能训练的方式。

　　心理准备是 3 个训练阶段（准备阶段、比赛阶段和过渡阶段）的重要内容，旨在强化其他准备（身体、技术和战术）。每次训练和练习都应包括心理训练的要素和内容。这适用于在每个训练日都充满活力的教练和运动员。本章重点介绍了运动员训练过程中整合心理准备的方式。本书其他章节将讨论适用于身体、技术和战术准备的心理因素。

第 4 章

周期整合的应用

图德· 邦帕 博士、鲍里斯·布鲁门斯坦 博士、爱丽丝 ·奥巴赫 博士、詹姆斯 ·霍夫曼 博士

虽然许多体育专业人士和运动员接触过现代训练领域的许多内容，但是周期仍没有被纳入大多数训练计划中。与此同时，目前的训练水平和运动科学的研究成果迅速发展，以至于制定团队战略成为必要。具体而言，这意味着需要向运动员和运动团队提供必要的服务，使他们发挥最大潜能。

对于体育专业人士，尤其是教练和运动员，同样重要的是不断测试和监控运动员的提高速度，并在提高专项运动能力、营养和运动心理学的方法方面，不断进行分析并提供服务。

对于高水平的运动员，还需要进行专门的生理监控和评估。因此，提出整合周期概念意味着整合训练的所有方面，并在训练期间、比赛前和比赛期间对其进行匹配。

在过渡阶段提供同样的专业服务至关重要，经过一年的训练和比赛后，心理放松和营养计划是促进恢复和再生的必要条件。在一个新的开始之前，这个恢复和放松的阶段是必要的。在新的准备期和比赛期开始之前，感到疼痛和紧张往往是运动员的常态。忽视这些会导致运动员带着残余的疲劳开始下一个训练计划，而非处于良好的生理和心理状态。

为使效益最大化，建议从以下 3 个方面进行周期整合。

1. 年度计划。
2. 年度计划内的所有训练阶段。
3. 在指定运动中发展主导运动能力（在特定专项运动中达到最佳运动表现水平所需的主要能力）的方法 。

制订年度计划

年度计划是周期整合概念的具体体现，是将训练原则、营养和心理练习从理论转为实际应用的最佳工具。年度计划详细描述了全年中与运动员训练和比赛日程有关的所有事件，年度计划是周期计划的重要组成部分，因为它将训练年度划分为多个小的独立阶段，每个阶段都有特定的目标。这可以确保运动员在适当的时间达到最佳运动表现水平，同时在全年保持刻苦训练和恢复的能力。

年度计划为运动员的需求分析所驱动，专门针对短期和长期目标制订。年度计划可以和一个赛季或相互关联的多个年度计划一样简单，为训练提供路线图。尽管教练似乎认为这种程度的规划令人生畏或乏味，但对于取得长期训练的成功来说它必不可少。采用年度计划有助于克服计划内和计划外持续进步的障碍，确保运动员按照预先计划好的目标前进。

年度计划包括与运动员比赛、训练或恢复计划有关的任何事项，包括（但不限于）以下内容。

- 专项技术练习。
- 身体训练。
- 心理训练。
- 身体成分改变和体重管理。
- 疲劳管理和恢复策略。
- 行程、海拔变化和时差。
- 假期。
- 比赛。
- 测试和监控。
- 营养。
- 媒体活动。

虽然最初这些信息似乎比较繁杂，但是围绕这些问题进行规划通常比在意外情况下应付它们要容易得多。不可能每个计划都完美无缺，总会出现不可避免的问题。只有制订完善的年度计划，才能用更合理的方法应对逆境，并继续实现目标。

初步计划

制订年度计划应遵循一系列步骤，最大限度地减少回溯和过度复杂。第一步，找到一个可以用于制订计划且运动员可使用的媒介，如笔记本、电子表格或日历应用程序，也可以是昂贵的专门的软件或团队监控软件。尽管这些媒介都具有实用性和可行性等优点，但是最终必须确定最适合自己的方式。使用简单的电子表格是个不错的选择。

第二步，建立时间表。使用者可根据个人喜好来标记时间（日、周、月）。通常情况下，建议开始时制订总体计划，然后逐步安排到较小的时间单位。例如，刚开始时不应该计划单次训练，而是应该安排整年的年度计划，然后依次安排月计划、周计划、日计划，最后是训练课计划。用一个简单的电子表格将全年划分为 52 周，然后使用链接标签细分每个大周期的具体日期。在标记大周期后，把小周期标记出来。所选择的应用和流程应符合自己的喜好，同时让自己和同事每天打开查看和编辑时能感到舒适。

建立时间表后，制订年度计划的第三步就是详细标注所有比赛日期，包括赛前准备期、赛季初期、赛季后期、冠军赛、训练赛、决赛、排位赛以及目前已知的友谊赛等。其中还包括行程、时间、设备和地点的任何相关信息。 虽然可能并不是所有比赛都需要特定的减量或疲劳管理方案，但在制订全年的阶段性计划时，比赛是关键的时间点。

接下来安排运动员的假期和休息时间，包括由于遵守美国全国大学生体育协会（National Collegiate Athletic Association，NCAA）或任何体育管理机构的规定、国家法定假日、个人假期、赞助仪式、公共服务等，运动员无法进行训练、专门的恢复时间。尽管这似乎有点奇怪，但确实存在相当数量的外部制约因素使教练与运动员的互动受到限制。因此，标记出运动员基本上无法进行特定训练或恢复练习的时间会大有帮助。

计划的下一部分涉及标记行程安排，包括实际行程花费的时间，以及调整时差和海拔差异所需的时间。在本地举行的比赛往往不成问题。可是对于那些路途遥远的比赛，无论是国内还是国际，这都是问题。全年可能需要在费数天前往各个比赛地点，这些天通常不能用于训练或进行特定恢复活动。此外，教练需要寻找运动设施进行训练，并进行相应的安排。国际旅行可能需要提前数周到达目的地，使运动员适应不同的时区和可能存在的海拔变化。由于在这些时期内，运动员训练和恢复受到限制，故应提前纳入计划。

训练计划的最后一部分涉及一些强制性测试，包括美国全国大学生体育协会（NCAA）测试、美国反兴奋剂机构（USADA）兴奋剂检测、实验室测试和监控，以及医生或运动医学团队的定期检查。这对于需要定期监控血液成分或有伤病在身的运动员尤其重要，因为这些测试在一年中的意义非常重大（理所当然）。各体育管理机构除了需要教练组进行内部成绩测试和监督外，对医疗和药物测试的规定往往略有不同。一些医疗和药物测试可能需要相当长的时间才能完成，在某些情况下还需要恢复，故应在年度计划中加以说明。

制订年度计划的程序

在概述了初步因素和障碍后，教练和运动员就可以开始制订年度计划。一般情况下，这是此过程中最愉快和最有价值的部分。教练和运动员在开始之前应该了解正确的操作顺序。许多人在此阶段遇到的一个常见问题是急于记录很多想法。尽管需要这种激情，但也经常会导致一些重要而常见的错误。

1. 没有考虑或分析运动员的需求。
2. 从赛前准备阶段，而不是比赛或过渡阶段开始。
3. 从一次训练课到另一次训练课，或者从小周期策略开始，并逐步采用大时间跨度的策略。

幸运的是，只要遵循结构化的操作顺序，就可以避免或纠正这些问题。虽然可以根据自己的个人需要调整这些步骤，但作者建议按照以下步骤进行规划，直到形成最适合自己的体系。

需求分析

对运动员进行需求分析不仅有助于确定训练的生理特征，还可以让前述所有综合方法发挥显著的作用。在制订任何训练、技术、战术、身体成分变化或增强心理技能的计划之前，我们首先必须了解运动员在当前状态下的优势和不足，以及他们与同龄人相比如何。规范标准、比赛统计、测试和监控以及教练和运动员的反馈，对于制定短期和长期的训练策略至关重要。这些策略很可能因人而异，即便是同一项运动或同一个运动团队，甚至个人在整个职业生涯和赛季的不同时间点的策略也都不相同。未进行需求分析就制订年度计划，就像是安排一次没有目的地的旅行。

从比赛阶段开始，然后继续或者"退回"准备阶段

比赛阶段是制订年度计划的关键时间点。如果将制订年度计划比作建造房子，那么需求分析就是蓝图，比赛阶段就是地基。几乎不可能在没有地基的结构上有效安装水暖管道、电路、屋顶和家里的其他设备。同样，在制订年度计划时，如果从随机时间点开始，安排的阶段强化策略不会太有效；而从比赛阶段开始制订，则不同阶段和子阶段的安排会立即变得非常清晰。

从比赛阶段开始制订年度计划，首先需要解决的问题是规划疲劳管理策略，如在比赛前或比赛后安排最佳状态调整与减量、减负荷或主动恢复等阶段。在规划了减量阶段后，就可以拟定减量前的专项准备，专项准备期的目标和时长则是基于需求分析设定的。最后，一般准备阶段或休赛期阶段可以填补两个比赛之间或过渡期的剩余时间。同样，如果我们在一场比赛中，发现队员身体状态下滑，需要立即安排比赛后的过渡或主动恢复阶段。我们需要考虑一个赛季中不同赛事之间的训练安排，或者赛季前的、杯赛前的以及其他任何比赛前的训练安排。

按照从比赛阶段到准备阶段的顺序制订计划，会使教练和运动员将时间当作一种有限的资源，而不是猜谜或拼图游戏。教练可以在开始时将这段时间细分为更小、更易于管理的时间段，以便分阶段进行强化训练，实施恢复策略，而不是为了准备比赛而留出 15 周的空白时间。试图在比赛前付出努力往往成为一种乏味的"猜测和检验"方法，通常需要进行大量的修改和调整。以比赛阶段为起点在时间上继续向前或"退回"至准备阶段，有助于避免这种令人沮丧的过程。

从宏观出发，逐步细化

从比赛角度看，首要策略应该是标记年度计划的所有主要阶段，包括比赛阶段、准备阶段和过渡阶段。如果可以，下一步是将每个主要阶段划分为子阶段，包括一般准备阶段和专项准备阶段、赛季前阶段、活跃阶段以及需求分析所需的其他阶段。在列出每个子阶段后，制订月训练计划、周训练计划、日计划以及训练课计划就会越来越容易。

回到前述的建造房子的比喻，不知道正确的比赛日程就制订每个训练计划的策略，类似于为尚未建造的墙壁选择涂料颜色。虽然有这种可能，但所做的决策

大多是任意的，你可能会在看到建造完成的结构后发现这些决策没有意义。改变涂料颜色相对容易，而试图更换墙壁则难度较大。在确定了总体训练结构后，每一个训练策略都只是"微调"。在操作过程中，教练可以根据个人需求和运动员的当前状态进行灵活安排。一般情况下，应首先确定比赛阶段，然后确定准备阶段和过渡阶段以及每个阶段内的子阶段，再依次制订各子阶段内的每月、每周和每天的训练计划。

周期整合计划

图 4.1 显示了速度 – 爆发力主导运动的年度计划的基本模型（Bompa，1999）。该计划确定了与比赛日程相关的具体训练阶段。由于该年度计划是针对田径短跑运动员而制订的，故运动能力的周期仅包括速度和力量。最后，由于我们的目的是举例说明周期整合，所以该例子也参考了那段时间使用的特定的心理干预和营养计划。由于比赛日程和主要能力因体育项目而异，故第 5 章举例说明了多个年度计划（见图 5.1 至 5.11）。

典型的训练计划包括 3 个训练阶段：准备阶段、比赛阶段和过渡阶段（Bompa，1999）。在整个训练周期中，身体准备的目标是提升与力量、速度和耐力相关的运动能力。从整个比赛和过渡阶段准备期的第一次训练开始，常规训练计划中应包括营养管理和心理干预措施。

（第 4 章　周期整合的应用

月份	1	2	3	4	5	6	7	8	9	10	11	12
训练阶段	准备					比赛						过渡
子阶段	一般准备阶段		专项准备阶段		赛前	正式比赛					减负荷	过渡
速度	无氧和有氧耐力	- 最大速度 - 无氧耐力		- 最大速度 - 专项速度 - 灵敏性 - 反应灵敏性	- 特定运动准备 - 专项速度 - 灵敏性 - 反应灵敏性							娱乐和休息
力量	解剖适应	最大力量		爆发力	最大力量	爆发力转化		保持爆发力或最大力量				补偿
心理准备	- 评价心理技术 - 强化运动动机和目标 - 学习和练习基本的心理策略（技术）		- 根据运动需求和运动员素质 调整心理策略（技术）		- 将心理技术从实验室转至运动场 - 制订和应用运动前常规和运动中的心理技术（策略）			根据比赛日程进行变动				- 恢复技术 - 主动休息
营养	- 高碳水化合物 - 适量蛋白质	- 高蛋白质 - 适量碳水化合物	- 高碳水化合物	- 高碳水化合物 - 适量蛋白质	- 高碳水化合物 - 适量蛋白质			- 高碳水化合物 - 适量蛋白质			高碳水化合物	均衡饮食

图 4.1　周期整合年度计划的基本模型

根据训练阶段进行营养整合

营养、训练以及运动表现有内在联系。以引发训练适应性为目的的营养干预应按阶段进行。由于每个训练阶段的目标和疲劳累积程度不同，因而营养建议也应进行相应的改变。营养摄入的时间、类型和数量对运动训练和心理的满足具有重要的作用。虽然各种运动的生理适应性和营养需求不同，但在原则上具有一些共性：（1）必须满足能量、液体、维生素、矿物质和常量营养素的需求（Sahlin, 2014）；（2）组织修复和维持取决于组织类型、重构时间、激素、营养有效性和时机（Houtkooper, Abbot & Nimmo, 2007; Tortora & Derrickson, 2012）；（3）营养补充和训练可以改善肌肉的缓冲能力（Sahlin, 2014）；（4）不同形式的训练可以开启蛋白质特异性适应的细胞信号传导途径，这最终取决于营养补充或组织本身的消耗（Spriet, 2014）；（5）坚持使用适当的营养策略能够促进训练的短期和长期适应（Spriet, 2014）；（6）研究表明，补充抗氧化剂会减弱训练诱发的 DNA 氧化效应（Ziv & Lidor, 2009）。

营养和训练的整合需求并不完全取决于生理适应。在实践上，我们还需要考虑相关专项中不同位置运动员的身体成分、表现提升、增加运动员的基础知识和满足个人需求等因素。对身体能力要求非常高的项目，以及体重分级的项目则需要运动员体脂更低，拥有更多的瘦体重。例如，一项针对 45 名职业橄榄球运动员的研究显示，运动员采用"相对较少的碳水化合物和高蛋白"的饮食方案。10周后，运动员七个部位的皮褶总和显著降低，从 93.2（25.9）（赛季前）减至87.6（25.8）（赛季后）（Bradley et al., 2015）。此外布拉德利（Bradley et al., 2015）发现，在整个赛季前期，所有力量指标（深蹲、罗马尼亚硬拉、卧推、负重引体向上）都表现出显著的提高。

运动员的营养知识基础决定了运动员在执行这些营养原则时能否保持一致性，并长期坚持。雅各布森等（Jacobsen et al., 2001）发现，将营养知识纳入大学代表运动员的训练方案的数量增加了。这归因于力量和体能教练增加了营养知识的传授（Jacobsen, Sobonya & Ransone, 2001）。每名运动员的遗传、体型和口味不同，需要一定程度的个体化对待。将营养和运动训练进行整合最终将考虑情境变化和个性化特征。

在整个训练周期中规划好所有准备阶段、比赛阶段和过渡阶段后，就可以在年度计划中纳入营养干预措施。根据运动员的需求分析、比赛日程以及当前的身心状态，将每个训练阶段与相应的营养阶段进行匹配，见图 4.2 。

训练阶段	准备阶段		比赛阶段	过渡阶段
	一般准备阶段	专项准备阶段		
训练目标	提升运动和训练技能	掌握训练和运动技能	缓解疲劳，提高心理准备能力	连接多个比赛周期
	提高运动能力和整体健康水平	提高特定运动的力量、爆发力和体能	继续提升或保持体能	缓解身心疲劳
	基本运动战术	团队和个人战术	完善技能和战术	保持基本体能
训练阶段	身体成分改变阶段	稳定阶段	恢复与运动表现阶段	主动休息阶段
营养目标	增肌减脂	达到并保持比赛体重（在 2% 以内浮动）	常量营养素优先选择碳水化合物转移	减轻节食压力
	制订基本饮食和水合常规	改善饮食和补水模式	保持正常水合	保持合理的体重
	持续监测体重	缓解疲劳	保持去脂体重	保持去脂体重

图 4.2 在训练阶段中纳入营养计划

在一般准备阶段首先应改变身体成分。需求分析应概述运动员需要达到的身体成分标准，以强化短期和长期目标。这可能意味着增肌、减脂或者只是制定基本的饮食和水合常规方案。如果身体成分变化不是此阶段的优先事项，则应将重点放在制定合理的日常营养方案、持续监测体重并利用超负荷训练大幅提升运动能力上。

当训练过渡至专项准备阶段后，应停止改变身体成分，运动员的体重应保持在比赛理想体重（允许 2% 的上下浮动）。调节热量至等热量状态以实现体重稳定。继续改进前一阶段制定的基本饮食和水合常规方案，同时保持体重稳定。在此阶段尝试继续改变身体成分会给运动员带来适得其反的效果，原因如下。

1. 改变身体成分所需的训练和饮食的大幅度变化产生的疲劳累积会掩盖并阻止最大力量、爆发力和速度等较敏感的解剖适应性特征的显现。
2. 如果在此阶段体重仍在变化，运动员可能无法形成在比赛体重下取得高水平的运动表现所需的"感觉"或身心联系。
3. 专项准备阶段的训练量足以让运动员在等热量状态下保持肌肉量。在低热量状态下，这些训练可能不足以刺激肌肉生长，无法保持肌肉量。

4. 在此阶段，低热量或高热量条件下，大运动量训练会打乱训练的阶段性进展，并阻碍运动员在适当的时间达到最佳运动表现水平。

在赛季开始后，运动员应该进行细微的营养调节，促进恢复和提高运动表现水平。在常量营养素方面，应优先摄入大量碳水化合物，确保在高强度的训练和比赛后恢复到基础水平。尽管此时应主要确定饮食和水合常规，但在运动员的食物分量和类型上可以体现个性化，以满足个人比赛和训练时的特殊喜好。重大比赛之前，在不重要的比赛中应采取特殊尝试，如减重、对在同一天内多场比赛之间的饮食或涉及比赛营养的用餐等进行特殊尝试。

在主要比赛结束后，运动员应开始短暂的主动休息阶段。主动休息阶段的指导原则适用于营养和训练。当运动员从一个年度计划或比赛日程恢复并过渡到下一个年度计划或比赛日程时，应该减少食物摄入量，安排不必过严。这是对训练中主动休息阶段的补充，缓解高强度严格训练和营养控制产生的身心压力。运动员暂停正常的常规训练，只要符合以下这些简单的条件，就可以食用喜爱的食物。

- 保持与理想的比赛体重相应的合理体重。
- 保持去脂体重。
- 保持正常水合状态。

只要符合这些简单的条件，运动员就可以不必遵循严格的节食要求，为未来的训练周期做好准备。

根据运动能力进行心理整合

数十年来，心理因素对运动表现的影响在理论和实践中均已获得认可。不过在整个训练阶段中实施心理整合，通常是用于支持生物力学和运动机能学等其他科学学科。不愿进行心理整合的根源在于这样一种观点——心理策略含有某种主观性，自然科学则采用客观测量方法（Smith, 1989）。与此相反，大量研究通过客观数据证明了心理技术与生理结果的改变之间的联系。托德等（Tod et al., 2005）证明，运动员在举重前进行心理干预后，最大力量显著提高。在另一项研究中，当要求受试者在心理上转向外部注意后，其卧推和深蹲的肌肉耐力增强（Marchant et al., 2011）。

为了让运动员准备得更好，我们需要将心理学与训练相结合（Balague, 2000; Blumenstein, Lidor & Tenenbaum, 2007; Blumenstein & Orbach, 2018; Holliday et al., 2008）。

从准备阶段的首次训练开始，应在常规训练计划中纳入心理干预。在过渡阶段之后回归常规训练对于运动员来说颇具挑战性。为在即将到来的赛季中取得良好的开端，运动员需要具备强烈的动机、决心、放松和专注的能力、明确的目标和自信。

力量是所有运动需要的基本运动能力。关于发展力量应该考虑一些问题。力量训练的主要目标是保持运动表现和优化训练效果。为实现此目标，运动员应该增强对训练方法和练习质量的意识，这是有效训练的关键心理问题（Collins & MacPherson, 2007）。另一个令人担忧的问题是，很难显示出特定力量训练和运动员特定动作之间的直接关系，即力量训练是否能转化为运动员的实际表现的提升。此外，让运动员意识到专项力量训练与专项动作之间的直接联系（即，力量练习至运动表现的转化）也是非常重要的。为达到此目的，运动员应该在心理上体验专项运动的动作（运动的心理模拟，mental simulation of movement, MSM），然后再进行适当的力量训练，以便形成正向迁移（Smith, Collins & Holmes, 2003）。此外运动员应该学习动机、专注、肌肉放松和自我对话等心理技术，以便从心理向专项运动进行有效的迁移，尤其是在准备阶段和比赛阶段。

运动员也应该知道，一些心理技术与肌肉力量有关的运动能力也是相关的。心理技术之一是合理而有效地调节自我情绪（Collins, 1999）。这意味着运动员应该能够确定最合适的情绪状态，以达到最佳训练效果，预防受伤（Collins & MacPherson, 2007）。此外，意象对个体运动表现的参数具有积极的影响，如提升肌肉力量（Lebon, Collet & Guillot, 2010; Reiser, Busch & Munzert, 2011）。受试者越生动地想象肌肉收缩，产生的力量就越大。而且只有当受试者模拟从身体内部进行运动的感觉时，动觉意象才能显著影响肌肉力量（Yao et al., 2013）。一些其他研究表明，心理意象对提升搏击等运动项目的专项力量具有积极作用（Fontani et al., 2007）。运动意象训练加强了大脑 - 肌肉指令（心理 - 肌肉联系），从而增加运动单位的募集数量。这增强了肌肉输出效果，产生更大的力量。重要的是要注意生物反馈训练的相关性，可将其作为一种有效提升肌肉力量的工具。例如克罗塞（Croce, 1986）发现，由等速训练、EMG-BFB（肌电生物反馈）训练组成的联合训练计划，能有效增强肌肉力量。在准备阶段开始时，上述心理训练技术主要作为独立技术使用。

但在准备阶段末期和比赛过程中，心理技术应作为一套干预方案，与生物反馈训练一起使用（Blumenstein & Orbach, 2014）。

众所周知，放松对速度至关重要（Sheard & Golby, 2006）。当运动员较为放松时，能以最佳状态迅速移动和改变方向。从实际角度看，过于用力会迫使肌肉变得僵硬，结果总是适得其反。研究表明，心理策略对运动员的速度具有积极的影响（Sheard & Golby, 2006）。在研究中使用的主要策略（技术）有肌肉放松、意象、呼吸以及放松和意象的生物反馈训练。与研究结果类似，运动心理学从业者在工作中应用放松和速度表现意象（如 100 米跑或 100 米游泳）策略，并在意象过程中（如跑步或游泳）对持续时间采取客观测量。在准备阶段，意象训练是一个重要的方法；在比赛阶段，运动员可以采用意象训练来提高速度（Blumenstein & Orbach, 2012a, b；详情请见第 3 章和第 5 章）。另外，比赛阶段也是如此，生物反馈训练对速度也具有积极影响，这种效应已在研究和实际应用中得到证明（Bar-Eli & Blumenstein, 2004; Blumenstein, Bar-Eli & Tenenbaum, 1995）。

对于以耐力为主导运动能力的运动项目而言，心理干预对运动员竞技运动表现的帮助方面的研究比较少。研究表明，要想有效地提高耐力，应该使用特定的心理策略（技术）来训练运动员（Thelwell & Greenlees, 2003）。根据训练目标，运动员可选择使用关联或解除关联（association/disassociation）的不同训练方式。使用关联方式时，运动员应将注意力集中于与任务相关的内容，如呼吸；在使用解除关联方式时，运动员应将注意力集中于音乐和周围的风景（Antonini-Philippe, Reynes & Bruant, 2003; Wrisberg & Pein, 1990）。例如，在以持续时间和距离为目标的情况下，解除关联方式更有利，但会影响进度和运动表现。另外，当以提高成绩为目标时，建议使用关联方式（Collins & MacPherson, 2007）。此外包括目标设定、意象、自我对话和放松在内的心理干预方案，可以提高高水平耐力型运动员（如铁人三项和跑步；Patrick & Hrycaiko, 1998）和低水平耐力型运动员（Thelwell & Greenlees, 2001）的耐力表现。

从周期角度看，我们建议在准备阶段使用解除关联方式，而在比赛阶段更多地使用关联方式。它的发展趋势是，在准备阶段应用如放松、自我对话、意象和目标设置等多种心理技术，同时根据运动项目、运动员的现状和特点，在比赛阶段将这些技术结合，作为一套干预方案。

综上所述，心理干预是运动员训练计划中的一个重要因素。在一般准备阶段，心理技能训练旨在强化运动员的运动动机和接下来的赛季目标，运动员在实验室环境中学习和练习放松、意象、自我对话、生物反馈训练和自信等基本的心理策略（技术）。在专项准备阶段，根据运动项目需求和运动员的心理素质调整心理技能。在此阶段，心理技能训练的重点是练习和改善放松、专注、自信、自我调节和意象。对于团队项目，心理技能训练的内容还包括团队凝聚力、沟通领导力。在比赛阶段，心理技能训练的重点是将所学技能从实验室的心理策略（技术）转移到运动表现中，以达到最佳状态。此外，心理策略的应用要从小型比赛逐步过渡到重大比赛。在过渡阶段，心理技能训练的重点是肌肉放松、自我暗示训练、放松呼吸和情绪管理等恢复技术。在开始新阶段之前，这种恢复和放松阶段是必要的。在新的准备阶段和比赛阶段开始之前，感到疼痛和紧张往往是运动员生活的常态。忽视这些可能影响恢复和再生，并将残余疲劳带入新的年度计划，使运动员不能完全达到良好的生理和心理状态。根据不同运动项目的周期原则，第 5 章中的图 5.1 至 5.11 介绍了心理策略的一般概念。但是，应该根据运动项目以及运动员当前状态所独有的客观特征（如年龄、性别）和主观特征（如技能水平、情绪状态），对心理技能训练进行个性化设计。

小结

　　虽然训练、营养和心理学都可以从不同的层面帮助运动员提升运动表现，但通常情况下，人们讨论更多的是"训练"。周期训练安排本身具有系统性／体系化的特征，教练可以以周期训练安排的思维出发来安排整合性的年度计划。营养和心理策略通常是训练策略的补充，也就是说这些策略具有支持而不是指导作用。因此通常会对营养和心理阶段进行分类，并与相应的训练阶段进行搭配。企图使训练适应营养阶段或心理阶段，往往会产生更多的问题。例如，为增加去脂体重而设计高热量膳食阶段却无相应的增肌训练，通常会导致肌肉生长不足和脂肪过多。同样，在没有实际比赛或成绩要求的情况下，企图改进运动前心理策略可能无法使运动员达到比赛所需的心理状态。

　　在概述了所有主要训练阶段，并通过需求分析确定了目标之后，就可以开始考虑年度计划的营养和心理部分。如后续章节所示，准备阶段、比赛阶段和过渡阶段都有特定的训练、营养和心理目标。这些目标可以与现有的年度计划进行对应，并在与上述内容相同的时间框架内实现；从年度计划开始，逐步向前推进至训练课计划。这需要运动科学团队的共同努力，根据训练和比赛需求，将每个阶段明确细分为不同的目标，为所有人员提供一个工作框架。

第 5 章

运动能力提升、营养和心理计划

图德·邦帕 博士、鲍里斯·布鲁门斯坦 博士、爱丽斯·奥巴赫 博士、詹姆斯·霍夫曼 博士

只有当生理能力提升到最大限度后，尤其是该运动中起主导作用的运动能力达到最大后，运动员才能达到最佳运动表现水平。换言之，只有主导运动能力达到最高水平时，运动员才能达到最高的运动表现水平。

只有遵循特定顺序，才可能使专项运动能力达到最高水平。这个顺序可称为专项运动中主导能力的周期。下文简要介绍力量、速度和耐力发展的各阶段。

力量周期

在很多情况下，我们讨论的"力量"是一个宽泛的概念。在训练实践中，运动员进行力量训练不仅是为了使自己更强壮。除了提升最大力量，运动员进行力量训练的目的包括以下几个。

· 爆发力更强，或者提高肌肉在更短时间内产生更大力量的能力。
· 灵敏性更强，即在比赛中更快速地变向的能力。
· 提高肌肉耐力，即在对抗阻力的情况下能够持续更长时间的能力。

当运动员有能力在最高水平上展示其中一种或多种能力的结合时，我们通常会说他状态更好 / 能力更强。此时，运动员已经达到了很高的生理潜能水平，具备了发挥更大潜力的实力。在这种情况下，运动员往往会展示出良好的表现。但运动员也必须清楚，只有按照定期的营养和心理计划，去解决训练中出现的身心方面的问题，才能达到最高运动表现水平。

根据最终想要提高的能力，力量周期训练安排有以下两种变化。

1. 以提高爆发力 / 灵敏性为目标的力量训练周期，可分为以下几个阶段：
   解剖适应阶段、最大力量阶段、爆发力 / 灵敏性阶段。
2. 以发展肌肉耐力（muscle-endurance，M-E）为目标的力量训练周期，
   可分为以下几个阶段：
   解剖适应阶段、最大力量阶段、肌肉耐力阶段。

对这些阶段的简要分析，有助于我们解释清楚为实现训练目标而必须采取的
一些训练方法的细节。[有关运动能力周期的更多信息，请参阅邦帕和布齐凯利
的研究（Bompa & Buzzichelli，2018）]。

提升爆发力或灵敏性

解剖适应。解剖适应的训练是对力量训练的逐步适应，所用负荷较低［1RM
（一次最大重复重量）的 30（40）% ~ 50（60）%］，在数周内逐渐增加。
该阶段的持续时间取决于运动员的基础：至少训练 3 ~ 6 周。

解剖适应的主要作用是提高肌肉抵抗特定负荷的能力，为在最大力量阶段抵
抗较重负荷逐步做好准备，同时在随后的训练阶段，使主要关节的韧带逐渐耐受
并适应更大负荷。在许多情况下，教练常常忽视韧带的强化训练。

只有训练计划长达数周（如 6 周）和使用较小负荷时，才能满足训练的需
要。请记住，韧带和肌肉一样可进行训练！ 强健的韧带有助于减少受伤。韧带受
伤比肌肉受伤更常见!

最大力量对于所有需要提升速度、爆发力和灵敏性的运动至关重要，也是
运动员提升爆发力、速度、灵敏性的先决条件。此阶段的训练重点主要是提升运
动员募集最大数量的快肌纤维的能力。对于具有良好的力量训练背景的运动员而
言，训练负荷逐渐增大：从 1RM 的 60% 或 70% 增加到 1RM 的 90% 以上。该
阶段的持续时间需考虑运动员的训练背景：通常训练 3 ~ 6 周。对于田径投掷、
橄榄球前锋、短距离跑、雪橇和棒球等体育项目的精英运动员，建议最大力量阶
段的持续时间为 6 周。

最大力量的增加能直接提高运动员的爆发力和灵敏性。如果最大力量不足
（训练不足 6 周，且不能承受 > 1 RM 的 90% 负荷的运动员），爆发力和灵敏性

的提升可能达不到最大限度。此阶段，应尽最大力量对抗阻力（提高快肌纤维的发力速率），时间为 3 ~ 6 周。如果运动项目需要高水平的爆发力或灵敏性，则在比赛阶段的目标是保持这两种能力。

应尽可能关注灵敏性训练。长期以来，人们认为灵敏性的基础是速度。换言之，如果一个人速度快，则灵敏性水平高。实际上，灵敏性的基础是力量、强壮的腿部伸肌和屈肌。这就解释了为什么短跑运动员身体强壮而且速度快。如果对短跑运动员进行灵敏性测试，你可能会对他们的灵敏性感到惊讶！ 力量使人更快、更灵活！

提升爆发力和灵敏性可使集体类项目、持拍类项目、田径项目和武术、拳击、摔跤、短距离游泳、跳台滑雪等体育项目的运动员受益匪浅。

提升肌肉耐力

提升肌肉耐力的周期模型必须考虑以下阶段。

解剖适应：大多数力量训练均能显著提升肌肉耐力，解剖适应阶段的持续时间为 3 ~ 4 周。 可以在解剖适应阶段提升爆发力和灵敏性。

最大力量训练不仅可以提高耐力主导类项目运动员的力量水平，还能提高在专项动作中的发力能力。例如，假设一名赛艇运动员在比赛中使用的力量为 60 千克，那么在训练时，我们安排他在进行坐姿后拉的训练时使用 100 千克的重量来进行最大力量训练。通过在健身房进行训练，运动员就有可能将获得的力量转化到专项动作中，以更大的力量完成动作，比如 80 千克。 由于最大力量增加，运动员能够用更大的力量对抗水的阻力，比赛期间的船速更快。

提升肌肉耐力的训练方法，是用标准负荷进行不间断的多次重复。同样以赛艇运动员为例，他们在肌肉耐力阶段练习数组动作抵抗标准阻力，例如，4 组，重复 60 次，负荷为 50 千克。有关提升肌肉耐力的训练方法的详细信息，请参阅邦帕和布齐凯利（Bompa & Buzzichelli，2018）的图书。

在一些运动项目中，肌肉耐力是区分低水平和高水平的运动员的重要能力，包括水上运动、拳击、自行车、铁人三项、长距离游泳、北欧滑雪、长距离速滑以及各种马拉松等运动。

速度周期

在很多项目中，无氧耐力训练通常要优于专项速度训练。无氧速度训练的目标是建立生理基础（糖酵解耐力），确保运动员能够承受下一训练阶段安排的最大速度训练会产生的疲劳。

此类训练指 400 米重复跑，强度为中等，普通运动员能够在每次训练中进行多次重复（6×400 ~ 8×400 米，休息间隔为 4 ~ 6 分钟）。当接近最大 / 专项速度阶段时，减小距离，增加重复次数或稳定在预计数量 [例如，以最大速度的 75% 跑（6 ~ 10）× 300 米或 8 × 200 米]。

最大速度训练开始时的重复次数较少，距离为 30 ~ 40 米。只有当运动员能够在初始距离（40 米）内保持正确的奔跑方式时，才增加距离（如增至 50 ~ 60 米）。如果运动员不能在指定距离内保持良好的奔跑方式，则说明运动员的专项力量和耐力不足。请注意，即使在 100 米短跑这样的项目中，在后程（70 ~ 80 米之后）运动员也需要一定的专项耐力（速度耐力）。因此，必须非常小心地增加最大速度的持续时间。运动员的动作是否符合力学标准能够表明运动员是否可以逐步增加重复动作的持续时间。

专项速度主要指足球、棒球和篮球等各种运动中的速度类型。在田径短跑或速滑比赛中，专项速度还指比赛的最后的冲刺阶段的速度，即速度耐力。

耐力周期

大多数以耐力为基础的运动在比赛开始时的速度必须相对较快，以免远远落后于领先者，在比赛的中间部分应保持稳定的速度，使自己处于良好的战术位置直至比赛结束。在比赛快结束时，运动员必须做好准备，激励自己付出最后的力量，在最佳位置以最大决心完成比赛，或在集体类项目比赛中获得最多的积分取胜。遵循以下的耐力周期建议，可以促进上述战术计划执行。

以耐力为基础的运动项目，其基本素质是有氧耐力。通过特定类型的训练 [法特莱克（Fartlek）训练法，间歇训练，短、中和长重复等]，运动员不仅可以提高有氧运动能力，还可以稳定地提高能量的使用效率。以耐力为基础的运动的稳定实际上意味着身体在能量使用上的稳定，表现在身体主要功能的稳定上。

无氧耐力在比赛开始以及开始后的阶段至关重要，而且有助于提高最终表现水平。结束阶段通常是决定比赛结果的最后部分。肌肉耐力可以明显增强运动员在比赛开始、比赛中间以及比赛快结束期间施加力量抵抗阻力（重力、水阻力、地面阻力和对手）的能力。

专项耐力是指运动员适应比赛特性的能力。由于比赛情况通常是不可预测的，运动员必须依靠自己的耐力和战术能力对比赛中出现的变化做出反应。在若干项运动中，专项耐力还意味着能够利用比赛节奏的变化出其不意地攻击对手，更多地得分或执行教练选择的战术。

模式训练（model training）可成为提升有氧和无氧耐力的一种非常好的方法，在进行这种训练时，教练可以选择某些方法来提高运动员的起跑、起跑后以及比赛 / 径赛最后阶段的速度。因此，以较快速度进行短而快的训练可改善比赛 / 径赛开始阶段的运动表现。

稳定类型（steady-state types）的训练有益于比赛 / 径赛的中间阶段，而以较大的加速度进行重复训练可以增强比赛 / 径赛时（过程结束阶段）的专项耐力。在疲劳状态下以较快速度进行训练，可以提高运动员在比赛最后阶段的运动表现水平。首先使运动员感到疲劳，然后安排其进行训练，从而达到模仿比赛最后阶段的目的。

年度计划实例：特定项目的运动能力周期

图 5.1 至 5.11 说明了特定项目年度计划的周期整合。简要分析年度计划（见图 5.1）可更好地熟悉年度计划的具体要素。图表的首行列出了年度计划的月份，由此划分出一年中最重要的比赛阶段。此实例参考 5 月中旬至 8 月中旬的比赛阶段 2。

田径运动有两个主要的比赛阶段：一个是室内（12 月中旬至 3 月底），另一个是室外锦标赛。然后参考短跑的主要能力周期：力量和速度。

请注意本书是如何规划这两种运动能力周期，以及各训练阶段建议的营养计划和心理技术类型的。选择这些技术是为了满足短跑运动员在主要运动能力周期各阶段的需求。同样重要的是，所选择的营养计划和心理技术，必须能够协助运动员应对训练的心理压力，确保特定训练阶段相关的能量供应。

典型运动项目的主要能力说明

书中的每个实例都涉及一项特定的运动。为更全面地了解各实例的周期化过程和实现目标所需的能力，本书对每项运动进行了要点分析，具体可参看以下内容。

机能增强（ergogenesis）（以百分比计）是指运动的主导能量系统，是运动员在比赛期间有效发挥能力的决定因素。如果教练不了解所选运动的主导能量系统，可能无法让运动员进行正确训练，无法取得预期成绩。这些信息可帮助教练确定主要运动能力及其周期方式。通常，在集体类项目中，经常会使用"时间 – 运动分析"（time-motion analysis）的方法，通过这种方法，教练可以了解每个回合的时长、回合之间暂停的时长，以及运动员是否能承受比赛，或在比赛的不同时段的生理应激情况。

运动表现的限制因素是指运动员的运动能力中最薄弱的环节，或者是运动员在特定阶段的身体素质情况。了解运动的薄弱环节有助于教练重视、强化某种素质，以促进运动员取得进步，在比赛中发挥真正潜能。

经过上述分析得出的结论就是训练的目标。诸如专项主要能量供应的来源、主导运动能力的发展水平，这些分析结论都为教练设定训练目标提供了重要的参考。过去的任何薄弱环节都必须成为新的训练目标。这是提高运动能力的主要途径。

短跑比赛

短跑比赛的年度计划如下所述（见图 5.1）。

- 机能增强：53%丙二醛（磷酸肌酸）、44%乳酸（糖酵解）和3%有氧（氧化）。
- 限制表现的因素：反应时间、启动爆发力、加速爆发力，爆发耐力。
- 训练目的：提升最大力量、爆发耐力。

短跑比赛的营养准备

短跑运动员通常体脂很少且肌肉发达，因此，如果短跑运动员的爆发力 – 体重比较高，会更有优势。蛋白质不仅能够保持下肢的大量肌肉，而且有助于短跑运动员在破坏内稳态的训练后获得充分的恢复。保持低体脂和强壮的肌肉对于短跑成绩至关重要，因此教练和短跑运动员应该在重大比赛前安排增肌训练阶段，留出时间减少体脂，达到最佳的比赛体重。补充一水肌酸和丙氨酸也对短跑运动员有帮助。

短跑比赛的心理准备

短跑运动员有力、强壮并具有爆发力。短跑时的反应时间和肌肉放松水平构成了快速奔跑的关键因素。重要的心理技术应该包括自信、生物反馈训练、自我对话、意象、自我调节、专注、肌肉放松以及最后两项之间的最佳平衡。

月份	10 月	11 月	12 月	1 月	2 月	3 月	4 月		5 月	6 月	7 月	8 月	9 月
训练阶段	准备阶段 1		比赛阶段 1			过渡阶段 1	准备阶段 2			比赛阶段 2		过渡阶段 2	
力量	解剖适应	最大力量	爆发力 维持最大力量				解剖适应	最大力量		爆发力 维持最大力量		恢复（再生）	
速度	无氧耐力 （节拍跑）		最大速度 反应时间			速度跑 最大速度 （短距离）	最大速度 速度 – 耐力 反应时间						
营养	身体成分改变	体重稳定	恢复与运动表现			身体成分改变	体重稳定			恢复与运动表现		主动休息	
心理准备	学习和练习肌肉放松、意象、专注以及自我对话技术。在比赛（训练）前心理准备中修改并应用这些技术		制订并应用比赛（训练）前心理准备；在肌肉放松和专注之间取得最佳平衡；自信心；积极思维；生物反馈训练			肌肉放松；音乐疗法；主动休息	制订并实践相关的心理策略			应用比赛（训练）前心理准备；在肌肉放松和专注之间取得最佳平衡；自信心；积极思维；生物反馈训练		主动休息；肌肉放松	

图 5.1　田径短跑的周期整合（双峰年度计划）

中长跑比赛 （800 米）或持续时间类似的其他运动 （1.5 ~ 3 分钟）

中长跑比赛的年度计划如下所述（见图 5.2）。

· 机能增强：丙二醛 10%、乳酸 60%、有氧 30%。
· 限制表现的因素：无氧耐力和有氧耐力。
· 训练目的：提升加速、无氧和有氧耐力。

中长跑比赛的营养准备

中长跑运动员在训练和比赛时要运用糖酵解能量，因此通常优先考虑补充消耗的碳水化合物。蛋白质可逐渐降低至建议值的下限，根据比赛持续时间的长短，在相同的热量范围内摄入大量碳水化合物。比赛和训练后应强调碳水化合物和液体补充。

中长跑比赛的心理准备

中长跑运动员在训练和比赛期间需要较强的动机和完善的准备，为额外的身心付出做好准备。主要的心理技术包括调整运动员的情绪水平、目标设置、生物反馈训练、自我对话以及跑步过程中的自信心。应将注意力集中在舒适的跑步节奏上，关注情绪和身体机能，如肌肉张力、心率和呼吸（关联注意力策略）。

月份	10月	11月	12月	1月	2月	3月	4月	5月	6月	7月	8月	9月
训练阶段	准备阶段 1		比赛阶段 1			过渡阶段 1	准备阶段 2	比赛阶段 2			过渡阶段 2	
力量	解剖适应		爆发力持久性			解剖适应		爆发力持久性				
速度			最大速度、反应时间									
耐力	有氧耐力		特定无氧耐力			有氧耐力		特定耐力			有氧	
营养	身体成分改变	体重稳定	恢复与运动表现			主动休息	体重稳定	恢复与运动表现			主动休息	
心理准备	学习并练习肌肉放松、意象、专注、自我对话、目标设置和解除关联技术 修改并应用比赛(训练)前心理准备中的这些技术		制订并应用比赛(训练)前心理准备;在跑步期间为额外付出做好准备;激励性的自我对话;在肌肉放松与专注之间取得最佳平衡;自信心;积极思维;生物反馈训练		主动休息,肌肉放松		制订并练习相关的心理策略;并应用于比赛(训练)前心理准备	应用比赛(训练)前心理准备;在肌肉放松和专注之间取得最佳平衡;自信心;积极思维,生物反馈训练			主动休息;放松肌肉	

图 5.2 中长跑运动员的周期整合,800 米 (双峰年度计划)

棒球比赛

棒球比赛的年度计划如下所述(见图 5.3)。

· 机能增强:丙二醛 95%、乳酸 5%。
· 限制表现的因素:投掷爆发力、加速爆发力、反应爆发力。
· 训练目的:提升最大力量、爆发力。

棒球比赛的营养准备

力量和爆发力是棒球运动员关键的适应性特征，在非比赛期间通常强调增肌。棒球比赛的训练量通常不大，运动 – 休息比较低，棒球运动员可能不需要大量的碳水化合物，但需要足够多的总热量和维持体型与发达肌肉的蛋白质。

棒球比赛的心理准备

棒球运动员的优异表现取决于其保持镇静、自信、有态度和专注的能力（Hanson, 2006）。高水平棒球运动员必须学习如何将注意力集中在与任务相关的提示上（例如，击球手和防守者的球、投手的目标），而不去关注那些让人分心的情况。主要的心理技术包括放松、意象、自信、沟通、自我对话、专注、呼吸和常规。

月份	12 月	1 月	2 月	3 月	4 月	5 月	6 月	7 月	8 月	9 月	10 月	11 月
训练阶段	准备阶段			赛前阶段		比赛阶段					过渡阶段	
力量	解剖适应	最大力量	爆发力、最大力量	保持反应时间 – 爆发力 – 爆发力持久性							恢复（再生）	
速度	无氧速度		最大速度、无氧速度	维持最大速度								
营养	身体成分改变		体重稳定		恢复与运动表现						主动休息	
心理准备	学习和练习相关的心理策略，如放松肌肉、意象、呼吸、自我谈话、专注、自信和沟通		制订比赛前常规、在外部和内部视角之间转移注意力、阻断分散注意力的外部和内部环境		练习和应用比赛前常规，保持对比赛的积极态度，沟通和自信						主动休息、评价个人和团队成就	

图 5.3　棒球运动的周期整合（精英）

篮球比赛

篮球比赛的年度计划如下所述（见图 5.4）。

- 机能增强：丙二醛 30%、乳酸 40%、有氧 30%。
- 限制表现的因素：加速、起跳爆发力、爆发耐力。
- 训练目的：提升爆发力、爆发耐力、最大力量。

篮球比赛的营养准备

篮球运动赛季持续时间较长，每周比赛较多，从而增大了肌肉量减少的可能性。篮球运动员应该意识到蛋白质消耗，以免在长期的比赛中造成肌肉减少。由于许多训练和比赛非常接近，因此，应在实践中强调补充营养的时间，糖原耗竭可能成为后续运动表现水平提高的限制因素。

篮球比赛的心理准备

篮球运动是一项个人参与的集体类项目，需要关注团队和个人的数据。篮球运动员通常更善于认同 4 种特殊的心理技术，如专注、意象、生物反馈训练和自我对话（Burke & Brown, 2003）。此外，这项集体类项目还需要强化团队凝聚力、沟通、领导力、自我调节和动机，才能取得最大的成功（Henschen & Cook, 2003; Lidor et al., 2007）。

月份	7月	8月	9月	10月	11月	12月	1月	2月	3月	4月	5月	6月
训练阶段	准备阶段				比赛阶段							过渡阶段
力量	解剖适应		最大力量	爆发力、灵活性	保持，爆发力、灵活性							
速度	无氧耐力	特定速度			维持特定速度							
营养	身体成分改变		体重稳定		恢复与运动表现							主动休息
心理准备	学习和练习相关的个人心理策略，如专注、意象、自我对话和自我调节；团队心理策略，如沟通、凝聚力和领导力				制订并应用比赛（训练）前心理准备（例如，自由投球和情况适应）、团队和个人信心、比赛期间的自我调节、比赛后的归因分析；团队和个人建立积极的情感氛围；生物反馈训练							主动休息、放松肌肉

图 5.4　大学篮球的周期整合

橄榄球：前锋（精英、大学）

橄榄球（前锋）的年度计划如下所述（见图 5.5）。

- 机能增强：丙二醛 70%、乳酸 30%。
- 限制表现的因素：启动爆发力、最大力量。
- 训练目的：提升最大力量、增肌、提升爆发力。

橄榄球运动的营养准备（前锋）

额外的体重对于前锋来讲是一种优势。前锋是最强壮和体型最大的运动员，需要始终维持高标准热量水平，特别是在增肌阶段和赛季内。

橄榄球运动的心理准备（前锋）

美式橄榄球是一项互动、连续、接触、碰撞的集体类项目。前锋相比于技术位置的运动员需要更大的力量，跑动距离更短，速度和反应更快。心理技术包括目标设置、专注、自信心、压力应对、沟通、承诺、情绪控制、自我对话和意识。

月份	4月	5月	6月	7月	8月	9月	10月	11月	12月	1月	2月	3月
训练阶段	准备阶段				比赛阶段						过渡阶段	
力量	解剖适应	增肌	最大力量		爆发力、灵活性	保持；最大力量，爆发力、灵活性					恢复（再生）	
速度		无氧耐力	最大速度、反应时间		特定位置速度（反应时间）							
营养	身体成分改变				体重稳定	恢复与运动表现					主动休息	
心理准备	学习并练习相关的个人和团队心理技术，如目标设置、专注、自信心、压力应对、沟通、承诺、情绪控制、自我对话和意识				在断球之前或断球时，以及受伤时和受伤之后（适用时），制订并应用比赛（训练）前心理准备、情绪调节、归因训练、动机和自信						主动休息、放松肌肉和情绪	

图 5.5　橄榄球运动的周期整合：前锋（精英、大学）

橄榄球：外接手和跑锋（大学水平）

橄榄球运动（外接手和跑锋）的年度计划如下所述（见图 5.6）。

- 机能增强：丙二醛 60%、乳酸 30%、有氧 10%。
- 限制表现的因素：加速爆发力、反应爆发力、启动爆发力。
- 训练目的：提升爆发力、最大力量。

橄榄球运动的营养准备（外接手和跑锋）

外接手和跑锋需要进行大量的奔跑，在整个比赛和练习中也要不断地保持大量的身体接触。他们必须补充在剧烈的比赛和训练中消耗的糖原储备，也需要保持蛋白质的不断摄入，确保自己不仅能够从基础水平的疲劳中恢复，还能修复结构性损伤。

橄榄球运动的心理准备（外接手和跑锋）

跑锋需要具备短跑运动员的速度和灵敏性，以及作为接球手应具备的技能和良好的前场视野。心理技术包括专注、转移注意力的能力、参与反应、意象、肌肉放松、自我对话、沟通和自信。

月份	4月	5月	6月	7月	8月	9月	10月	11月	12月	1月	2月	3月
训练阶段	准备阶段				比赛阶段							过渡阶段
力量	解剖适应	最大力量	爆发力、灵活性	最大力量	爆发力、灵活性	爆发力、灵活性	保持；爆发力、灵活性和反应时间					恢复（再生）
速度		无氧耐力	保持特定速度、最大力量、速度耐力			保持特定速度、最大力量、速度耐力						
营养	身体成分改变	体重稳定			恢复与运动表现							主动休息
心理准备	学习和练习相关的个人和团队心理技术，如注意力（灵敏性）、意象、自我对话和肌肉放松				制订和应用比赛（训练）前心理准备、情绪调节、自信、意象、自我对话和沟通							主动休息、肌肉放松和情绪调节

图 5.6　橄榄球运动外接手和跑锋的周期整合（精英、大学）

搏击类项目

搏击类项目的年度计划如下（见图 5.7）。

- 机能增强：丙二醛 50%、乳酸 30%、有氧 20%。
- 限制表现的因素：启动爆发力、爆发耐力、反应爆发力、短时间的肌肉耐力。
- 训练目的：提升爆发力、爆发耐力、最大力量（＜80%）。

搏击类项目的营养准备

大多数搏击类项目都根据体重进行分级，在相同体重级别的情况下，体脂低和肌肉发达的运动员更有优势。运动员必须在比赛前至少一个月达到目标比赛体重的 ±2%，花 1～3 个月的时间用于保持最佳训练和比赛状态。增加肌肉质量的高热量阶段应该安排在远离重大比赛的时间段，体重稳定后，搏击运动员可以通过低热量阶段减少累积的体脂，达到该赛季重大比赛的目标体重。在比赛前其必须稳定在低热量状态。搏击运动员在比赛中需要保持强悍作风，这种特质可以显著改善其训练和比赛表现。

搏击类项目的心理准备

搏击类项目需要运动员具备快速反应的能力，比赛期间具有高水平的专注、自我控制、稳定性和意志力。搏击类项目具有心理技术的若干具体特征和要求，如心理准备、自信、意象、放松、生物反馈训练、积极的自我对话、自我激励的创造力，以及自我调节，保持最佳水平的专注力和预测能力（Anshel & Payne, 2006; Blumenstein et al., 2005）。

月份	6 月	7 月	8 月		9 月	10 月	11 月	12 月	1 月	2 月	3 月	4 月	5 月
训练阶段	准备阶段								比赛阶段				过渡阶段
力量	解剖适应	最大力量	爆发力、灵活性，反应时间	过渡	解剖适应	最大力量	爆发力、灵活性，反应时间（动作时间）		保持；爆发力、灵活性；反应时间（移动时间）				恢复（再生）
营养	身体成分改变	体重稳定			身体成分改变	体重稳定			恢复与运动表现				主动休息
心理准备	学习和练习相关的心理技术，如自我调节、专注、意象、放松、自信和自我对话						制订和应用搏击前和搏击期间的比赛（训练）前心理准备、自信、注意力和生物反馈训练		主动休息、肌肉放松			

图 5.7　搏击类项目的周期整合（跆拳道、空手道和柔道）

赛艇和皮划艇运动（1,000 米）

赛艇和皮划艇运动的年度计划如下所述（见图 5.8）。

- 机能增强：丙二醛 10% 、乳酸 15%、有氧 75%。
- 限制表现的因素：肌肉耐力、启动爆发力、力量耐力。

赛艇和皮划艇运动的营养准备

划船运动中，爆发力 – 体重比对获胜至关重要。另一个需要考虑的因素是，有些划船运动（如单人双桨赛艇）允许使用双腿，有些则不使用双腿，如皮划艇运动。所以在某些情况下，增加下肢肌肉的质量可能有益，而在其他情况下，可能无益或不利。教练和运动员应该意识到这一点，使运动员保持比赛体重，并最大限度地提高爆发力 – 体重比。

赛艇和皮划艇运动的心理准备

赛艇和皮划艇运动的特点是要求运动员具有高耐力、高速度和启动爆发力，以及在比赛的全部距离内保持高速和节奏要求（Blumenstein & Lidor，2004）。心理技术包括心理控制、放松、心理坚韧性、专注、生物反馈训练和心理自我调节。

月份	10 月	11 月	12 月	1 月	2 月	3 月	4 月	5 月	6 月	7 月	8 月	9 月
训练阶段	准备阶段						比赛阶段					过渡阶段
力量	解剖适应	最大力量	过渡	解剖适应	最大力量	最大力量、肌肉耐力	保持：最大力量、爆发力持久性					恢复（再生）
速度						最大速度	保持：最大速度					
耐力	有氧耐力			有氧耐力 有氧耐力			保持：无氧耐力 有氧耐力					
营养	身体成分改变			体重稳定			恢复与运动表现					主动休息
心理准备	学习和练习基本的心理技术，如肌肉放松、自我对话、意象、自信、高动机和目标设置			制订和应用比赛（训练）前心理准备、专注、意识、自我对话、为比赛期间的额外付出做好准备、生物反馈训练和自信			主动休息和肌肉放松					

图 5.8　赛艇和皮划艇运动的周期整合

游泳运动（100 米）

游泳运动（100 米）的年度计划如下所述（见图 5.9）。

· 机能增强：丙二醛 80%、乳酸 15%、有氧 5%。
· 限制表现的因素：爆发力、力量耐力、肌肉耐力。

· 训练目的：提升爆发力、力量耐力、最大力量。

游泳运动的营养准备（100 米）

短距离游泳运动遵循的指导原则与其他爆发力类型的运动相同，例如，补充消耗的糖原和维持水合作用。游泳运动员的训练负荷常常较大，富含碳水化合物的饮食对他们非常有益。游泳比赛的强度高、持续时间短，补充肌酸一水合物尤其使短距离游泳运动员受益。

游泳运动的心理准备（100 米）

100 米游泳运动员需要进行多组枯燥的训练，训练内容包括保持速度和进行短暂恢复练习。游泳运动员在比赛期间需要在非常短的时间内使用最大力量。主要心理技术包括专注、自我调节的唤醒、自信、放松、生物反馈训练，以及思维和情感控制（Blumenstein & Orbach, 2012 a, b）。

月份	9月	10月	11月	12月	1月	2月	3月	4月	5月	6月	7月	8月
训练阶段	准备阶段 1				比赛阶段 1		过渡阶段 1	准备阶段 2	比赛阶段 2			过渡阶段 2
力量	解剖适应	最大力量		爆发力、爆发力持久性	保持爆发力和爆发力持久性		最大力量	最大力量、爆发力	保持爆发力和爆发力持久性			恢复（再生）
速度	无氧耐力	无氧耐力和加速度	最大速度启动；速度持久性		最大速度、速度持久性			最大速度	最大速度、速度持久性、无氧耐力			
营养	身体成分改变	体重稳定			恢复与运动表现		主动休息	体重稳定	恢复与运动表现			主动休息
心理准备	学习和练习基本的心理技术，如放松、意象、专注、自信、自我对话，以及教练与运动员的沟通				制订和应用比赛（训练）前心理准备、专注、意象、放松、生物反馈训练和自信		主动休息、音乐疗法、放松肌肉	制订和练习训练环境中的心理策略	应用赛（训练）前心理准备、专注，放松、意象、生物反馈训练和自信			主动休息和放松肌肉

图 5.9　游泳运动周期整合（100 米，国家级运动员）

游泳运动（800 ~ 1,500 米）（大学水平）

游泳运动（800 ~ 1,500 米）的年度计划如下所述（见图 5.10）。

· 机能增强：丙二醛 10%、有氧 90%。
· 限制表现的因素：肌肉耐力和有氧耐力。
· 训练目的：提升有氧耐力和肌肉耐力。

游泳运动（800 ~ 1,500 米）的营养准备

给长距离游泳运动员的建议与短距离游泳运动员大致相同，两者差异主要是训练负荷，前者的训练负荷实际上更大。长距离游泳运动员对碳水化合物的需求高于短距离游泳运动员。由于比赛时间较长，在比赛期间补充肌酸一水合物对于长距离游泳运动员可能作用不大。尽管如此，补充肌酸一水合物仍然有益于其他方面的训练，如抗阻训练。

游泳运动（800 ~ 1,500 米）的心理准备

长距离游泳比赛需要游泳运动员在一段时间内保持一定的耐力水平。心理技术包括目标设置、肌肉放松、专注、意象、动机、建立积极的心理状态、自我对话、生物反馈训练、自信以及教练与运动员的关系（Blumenstein & Orbach, 2012a, b）。

月份	9月	10月	11月	12月	1月	2月	3月	4月	5月	6月	7月	8月
训练阶段	准备阶段1				比赛阶段1		过渡阶段	准备阶段2		比赛阶段2		
力量	解剖适应	最大力量	肌肉耐力		爆发力持久性、肌肉耐力		最大力量、爆发力持久性	肌肉耐力		爆发力持久性、肌肉耐力		恢复（再生）
耐力	有氧		有氧 无氧		有氧		有氧 无氧		有氧			
营养	身体成分改变		体重稳定		恢复与运动表现		主动休息	体重稳定		恢复与运动表现		主动休息
心理准备	学习和练习肌肉放松、意象、自我对话、专注、目标设置、动机、教练与运动员的关系				制订和应用比赛（训练）前心理准备、积极的心理准备、肌肉放松、专注、意象、生物反馈训练、自信		运动休息和放松肌肉	在训练环境中练习和完善心理策略		应用比赛（训练）前心理准备、肌肉放松、专注、自我对话、生物反馈训练、自信		主动休息和肌肉放松

图 5.10　游泳运动周期整合（800 ～ 1,500 米，大学水平）

排球（大学水平）

排球运动的年度计划如下（见图 5.11）。

- 机能增强：丙二醛 70%、乳酸 29% 、有氧 10%。
- 限制表现的因素：反应爆发力、起跳爆发力、爆发耐力（力量耐力）。
- 训练目的：提升爆发力、缩短反应时间、提升最大力量。

排球运动的营养准备

排球比赛当天的营养颇具挑战性，因为典型排球比赛是五局三胜。进行联赛时，同一天或两天内可能举行多场比赛。疲劳表现一般为糖原耗尽和脱水。比赛后通过适当的营养补充时间摄入碳水化合物，最大限度地补充糖原储备是至关重要的，有助于维持水合状态。排球运动员应在比赛期间携带运动饮料和碳水化合物食品，以便快速补充消耗的糖原储备，为随后的比赛做好准备。

排球运动的心理准备

排球是一项团队运动，需考虑运动员的体型、跳跃能力、适应性和灵敏性。在比赛过程中，运动员需在 6 个不同的位置之间转换。心理技术和策略包括转移注意力焦点、沟通、运动员之间的关系、领导力、快速决策、肌肉放松、自信和意象。

月份	6 月	7 月	8 月	9 月	10 月	11 月	12 月	1 月	2 月	3 月	4 月	5 月
训练阶段	准备阶段					比赛阶段					过渡阶段	
力量	解剖适应	最大力量	爆发力、最大力量	最大力量	最大力量 爆发力 / 爆发力持久性	保持：爆发力；爆发力持久性；最大力量					恢复（再生）	
营养	身体成分改变		体重稳定			恢复与运动表现					主动休息	
心理准备	学习和练习心理技术（策略），如肌肉放松、意象、专注、沟通和自信					制订并应用比赛（训练）前心理准备、转移注意力焦点、沟通和领导力					主动休息和肌肉放松	

图 5.11　排球运动周期整合（大学水平）

第 6 章

训练阶段的心理和营养计划

图德·邦帕 博士、鲍里斯 ·布鲁门斯坦 博士、爱丽丝·奥巴赫 博士、詹姆斯·霍夫曼 博士

第 5 章介绍了如何在训练计划（见图 5.1 至 5.11）中应用周期整合的概念，第 6 章则详细探讨年度计划中各训练阶段的营养和心理计划。读者应将年度计划训练阶段的介绍（见第 6 章）视为一篇综述。有关训练方法和计划的详细信息请参阅本书作者撰写的其他书籍（参阅参考文献）。

根据计划和训练方法的理论，本章介绍了如何将营养和心理技术整合成一个多功能概念，这点对于培养高水平运动员非常重要。因此，本章分析了若干训练阶段，并就最佳营养和心理计划提出相应建议。实际上，本章是本书最重要的一章，介绍了如何将心理和营养计划与身体、技术和战术策略相结合。

训练阶段的心理计划：一般考虑因素

心理准备涉及两个平行的过程：（1）日常练习的心理支持，这是主要的准备阶段；（2）比赛的心理准备，这在专项准备阶段和比赛阶段占主导地位。为这两个过程制订心理计划涉及心理策略和心理技能的发展，教练还需同时考虑运动员的个性和运动项目的特征。为结合其他训练准备（身体、技术和战术），应考虑上述因素。本章将详细说明上述内容。

在一般准备阶段，运动员学习心理技术的基本结构和一般形式。例如，可于实验室中在没有时间限制的情况下学习和练习雅布森（Jacobson，1938）渐进式肌肉放松技术，以达到基本了解的目的；在专项准备阶段，根据运动项目要求改进该技术，然后在实验室和训练场景中，在有时间限制（例如，1 ~ 2 分钟）的条件下进行练习。

在比赛阶段，此心理技术与其他心理技术结合，形成一套干预方案，作为比赛（训练）前心理准备的部分内容。心理方案应该考虑运动项目、运动员的个性

和比赛条件。该干预方案适用于相对次要的比赛，然后再用于重大比赛的赛前、运动前和运动后心理准备。在过渡阶段，心理技术训练应与其他技术练习分开，主要目标是主动休息。

　　运动员在训练过程中逐渐形成自我调节和放松的技能。在一般准备阶段，运动员进行初始阶段的放松（第一阶段）。该技能尚不稳定，已练习了较长时间（例如，放松 15 分钟）。在专项准备阶段，放松技术应满足运动需求，运动员开始自动放松（第二阶段）。在比赛阶段，运动员在比赛压力下结合其他心理技术进行放松（第三阶段）。在这个阶段，放松技术应满足运动项目的要求并适合运动员的个性。此后的重点是调整放松技术，让运动员适应各种比赛场景和干扰性压力（第四阶段）。高水平的世界级运动员在奥运会和世界锦标赛等比赛中成功展示了压力下的放松技术的应用。

训练阶段的营养计划：一般考虑因素

　　虽然许多人认为年度计划中的营养干预具有其独立性，是一个独立的整体，但营养干预本身就与训练类型和运动员的训练负荷有关。营养需求取决于训练情况，因此需要随时间的推移进行整合。合理的周期化训练提供了系统的阶段训练方法，并为营养干预提供了系统结构。表 6.1 总结了年度计划中训练和营养目标的相互关系（见第 2 章）。

　　最初的营养干预措施是养成饮食和补水的基本习惯，这些习惯可随时间的推移不断完善和保持，包括监测体重、每日热量、每日常量营养素和水合作用的基本措施。这对刚开始执行营养计划的一些人而言可能是一个挑战，因此，必须尽早确立这些常规，以便运动员在后续周期中不仅可以改进、练习，还可以花更多时间努力促进目标的实现，如增加去脂体重或促进恢复。

　　在运动员逐渐习惯监测每日营养摄入量和体重后，可以根据个人喜好制定个性化饮食策略，确定（补充）营养时间和食物成分。为达到理想的比赛身体成分，改变体重在整年的比赛阶段中日益重要。最后，应根据运动员的个人偏好，对赛前称重、单项和多项比赛营养、行程和赛前常规等特定比赛的营养常规进行改进、细化和实践。

表 6.1 年度计划中训练和营养的目标总结

训练阶段	准备阶段		比赛阶段	过渡阶段
	一般准备	专项准备阶段		
训练目标	提升运动和训练技能	掌握训练和运动技能	缓解疲劳，提高心理准备能力	连接多个比赛周期
	提升运动能力和整体健康水平	提升特定运动的力量、爆发力和体能	继续提升或保持体能	缓解身心疲劳
	基本的运动战术	团队和个人战术	完善技能和战术	保持基本体能
训练阶段	身体成分改变阶段	稳定阶段	恢复与运动表现	主动休息阶段
营养目标	增肌减脂	达到并保持在比赛体重的 2% 以内	常量营养素优先选择碳水化合物	减轻节食压力
	制订基本饮食和水合常规	改善饮食和水合模式	保持水合作用	保持合理的体重
	持续监测体重	缓解疲劳	保持去脂体重	保持去脂体重

准备阶段

　　准备阶段是运动员准备的关键阶段，包括多类训练，如力量、爆发力、灵敏性、有氧耐力和无氧耐力。本章简要介绍每一阶段，并对营养和心理方案加以重点说明。这些方案不仅涉及特定运动的需要，更重要的是，涉及营养和运动心理学如何帮助运动员在指定阶段实现设定的训练目的。

解剖适应

训练目的

　　· 身体（肌肉、韧带或肌腱）和心理适应，为即将开始的训练阶段奠定坚实基础。

- 训练负荷：1 RM 的 30% ~ 60 %（70%）。
- 重复次数：8 ~ 15（不会感到身体压力）。
- 组数：2 ~ 3。
- 休息间隔：2 ~ 3 分钟。

解剖适应（anatomical adaptation, AA）阶段的心理方案见 100 米游泳（见图 5.9）。

解剖适应阶段是其他训练阶段的基础。这一阶段的心理训练倾向于发展以下内容。

- 培养积极和最佳的情绪状态。
- 高水平的运动动机。
- 明确训练目的。
- 坚定决心和自律。
- 积极、开放地与教练沟通。

为实现上述目标，运动员的心理技能训练（PST）计划应主要包括以下心理技术。

- 自我对话。
- 专注。
- 渐进式肌肉放松。
- 目标设置。
- 生物反馈训练。

从心理学的角度看，重要的是考虑运动员在过渡阶段（主动休息阶段）后得到恢复，然后开始在健身房和游泳池进行系统训练的事实。因此，应特别关注运动员的情绪和运动动机。肌肉放松、目标设置和运动动机是解剖适应阶段的心理技能训练计划的重要内容。例如，在练习过程中，运动员专注于动作质量，同时利用自我对话和专注技术达到最佳运动表现水平；在休息间隔（2 ~ 3 分钟）期间，运动员使用自我对话保持运动动机，专注于训练目的。在解剖适应阶段，运动员学习并练习肌肉放松的基本内容，持续 10 ~ 15 分钟，然后在训练结束时用于恢复。生物反馈训练是改善运动员自我调节和恢复的一种重要手段。

解剖适应阶段营养干预的重点是为运动员提供足够的能量，支持训练，促进恢复。解剖适应阶段的营养目标如下。

· 确定热量的维持水平。
· 根据运动员的体型和去脂体重确定每日蛋白质需求。
· 根据运动员的活动水平确定每日碳水化合物需求。
· 确定训练前、训练期间和训练后的水合常规。

解剖适应阶段的营养计划没有增肌或提升耐力阶段的那样严格而苛刻；由于解剖适应训练通常安排在训练早期，所以解剖适应阶段是确定初级数据和习惯的最佳时期。这些数据和习惯可用于未来数月的艰苦训练。这段时间最适合进一步整合营养和心理练习，监控运动员在训练期间对努力、疲劳和运动表现的感知，并根据其反馈进行个别调整。

最大力量

训练目的

· 肌肉适应，以承受更重的负荷。
· 增加快肌纤维（fast twitch，FT）的募集。
· 70%～95%训练负荷：
■ 向心收缩为70%～95%；
■ 离心收缩为>120%。
· 重复次数：2（3）～8（10）。
· 组数：3～6。
· 休息间隔：2～5分钟，具体取决于负荷。

最大力量阶段的心理方案见搏击类项目的心理方案（见图5.7）。
最大力量阶段的目标是尽可能提升力量。该阶段的心理训练旨在发展以下内容。

· 做好尽最大努力的心理准备和决心。

- 坚定决心和自律。
- 内在和外在的运动动机。
- 培养运动员的意识和对于情绪的自我控制能力。

为实现上述目标，运动员的心理技能训练计划应主要包括以下心理技术。

- 决策制定和认知过程。
- 指导性和激励性自我对话。
- 营造运动员之间的竞争氛围。
- 专注。
- 渐进式肌肉放松和呼吸。
- 生物反馈训练。

从心理学的角度看，最重要的是运动员应该为艰苦训练做好准备。运动员在每次训练时都需要承受更重的负荷。

一方面，心理支持应侧重于运动动机和自律；另一方面，心理支持还应强调组间恢复和放松。为实现强化运动动机和自律，运动员在决策过程中需要了解最大力量在特定运动中取得成功的原因和好处。此外，运动员之间的竞争氛围对强化运动员的运动动机很重要。运动员在训练时应在组间进行激励性自我对话（例如，"加油，我能做到，用力推……"），在组内进行指导性自我对话（例如，对相关技术进行评论，如"收缩肌肉，正确呼吸"）。运动员应在每次训练结束时使用利克特 5 分量表完成自我报告，评估自己的情绪、动机和能量水平。这有助于运动员提高对自身整体训练状态的认识。运动中应该以天和周为单位完成这种自我报告。

运动员需要继续练习呼吸、肌肉放松和生物反馈训练，才能在组间获得恢复和放松。运动员应在组间、休息间隔（2 ~ 5 分钟）和训练结束时使用这些特定技术。重要的是运动员在此阶段需注意应用基本和具体的技术（这时的练习时间可能较长，因为这是初始学习阶段），而一些运动员能够使用适合运动需求的、练习时间较短的修订版。运动员继续进行生物反馈训练，以改善自我调节和专注效率。

最大限度地提升力量时所考虑的营养因素与进行其他抗阻训练时需要考虑的营养因素基本一样。但是，从整个周期安排的过程来看，由于最大力量训练在整个周期计划中所处的时间点，教练需在整体营养计划方面做一些重要改变。通常，最大力量训练安排在专项准备阶段，最大可恢复训练量（见第 8 章）小于解剖适应、增肌或耐力训练阶段的训练量。此时的训练量通常较小。最大力量训练阶段的营养目标如下。

- 体重达到并保持在最佳比赛体重的 ±2% 内。
- 减轻为改变身体成分进行节食的压力。
- 完善（补充）营养时间和食物成分，以满足个人需求。

　　最大力量训练的总训练负荷常小于其前面的阶段的负荷，如增肌、解剖适应或提升运动员运动能力的其他阶段。随着训练负荷的变化，持续调整每日热量和常量营养素摄入量非常重要。

　　当运动员从提升运动能力和 / 或增肌训练转为提升最大力量训练时，营养计划应转为维持运动员的热量水平，也就是降低已增加的体重或增加已降低的体重，然后尝试开始逐步减轻节食压力。运动员此时应该已经建立了基本的饮食和补水习惯，不应该再有体重增加 / 减少的不适和压力，然后改善进食量、进餐时间和食物类型。这种方法有多种形式，例如，不选择会导致胃肠不适、腹胀、尿频、反弹性低血糖、肠道"蠕动"、恶心，或任何可能影响运动表现的食物和进食时间。

增肌训练

训练目的

- 增加肌肉质量（橄榄球运动中的前锋、重量级摔跤运动等）。
- 训练负荷：40% ~ 70%（80%）。
- 重复次数：9 ~ 12（每组至力竭）。
- 组数：2 ~ 5（6）。
- 休息间隔：45 ~ 90 秒。

　　如下所述，增肌阶段的心理方案见橄榄球运动的前锋的心理方案（见图 5.5）。

　　增肌阶段的目的是增加肌肉围度，在每组中完成尽可能多的重复次数，在完成每组和总组数后至力竭。

　　增肌阶段的训练适用于体重发挥重要作用的运动员（例如，橄榄球运动中的前锋、举重运动员）。因此，并非所有运动员都应该经历此阶段。这一阶段的心理支持如下。

- 强烈的运动动机。
- 组间和完成练习后的身心恢复。
- 为额外付出做好心理准备。

为实现上述目标，运动员的心理技能训练计划应主要包括以下心理技术。

- 指导性和激励性自我对话。
- 营造运动员之间的竞争氛围。
- 渐进式肌肉放松和呼吸。
- 生物反馈训练。

　　从心理学的角度看，运动员应该对力竭做好准备，然后在休息间隔（45 ～ 90 秒）内快速恢复。这意味着在这个阶段，重要的是运动员能够进行短暂的渐进式肌肉放松。运动员应在每次训练后进行长时间的放松训练（10 ～ 15 分钟）。运动员应该在周末练习放松，关注过去一周在训练中的积极表现（例如，强烈的动机，在训练期间使用积极的自我对话、正确的技术以及达到该周的训练目的）。为了实现训练目标，教练应特别关注运动员之间的竞争和积极气氛。

　　与具有其他目的的训练相比，增肌训练的营养目标更明确、更严格。重要的是要记住，增肌训练不仅用于增加去脂体重，还用于在低热量状态下维持去脂体重，许多人常常忽略这点。在理想情况下，促进肌肉生长的刺激可预防肌肉在不利的能量条件下发生萎缩。增肌训练的营养目标如下。

- 增加去脂体重（高热量）或保持去脂体重（低热量）。
- 根据增加或维持肌肉量的需求确定热量需求（每天 ± 250 ～ 1,000 千卡）。
- 根据体重和去脂体重测定每日蛋白质需求。
- 测定满足较大训练量的每日碳水化合物需求。

增肌训练常使运动员在该训练周期达到最大的负重训练量。该阶段的热量和碳水化合物需求大于解剖适应或最大力量训练阶段。应监测体重和体脂，以验证运动员体重增加或降低的速度是否适当，并增加或保持肌肉质量。由于无法管理未测量的参数，所以在增肌训练阶段必须监测体重和每日热量，确保恰当的体重变化速率。

爆发力和灵敏性训练

训练目的

- 增加快肌纤维的发力速度。
- 使用器材：实心球（2 ~ 6千克）、弹力球（6 ~ 20千克）重型器材，如田径铅球、其他器材（投掷壶铃）。
- 进行不同强度和持续时间的灵敏性训练。
- 重复次数：6 ~ 10。
- 组数：2 ~ 6。
- 休息间隔：2 ~ 3分钟。

如下所述，爆发力和灵敏性训练的心理方案见短跑的心理方案（见图5.1）。

爆发力和灵敏性训练的目的是帮助运动员在相对较短的运动时间内产生更大的力量，并在比赛中快速改变方向。爆发力和灵敏性训练的成功取决于最大力量阶段的训练效果。许多运动项目要求运动员在比赛阶段也应保持爆发力和灵敏性。此阶段的心理支持旨在提升以下能力。

- 专注。
- 为快速反应做好心理准备。
- 预判。
- 强烈的运动动机。

为实现上述目标，运动员的心理技能训练计划应主要包括以下心理技术。

- 模拟训练练习计划 （STEP: Blumenstein & Orbach, 2012a, 2015）。

- 反应训练计划（RTP: Blumenstein et al., 2005）。
- 渐进式肌肉放松。
- 生物反馈训练。

　　运动员通过爆发力和灵敏性训练提高自己的爆发力和灵敏性，这两者是即将到来的比赛阶段的必备能力。从心理学角度看，运动员开始练习在比赛阶段使用的综合心理技术，这是比赛 / 训练前心理准备的部分内容。例如，肌肉放松和专注于模拟训练练习计划至关重要。这两种技术对爆发力和灵敏性非常重要。运动员在模拟训练练习计划期间学习如何放松肌肉，并专注于自己的动作。模拟训练练习计划的推进最终与运动员肌肉放松和专注的能力有关（更多详情请参阅本章中比赛阶段的模拟训练练习计划）。

　　心理方案的第二个主要目标称为反应训练计划，旨在改善运动员对不同情况的反应能力。由计算机控制的训练计划包括 3 个反应时间（reaction time, RT）训练：简单反应时间（1 个刺激和 1 个反应）、选择反应时间（2 个刺激和 2 个反应）及复杂反应时间（2 个刺激和 1 个反应）（更多详情请参阅本章中比赛阶段的反应训练计划）。

　　在实施模拟训练练习计划和反应训练计划期间，运动员接受逐渐增强的分散注意力的刺激。此时必须再次强调快速放松和专注的重要性。生物反馈训练对增强技能学习转化为训练的能力具有积极的效果，这一切都是为了帮助运动员继续提高爆发力和灵敏性。以上方案适用于不同的运动，如搏击类运动、集体类项目，以及奥运会和残奥会的网球比赛。

　　提升爆发力和灵敏性的营养考虑因素通常与前述用于提升最大力量的营养指导原则相同。爆发力和灵敏性训练阶段的营养目标如下。

- 体重达到并保持在最佳比赛体重的 ±2% 内。
- 减轻为改变身体成分进行节食的压力。
- 完善营养时间和食物成分，以满足个人需求。

　　如前所述，在考虑提升最大力量的过程中，爆发力和灵敏性训练应首先确保营养计划使运动员转为维持热量水平，也就是降低已增加的体重或增加已降低的体重，并设法逐步减轻节食的压力。爆发力和灵敏性训练的特征是要求运动员进行加速 / 减速、改变方向和旋转身体等爆发式运动，如果胃肠道填满大量的食物或液体，就会感到不舒服。腹胀和"蠕动"可使运动员反应迟钝，不能保持稳定，并因胃肠不适和腹胀感而不愿尽最大努力进行训练。此时最适合运动员根据个人喜好改进和调整运动前、运动中和运动后的进食时间、数量和食物选择，以提高成绩，减轻痛苦。

肌肉耐力

训练目的

- 提高长时间抗阻的能力。
- 训练负荷：30% ~ 60%。
- 重复次数：1 ~ 4 分钟。
- 组数：2 ~ 4（每组持续时间为 2 ~ 12 分钟，取决于比赛持续时间）。
- 休息间隔：1 ~ 2 分钟。

这些信息有益于耐力起主导作用的运动项目，力量对于最终成绩至关重要。此阶段应安排在最大力量阶段之后，直至准备阶段结束。

如下所述，肌肉耐力训练的心理方案见长距离游泳的心理方案（见图 5.10）。

肌肉耐力训练的目的是帮助运动员在长跑和游泳等中等负荷下进行多次重复训练。该阶段的心理支持旨在发展以下能力。

- 为长时间进行单调的练习做好心理准备。
- 忍耐疼痛。
- 长时间保持专注。
- 强烈的动机。

为实现上述目标，运动员的心理技能训练计划应主要包括以下心理技术。

- 渐进式肌肉放松和呼吸。
- 长时间保持专注。
- 忍耐身心痛苦。
- 功能性音乐计划。
- 关联 / 解除关联定向。

- 自我对话。
- 生物反馈训练。

　　从心理学的角度看，运动员应该准备在单调的持续训练中忍受身心痛苦，并保持高水平的技术表现。重要的是运动员在此阶段能够长时间保持专注，并在练习期间和组间进行放松。为达到此目标，运动员应该了解如何在关联和解除关联定向之间进行转换（例如，在外部与内部刺激之间进行转换，如音乐和技术等）。使用功能性音乐计划应基于训练的实际需求，并遵循该领域的专业建议（Karageorghis & Priest, 2012）。运动员使用积极的自我对话和生物反馈训练增强动机，改善自我调节和注意力。

　　肌肉耐力的营养考虑因素通常与前述用于提升最大力量的营养指导原则相同。肌肉耐力训练阶段的营养目标如下。

- 体重达到并保持在最佳比赛体重的 ±2% 内。
- 减轻为改变身体成分进行节食的压力。
- 完善营养时间和食物成分，以满足个人需求。

　　尽管为肌肉耐力提供的大多数营养建议与前述的最大力量的营养建议相似，但应根据训练量的差异进行一些调整。

速度训练

训练目的

- 根据特定运动项目的要求，增加直线或曲线方向的最大速度和最大加速度。
- 重复次数：用于最大速度为 6 ~ 10。
- 距离：
■ 用于最大速度为 20 ~ 60 米。
■ 用于速度耐力为 60 ~ 120 米。
- 休息间隔：
■ 用于最大速度为 4 ~ 5 分钟。
■ 用于速度耐力为 3 ~ 4 分钟。

如下所述，速度训练的心理方案见篮球比赛的心理方案（见图 5.4）。

速度训练的目的是培养运动员高效和快速移动的能力。速度是足球、篮球、田径短跑等运动的必备能力。速度与力量相同，会影响其他能力，可使所有运动员显著受益。 此阶段的心理支持主要发展以下能力。

- 保持乐观的情绪和强烈的动机。
- 做好快速反应的心理准备。
- 专注。
- 在放松与专注之间取得最佳平衡。

为实现上述目标，运动员的心理技能训练计划应主要包括以下心理技术。

- 渐进式肌肉放松和呼吸。
- 专注。
- 自我对话。
- 意象。
- 模拟训练练习计划 。
- 自我调节和生物反馈训练。

从心理学的角度看，运动员应该做好心理准备，以良好的技术表现进行快速奔跑。乐观的情绪、积极而具有竞争性的团队氛围，以及关注奔跑技术要素是实现此阶段训练目的的重要因素。使用自我对话（例如，激励性的自我对话"我能做到"以及指导性的自我对话"专注于放松手臂"）可以帮助运动员保持乐观情绪，改善速度训练的心理准备。积极的自我对话有助于运动员专注于预期目标，克服消极的思想障碍。建议在运动前多次使用意象，以有效强化与实际运动相关的神经通路（例如，在热身、拉伸和卧推等期间）。使用模拟训练练习计划和生物反馈训练技术可以自我调节情绪状态，并在放松和专注之间取得最佳平衡。

提升速度的营养考虑因素通常与前述提升爆发力和灵敏性训练的营养指导原则相同。 爆发力和灵敏性训练期间的营养目标如下。

- 体重达到并保持在最佳比赛体重的 ±2% 内。
- 减轻为改变身体成分进行节食的压力。

- 完善（补充）营养时间和食物成分，以满足个人需求。

除考虑前述爆发力和灵敏性训练之外，还可以在提升速度的营养计划中增加肌酸一水合物，尤其是进行间歇性高强度训练时。肌酸一水合物可能对短时间高强度运动的表现有促进作用，是广为认可的能量辅助剂。虽然先前的方案建议在初始阶段向肌肉"加载"高剂量的肌酸，但这在很大程度上是错误的，这样做会使一些人感到胃肠道不适。每天在饮料中添加约 5 克（取决于运动员的体型）肌酸可达到相同效果。教练和运动员应该了解，肌酸可使运动员保留更多的水分，因此，需调整其体重监测计划以适应此差异。

有氧（无氧）耐力

训练目的

- 建立坚实的有氧基础，帮助运动员承受训练和比赛的压力。
- 长时间持续的稳态活动（long duration steady state activities）。
- 持续时间：
■ 长期间隔训练为 10 ~ 60 分钟；
■ 无氧耐力（本阶段的第二部分）为 1 ~ 5 分钟。
- 组数：
■ 有氧耐力为 2（3）~ 8（10）；
■ 无氧耐力（乳酸耐受性）为 1 ~ 3（6）。
- 专项无氧活动（技术和战术演练）为 30 ~ 90（180）秒。
- 休息间隔：
■ 有氧活动为 1 ~ 2 分钟；
■ 无氧活动为 2 ~ 3 分钟。
- 有氧补偿。

如下所述，有氧（无氧）耐力的心理方案见中长跑比赛的心理方案（见图 5.2）。
在进行有氧和无氧耐力训练时，需要为运动员提供特殊的心理支持。运动员每次训练都需要挑战身心。重要的是训练专项耐力，即在整个训练以及比赛 / 径赛的后半程都需要具备在有氧耐力和无氧耐力之间切换的能力。从心理学的角度看，运动员不仅需要练习耐受生理和心理干扰，还要具有根据训练需要在有氧耐力和无氧耐力之间切换的能力。此阶段的心理支持主要发展以下能力。

- 高动机水平。
- 做好忍耐疼痛和额外付出的心理准备。
- 明确训练目标，强调与比赛目标的联系。
- 积极的自我对话。
- 在运动前和休息间隔放松肌肉。
- 教练－运动员沟通和积极反馈。

为实现上述目标，运动员的心理技能训练计划应主要包括以下心理技术。

- 激励性和指导性自我对话。
- 意象。
- 渐进式肌肉放松和呼吸。
- 提升自信。
- 专注。
- 生物反馈训练。

从心理学的角度看，跑步运动员应该在每次训练中做好“获胜”的心理准备。激励性和指导性自我对话，以及意象和自信是帮助运动员根据训练要求形成积极情绪背景的心理技术。肌肉放松、呼吸和专注是成功应对疼痛，并在运动期间付出额外努力的有效方法。教练－运动员沟通和积极反馈能够显著影响运动员应对训练的生理和心理要求的能力。生物反馈训练强化自我调节技能，使运动员快速适应训练期间和间隔之间的有氧（无氧）训练负荷。

耐力训练的营养目标主要是满足日常和训练时的碳水化合物需求，尤其是训练前、训练中和训练后。耐力训练的总训练量和训练强度通常在所有运动项目中最大，提供训练所需的充足能量以及在训练后补充消耗的能量储备至关重要。耐力训练的营养目标如下。

- 在运动前和运动期间摄入适当的碳水化合物，以维持大训练量，缓解胃肠道不适。

- 制订训练后糖原补充计划。
- 保持去脂体重。
- 制定电解质和微量营养素支持方案，促进排汗。

耐力训练的训练量和训练强度较大，排汗会造成大量水分和微量营养素丢失，可能造成很多问题。制定运动后全天水合作用策略，服用运动饮料和微量营养素支持产品，有助于预防脱水和电解质失衡。

耐力型运动员的去脂体重通常低于力量和爆发型运动员；耐力运动本身导致较高的分解代谢水平，因此，耐力型运动员可能难以维持现有的去脂体重。碳水化合物通常占总热量（供应）的最大比例；每天的蛋白质摄入量通常不应低于每千克体重（或每千克去脂体重）约 1.3 克，才能确保肌肉组织得到充分恢复。

比赛阶段

比赛阶段是年度计划的重要节点，运动员在与对手的比赛中检测自己是否进步。这就是教练在赛季之初就应该了解运动员的运动能力的原因，这对于促成年度最佳运动表现至关重要。这不仅包括达到最佳表现水平的策略，即取得最佳成绩的方法，还包括复杂的运动员整体准备：心理、营养和恢复策略。

训练目的

营造生理、心理和营养环境，达到最佳运动表现水平。

- 在准备阶段后期，保持专项运动使用的训练类型。额外的专项运动训练是达到最佳运动表现水平的重要因素。
- 在重大比赛中使用减量策略达到最佳运动表现水平。
- 持续监控疲劳以及引发疲劳的因素。
- 根据运动员疲劳累积的程度，练习的间歇时长通常会更长。
- 对于比赛阶段持续时间较长的运动，保持最大力量、爆发力或肌肉耐力。

比赛阶段的心理准备涉及两个单独的方向。一个方向是为持续不断的日常训练提供心理支持（第 5 章和第 6 章），另一个方向是比赛的心理准备（第 3 章和第 6 章）。本节重点介绍搏击 / 格斗比赛的心理准备（见图 5.7）。

在比赛阶段，运动员的主要目标是找到并练习达到最佳运动表现水平的最佳心理状态。搏击运动员在此阶段应该能够根据比赛日程明白如何多次达到"高峰"状态。运动员应该了解使用心理策略达到最佳运动表现水平的"内容、方法和时间"。

内容：兼顾运动员的运动项目和个性，了解达到最佳运动表现水平所需的最佳情绪状态。

方法：在比赛压力下练习相关的心理技术。

时间：在目标比赛时间内根据不同的比赛情况，利用比赛前、运动前和运动后常规整合所有的生理和心理因素。

以柔道比赛为例说明比赛阶段的心理准备。柔道运动员在 4 分钟（或 5 分钟）的比赛中需反应迅速及发挥高水平的专注力、自我控制、稳定性和意志力。该实例的比赛阶段在 4 月至 5 月，主要目标是在 5 月举行的欧洲锦标赛中获胜。此期间的主要目标是强化运动员专为此次比赛准备的心理技术和策略。搏击运动中的心理技能训练计划包括在承受不同程度的压力情况下使用肌肉放松、意象、LMA 三维法、反应训练计划和模拟训练练习计划。

反应训练计划的主要目标是加快运动员在真实环境下的反应速度（例如，搏击比赛）。该计划包括若干反应训练，如单一反应训练（1 个刺激和 1 个反应）、选择反应训练（2 个刺激和 2 个反应）和区分性反应训练（2 个刺激和 1 个反应）。利用计算机模拟，在训练期间采用若干因素使运动员接触更真实的比赛场景。 这些因素包括实际比赛的视频、外部干扰（如噪声），以及两名同时进行反应时间训练的运动员（如柔道运动员）之间的比赛（Blumenstein et al., 2005）。对反应训练计划的一般介绍、训练组数和流程的详细说明见有关资料（Blumenstein et al., 2005; Blumenstein & Orbach, 2012a）。

以下是应用反应训练计划所需的累积数据、级别和要求。反应时间训练和 LMA 三维法有若干刺激因素。运动员应在以下情况下进行反应训练（Blumenstein & Orbach, 2012a）。

- 普通实验室场景。
- 积极和消极的语言激励 （M+、M−）。
- 执照严格的标准进行训练。
- 根据表现进行奖惩。
- 在"真实"比赛噪声下进行训练（比赛音频片段）。
- 在"真实"比赛场景下进行训练（比赛视频片段）。

- 以上全部场景组合。

在反应时间训练中，需要特别注意"快速"和"慢速"反应时间之间的规定比率，其重要性高于反应时间。例如，在搏击运动中利用反应时间进行众多心理训练，结果发现"快速"反应时间的限度 < 200 毫秒，"慢速"反应时间的限度 > 200 毫秒。此平衡点可作为衡量成绩的指标，例如，运动员初始反应比率为（2 ~ 3）/（12 ~ 13）（2 ~ 3 快速、12 ~ 13 慢速）；经过 1 ~ 2 个月的训练，运动员能够达到 8/7（8 快速、7 慢速）或 10/5 的比率；在赛前达到了比率 14/1 甚至 15/0。如表 6.2 所示，搏击运动有 3 个水平等级。

表 6.2　精英级搏击比赛中反应时间训练的难度水平（M ± SD）

难度水平	反应时间训练（毫秒）		
	15 单一反应时间	30 选择反应时间	30 区分性反应时间
基线 – 初始	M=200-220 ± 40-50 比率（3 ~ 6）/（12 ~ 9）	M=240-265 ± 40-50 比率（2 ~ 3）/（13 ~ 12）	M=210-230 ± 40-50 比率（1 ~ 2）/（14 ~ 13）
水平 1 低	175-185 ± 30-35 比率（8 ~ 9）/（7 ~ 6）	200-210 ± 30-35 比率（8 ~ 9）/（7 ~ 6）	185-195 ± 30-35 比率（8 ~ 9）/（7 ~ 6）
水平 2 中	155-165 ± 20-25 比率（11 ~ 12）/（4 ~ 3）	175-185 ± 20-25 比率（10 ~ 11）/（5 ~ 4）	165-175 ± 20-25 比率（11 ~ 12）/（4 ~ 3）
水平 3 高	135-145 ± 10-15 比率（14 ~ 15）/（1 ~ 0）	155-165 ± 10-15 比率（13 ~ 14）/（2 ~ 1）	145-155 ± 10-15 比率（13 ~ 14）/（2 ~ 1）

表 6.3 显示了 1991 年至 2010 年，在欧洲锦标赛、世界锦标赛和奥运会等重大赛事和成功举办的赛事之前，精英搏击运动员取得的最佳成绩。

表 6.3　精英搏击运动员在成功举办的赛事前取得的最佳成绩

运动项目	反应时间训练（毫秒）		
	15 单一反应时间	30 选择反应时间	30 区分性反应时间
柔道	107 ± 15-20 比率 15/0	136 ± 20-25 比率 14/1	117 ± 15-20 比率 15/0

续表

运动项目	反应时间训练（毫秒）		
	15 单一反应时间	30 选择反应时间	30 区分性反应时间
跆拳道	110 ± 20-25 比率 14/1	126 ± 15-20 比率 13/2	122 ± 20-25 比率 14/1
击剑	105 ± 25-30 比率 13/2	117 ± 20-25 比率 13/2	97 ± 25-30 比率 14/1

模拟训练练习计划包括专项练习和模拟比赛场景，据称可以改善运动员的心理技能和表现水平。其基本原理基于大量研究人员和业内人士提出的两个理念（Blumenstein & Orbach, 2012a, 2018; Krane & Williams, 2015; Orlick, 1990; Weinberg & Gould, 2015）。第一个理念是，与成功运动相关的心理技能是可训练的。第二个理念是通过在练习中模拟比赛场景，运动员能够学习如何将训练经验成功转移至比赛场上（Moran, 1996）。在心理训练期间进行这些练习，用心理技术实现积极转移，提高比赛成绩。例如，莫兰（Moran, 1996）建议用"注意力网格"（concentration grid）（Harris & Harris, 1984）和"钟摆"（Weinberg, 1988）增强专注力。这些练习称为"逆境训练"（adversity training）（Loehr, 1986）、"模拟训练"（Orlick, 1990）、"反应训练计划"（Blumenstein et al., 2005; Blumenstein & Orbach, 2012a），以及"专项心理训练"（Blumenstein & Orbach, 2012a）。例如，常用于提高运动员专注力和运动表现水平的心理技术有目标设置（Weinberg & Gould, 2011）和比赛（训练）前心理准备（Moran, 1996）。

肌肉放松和专注之间的联系在柔道运动中非常重要。前述实例中的柔道运动员称在比赛期间，当注意力高度集中时常感到肌肉紧张，妨碍技术动作的完成。重要的是指导该柔道运动员如何在注意力高度集中时调节情绪和肌肉。因此制订了针对此种情况的特殊练习——"停止-反应"（stop-reaction）练习（Blumenstein & Orbach, 2012a）。在进行这种训练时，该柔道运动员手持一个秒表，用拇指按开始-停止按钮。此项练习的主要目的是尽可能快地开始和停止计时。为取得良好的效果，要求该柔道运动员学会快速放松自己的肌肉，将注意力准确地集中于动作。在第一次训练中，该柔道运动员的成绩是 0.13 ~ 0.14 秒。经过一个月的训练，该运动员在这项训练中的成绩达到 0.8 ~ 0.9 秒；他还多次在 0.6 秒内完成了此练习。据报告，该柔道运动员能够在日常练习、训练、比赛中运用习得的快速放松和专注技术。此练习有许多变化形式，该柔道运动员必须根据对手的水平取得不同的结果。在一次训练中，重复进行了 20 ~ 25 次"停止 – 反应"练习。需要注意的是，反应时间计划、模拟训练练习计划以及 LMA 三维法得出的数据是该柔道运动员继续进行心理技能训练的动力。

在此阶段，在实验室和训练场景中广泛应用肌肉放松和意象，并根据运动和训练目标进行调整。例如，让该柔道运动员在听到比赛噪声、看到视频片段、进行身体接触以及接受其他特定外部刺激因素的过程中，进行 1 分钟、3 分钟和 4 分钟放松运动，迅速专注 10 秒和 20 秒。该柔道运动员还可以通过意象的方式完成时长为 4 分钟的比赛，这与实际比赛的时间长短相同。在意象训练期间，该柔道运动员每当发动进攻时就用手指发出信号。记录每分钟的攻击次数，然后进行分析。教练的参与是心理训练的一个重要方面。具体而言，教练在柔道运动员利用意象进行心理准备期间能够发挥积极作用。在使用意象期间，教练对柔道运动员做出评价，通过对具体对手进行技术、战术评价，可以加强意象场景的生动性使其类似于实际比赛。这种体验还显著改善了教练和运动员之间的关系，提高了教练和心理学家的专业水平。

上述方法和练习旨在制订赛前和运动前常规，以便在比赛中成功应用，帮助该柔道运动员达到世界级水平。

比赛阶段的主要营养考虑因素见第 2 章；人们常忽视或误解其中的一些目标，需再次加以回顾。从准备阶段过渡到比赛阶段，标志着优先事项发生了重大变化：训练不再是为了改善身体适应性，而是为了提高运动表现水平和促进恢复，最大限度地优化运动员的准备状态。运动员此时已经或者非常接近理想的比赛体重和身体成分，了解运动员的每日热量和常量营养素需求，确定进餐时间和频率及每餐的常量营养素成分，并找到满足目标而不影响运动表现的食物。所有这些事项应该提前反复尝试，妥善练习，直至成为运动员的习惯，在比赛阶段通常不再更改。

常量营养素优先于碳水化合物，是此期间的唯一显著变化。脂肪摄入量可以降至最小值，使碳水化合物释放更多可用的热量，当然同时需保持热量均衡状态。蛋白质摄入量与之前的阶段保持基本一致；但是，如果发觉能量水平和可恢复性明显下降，也可减少蛋白质摄入。每天蛋白质摄入量低于每千克体重（或每千克去脂体重）约 1.3 克，将不足以维持去脂体重；运动员和教练应该首先考虑减少膳食脂肪，然后根据需要减少蛋白质摄入。

在比赛阶段，还应该完善所有特定的比赛营养方案，如碳水化合物负荷（carb-loading）、赛前称重、水调节、单项或多项比赛的比赛日营养、行程等。其中一些过程需要进行预演,因此,应该尽早练习,最好在赛前或者没有重大比赛时就进行练习,以便运动员在重要比赛开始时已经习惯相关过程。大多数赛前特定常规应随时间的推移不断完善和改进,但运动员和教练应避免为重大比赛尝试新的内容。坚持使用已熟悉的方式,并在以后空闲时间进行演练。

维持去脂体重和水合作用常常无须特别提示,在整个比赛期间还应该继续对其进行监控。教练在整个赛季期间常常不会监测运动员的身体成分,往往在赛季后通过测试才会发现运动员在整个赛季中实际上已经消耗了大量去脂体重。如果一直进行监测就很容易避免这种情况。比赛阶段的训练量通常较小,如果不监测运动员日常饮食摄入,其肌肉量就可能降低。教练应采取的措施还包括监测训练和比赛中排汗导致的体重变化,确保运动员处于充分的水合状态。

第 7 章

不同运动等级运动员的周期整合

图德·邦帕 博士、鲍里斯·布鲁门斯坦 博士、爱丽丝·奥巴赫 博士、詹姆斯·霍夫曼 博士

从青少年到大学生运动员或职业运动员，一项成功的训练计划必须考虑长期进展。这种长期进展不仅涉及运动训练，还包括同样重要的营养和心理计划内容。这可能意味着孩子和父母都应该明白，好成绩不是明天或赛季结束时就能取得的。在取得预期的成绩之前，运动员不仅需要几年的刻苦训练，还需要进行组织良好的训练计划来适应、调整身心。

任何长期训练计划实际上都必须是长期的周期整合，其主要考虑因素不仅仅是技术和身体训练，最重要的是将它们与营养和心理教育进行整合。由于每个运动员都是一个完整的个体，如果没有对运动员进行营养和心理方面的指导，训练计划就不可能完成。

如表 7.1 至 7.3（本章末尾）所示，长期周期整合指的是 3 种运动类别，如低训练年限运动员（或少年运动员）、接受运动训练的大学生运动员和职业运动员。实际上，这种分类本身就代表了一个进程，从开始训练的年份（初中和高中的年龄）开始，到水平最高的大学阶段，特别是专业运动员的水平。

如果我们认可循序渐进的训练原则，也应该认识到，运动心理学和营养计划同样需要循序渐进。

心理计划的基本参考点是从运动生涯的角度分析运动员的发展过程。因此，重要的是探讨一个心理方案，使不同运动项目的运动员取得长期的发展。不同运动项目的运动员各有特点，需考虑的内容以及需要处理的问题也各有不同。从一个类型过渡到另一个类型（如从高中到大学，再到职业运动员），通常伴随着运动生涯中的重要事件，以及完成这些重要事件的成功或不成功经历。研究发现，危机往往会促进运动员成长，获得新的经验（Stambulova & Wylleman，

2014）。在运动员处于运动生涯中的危机情景下时，提供特殊的心理支持有助于他们的成长。如果没有提供心理支持，运动员可能会产生退役的想法。因此，心理计划应考虑运动员的年龄、性别和运动水平。

随时间的进展，营养计划实际上在持续改进并具有个性。虽然运动员和运动项目有所不同，但基本模式相同：从简单的基本概念开始，随着时间的推移加以细化，增加复杂性。此外运动员使用试误法发现喜爱的食物和进食时间，也可以在确定后加以整合。所以当青少年运动员开始将营养纳入训练计划时，不要过分关注食物数量和成分，因为即使是动机强烈的成年人也会对此感到复杂和乏味。确保每餐都含有蛋白质、训练前后进食、定期补水等简单的事情需要很长时间才能养成基本的日常习惯。当运动员进入大学后，营养计划可能变为根据训练计划在特定时间食用一定量的食物，并花费更多时间优化身体成分。最后，当运动员转为成年职业运动员后，必须将日常、训练、最佳状态和基于比赛的营养常规需求变得更为精准，甚至精确到具体的数字。在养成基本习惯之前过早采用这种复杂的计划可能使运动员承担不必要的负担。

在任一规定训练阶段发展专项能力（如力量、耐力）时，必须为身体提供足够的热量和特定类型的心理计划。这实际上属于周期整合的范畴，制订一个长期的包含身体、心理和营养计划的模型，便于运动员和教练执行。

高中体育运动

许多孩子在小学、初中或高中的早期就开始参加体育运动。在生长发育的年龄阶段，确实不仅需要特别关注运动训练的内容，还需要关注年轻运动员应遵循的营养和心理方案类型。在学校期间，青少年在解剖学、生理学和心理学方面的发展经历的几个困难重重的阶段为：青春期前期、青春期和青春期后期。因此，应该考虑一些重大的心理问题。首先，年轻运动员将自己视为成年人，而其社会地位实际上是年轻人。重要的是认识到，虽然此年龄段的运动员觉得他们能够成功地完成所承担的任务，但有时这种"虚假"的独立感会导致危机。这表现在他们与父母、教师和教练的社会地位和社会角色之间的冲突。女孩性发育较快，因此女孩的这种趋势比男孩更明显（Laemmle & Martin, 2013）。

在此年龄段，体育运动之外还有许多诱惑，这可能影响运动员的运动动机。这个年龄段的青少年所处的社会环境，尤其是朋友和体育运动以外的其他兴趣，会干扰训练计划的执行。

此年龄段的训练是运动员未来发展的基础。在许多情况下运动员很难理解当前的艰苦训练与未来的运动表现之间的联系。

年轻运动员参加了许多全国比赛，对胜负的反应和评价可能影响他们的运动动机、坚持性和决心。

运动员在此年龄段主要接触教练、父母、亲密朋友和老师，这些人对他们的发展具有重要的作用。社会支持，尤其是教练的支持，对运动员的稳定性和对训练的专注力起重要作用。

最后，我们要知道，有一些运动项目有其特殊性，如体操和游泳，尽管这些项目的运动员很年轻，但有可能在其中出现世界级的运动员。

鉴于上述情况，在此年龄段退出专业运动领域的运动员比例高于其他年龄段。例如，在澳大利亚、比利时和德国，只有 17% ~ 33% 的青少年精英运动员成功过渡到更高级别（Wylleman, Rosier & De Knop, 2016）。因此认识此现象并进行适当的心理干预至关重要。

高中运动员的营养必须简单。教练、科学家和运动员具有强烈的控制倾向，这在大多数情况下具有积极作用，但是也存在一些其他情况。为高中学生制订严格的运动营养计划，类似于养猫、将宠物送到理发店或尝试使拉布拉多猎犬安静下来。这在实践中只是一种无用的练习，因为此年龄段的大多数运动员缺乏纪律性且尚未成熟，坦率地说，就是缺乏实施结构化营养计划的动机。

有效的方法是一些简单的理念和指导。以下是一些相对简单，可在此阶段推广的基础习惯。

- 鼓励运动员比以前吃得稍多一点，或者比同龄人吃得多。
- 确保每餐都有基本的蛋白质来源，不能只吃苏打和薯片类的食物。
- 鼓励运动员在训练前后进食。
- 鼓励运动员在运动期间饮水，进行水合作用。
- 少吃垃圾食品。
- 开始安排定期的体重测量，但不要给运动员额外的压力。

此阶段，有些教练往往会过分强调运动员的体重和身体成分，特别是那些体重分级项目的教练，或者强调运动员"爆发力－体重比"的项目的教练。尽管这点可以加以探索，但对高中运动员不应强调此点。高中运动员仍处于身体发育成熟阶段，力量、爆发力和耐力持续显著增加，可能距离确定理想的比赛体重已经不远。运动员此时正在观察自己在不同体重下的成绩，可以进行试误，而不应该注重为自己的运动增加或减轻体重。运动员往往为体育运动被迫采取会导致功能失调的饮食行为。他们应该等到身体发育后期再承受维持体重或身体成分的压力。

孩子接受训练的类型通常取决于传统或所选运动的比赛日程。不过，无论接受训练的孩子年龄有多大，他都应该意识到训练必须做到以下几个方面。

- 安排合理，交替安排训练日和休息日（尤其是小学生）。
- 遵循渐进式，指的是根据孩子的能力，在数年内缓慢增加训练负荷和身心的挑战难度。
- 在专业训练占主导之前建立良好的基础。基础越扎实，孩子在身体和心理方面就越容易进步，越容易达到更高的运动表现水平。
- 需要了解的是，成长中的孩子在进行体育训练时，必须为他们提供适当的营养，关心他们的心理。
- 遵循全面整体发展的原则。毕竟运动训练的目的不仅是要提高运动表现水平，还要培养健康的身心。
- 在成为优秀参赛选手前，必须努力成为最好的运动员，也就是身体强壮、动作快速、有爆发力、灵敏性强，能够忍受体育比赛的艰辛和伤病。
- 为使身心获益最大，孩子还应接触各种各样的运动和娱乐活动。
- 考虑个人的身心特点。训练无须一成不变地进行，而应根据个人潜力进行。
- 长期目标应该是让孩子长期地、循序渐进地提高：从小学到高中、大学，最后，有些人进入职业体育领域。

从心理学的角度看，在此年龄段应该考虑一些核心原则。

学习和练习。年轻运动员应该在心理上为比赛中的身心挑战做好准备。他们应该保持动机和自信，知道如何应对胜负。重点是在训练和比赛环境中学习、应用、测试和改进身体和心理的技能和策略。

教练和家长应该教育年轻运动员，培养他们对训练和比赛的积极态度，以保持积极的运动与生活的平衡。最后，年轻运动员应该学习专门针对运动项目的基本伦理和道德。为达到这些目标，可以使用以下心理技术。

- 目标设置。
- 放松。

- 意象。
- 专注。
- 自我对话。
- 生物反馈训练。

解剖适应

　　早期训练的主要目的应该遵循循序渐进的适应原则。教练或指导教师应对训练、技术、战术和体能进行全面规划，使运动员在面临新的挑战或训练中的困难之前，有时间适应过去数月所进行的运动。由于这种类型的适应指的是肌肉和结缔组织（韧带和肌腱）的适应，我们称之为解剖适应。在适应新负荷之前，不要安排新的训练任务。

　　从运动训练的角度看，解剖适应具有如下特点。

- 循序渐进地进行力量训练，从 30% ~ 40% 的 1 RM 低负荷开始，2 ~ 3 年后可增加至 60% ~ 70% 的 1 RM。
- 最大速度训练从最大速度的 60% ~ 80%（20 ~ 30 码 / 米）（1 码 ≈ 0.91 米，此后不再标注）增加到最大速度的 60% ~ 100%（50 ~ 80 码 / 米）。 随着时间的推移，技术或战术训练也可以从较低的速度（在训练的学习阶段）增加到最大速度。
- 为耐力为主导能力的项目的运动员建立有氧基础。在安排低强度活动时，合理的距离为 3 ~ 4 千米。之后，逐步增加练习的距离和强度。

解剖适应的心理支持旨在强化以下内容。

- 强烈的运动动机。
- 明确的训练目标。
- 坚定的决心和自律性。
- 在训练和运动期间身心功能的意识。
- 培养对训练的积极态度。
- 与教练坦诚沟通。

为实现上述目标，运动员的心理训练计划应包括以下心理技术。

· 目标设置。
· 意象。
· 渐进式肌肉放松。
· 专注。
· 指导性和激励性自我对话。
· 生物反馈训练。

运动员在解剖适应阶段学习和练习基本的肌肉放松技术（10 ~ 15分钟），并将其用作训练结束时促进恢复的内容之一。生物反馈训练可有效改善运动员的自我调节能力，有助于其在训练和比赛环境中养成积极和最佳的态度。此阶段的重点是学习心理策略，以保持动机并专注于训练目标。专注、意象和目标设置是此阶段心理训练计划的重要内容，可以帮助运动员管理消极想法和感受，最终达到较高的运动表现水平。除了要让运动员学习心理技能外，重要的是与运动员讨论何时、何地以及如何应用这些技能。在每周训练结束时，运动员应撰写一份报告，说明有效的技能及原因，这样可增强运动员的自我意识和动机。例如，可以使用以下心理技术：在热身、运动前后，训练和比赛间歇期间进行意象和自我对话，在动作之间进行放松等。

从营养学的角度看，解剖适应的重点是增加运动员的去脂体重。这不仅包括运动中使用的主动肌，还包括支持主动肌的结缔组织，包括肌腱、韧带、筋膜和骨骼。该目标主要通过将热量增至基线等热量状态以上，以及适当调节常量营养素得以实现。新参与运动的年轻运动员和正处于发育中的运动员可能需要增加热量摄入，其原因是活动水平提高以及生长发育需要额外热量，此外他们还需要为解剖适应所需的净蛋白质合成和热量条件补充能量。

对于非年轻运动员训练计划，解剖适应阶段的目标还包括减少多余的脂肪，以保持理想的体重或身体成分。以增加肌肉量为目标的训练刺激，也有助于运动员在低热量状态下保持肌肉量；因此，在能量受限条件下的增肌或保持肌肉量的训练通常几乎相同。对于那些曾花费大量时间减轻体重、现在仍有减少多余脂肪需求的运动员，解剖适应阶段同样也适用于他们。但是，这一做法通常不在年轻运动员的计划中使用，因为他们仍处于身体成熟和发育期，并且往往缺乏摄入限制热量食物所需的成熟度和决心。在年轻运动员中实施解剖适应主要是通过食用有益健康的食物，来增加热量和蛋白质的摄入量。

预防受伤

良好而循序渐进的适应对于预防受伤非常重要。年轻运动员受伤，常常是因为教练没有花时间让他们适应特定的训练任务或在达到充分适应之前进行高要求的比赛。通常，不当的抗阻训练技术和不适当的技术指导也会导致受伤。

年轻运动员大多数情况下不是肌肉受伤，而是韧带（保持关节解剖完整性的结缔组织）受伤。韧带因机械应力而受损，运动员才会受伤。因此年轻运动员早期训练的主要目标是减少受伤。加强韧带和肌腱才能使其承受较大的训练量和运动负荷。采用较长时间的低负荷力量训练计划，以便进行适应，才能实现这一重要目标（见表 7.1 ）。

当青春期前期和青春期的运动员进行高强度的力量训练时，如奥林匹克举重或力量举时，往往有较大的受伤风险，因为他们无法像成年人一样激活肌肉（ Dotanet et al., 2012 ）。如果注意以下几个方面内容，就可以减少受伤。

- 避免单一性。使用相同的练习持续锻炼相同的肌肉可导致过度使用类损伤（ Cain & Maffulli, 2005 ）。
- 全面训练，特别是在青春期前期和青春期，对过度使用的关节进行补偿活动可成功预防受伤。
- 运动员的骨骼通常在 18 ~ 20 岁后成熟，在此之前不要参加举重、力量举或大负荷（如超过 1RM 的 80% ）比赛。

从心理学的角度看，预防受伤需考虑以下要点。首先，运动员应该具有很强的自我意识，以便理解身心信号。使用自我调节技术有助于实现此目标。重点应放在有质量的训练内容、练习前的充分热身以及练习后的恢复上。训练必须具有专业性，运动员不因无关事物分散注意力，保持严格自律的态度。总而言之，建议教练注意心理因素，如刺激和其他生活压力因素，这些因素可能使运动员易于受伤，尤其是应对技能较差的运动员（ Weinberg & Gould, 2015 ）。

营养在预防和控制受伤方面也起着重要作用。通过减缓分解代谢、强化合成代谢，摄入的食物可以直接刺激恢复适应过程；此外，食物也为组织的生长与修复提供营养。训练对肌肉和结缔组织造成的机械性创伤，其愈合需要大量营养。

肌肉或结缔组织受伤类似于汽车发动机故障，如果其中一个发动机零件发生故障或损坏，则不能在发动机顶部用胶带粘上一个备件，必须将已损坏的零件拆开，损坏的部分必须被识别、拆除，甚至破坏，以便安装备件。肌肉和结缔组织与此类似，需要消耗大量能量和原料。如果得不到这些能量和原料，身体就会分解现有组织（其他骨骼肌），以适应增加的蛋白质需求。营养不仅是促进长期健康的重要因素，而且是促进恢复和预防受伤的重要因素。

高要求的训练计划

在 2 ~ 3 年的前期适应后，高 / 初中运动员可循序渐进地进行较高要求 / 较大强度的训练。应将运动发展的这个阶段，即青少年后期，视为从初级运动员到大学生运动员的过渡阶段：力量、爆发力、速度和灵敏性从中等强度过渡到更大强度。在高中最后两年，运动员必须为大学特定的训练强度做好准备。

此阶段，大部分的训练安排应该更强调专项内容、更大负荷（70% ~ 80%），还要安排最大速度、爆发力和灵敏训练。根据每个项目的不同，专项训练应该占更大比重。

表 7.1 至 7.3 说明了高中运动员训练的大部分特征。以下是对高中运动员训练的简要建议。

力量、爆发力和灵敏性训练

在青春期后期，男性运动员的力量和爆发力提高（Behringer et al., 2010; Wild, Steele & Munro, 2013）的主要原因是睾丸激素和生长激素的增加（Hulthenet et al., 2001）。肌肉质量的增加与性器官的发育同时进行（Rogol, Roemich & Clark, 2002）。

如果力量训练中的最大力量主要使用 70% ~ 80% 1RM 以上的负荷，可以增加快肌纤维的募集数量；此外，爆发力训练会促进同一类型肌纤维发力率的提高（Enoka & Duchateau, 2008）。爆发力的提高与力量的提高成正比。因此，当运动员对中等负荷（如实心球）施加最大力量时，可提高投掷和跳跃能力。

灵敏性是大多数集体类项目和持拍类运动的重要能力。灵敏性并不是一种独立的运动能力，它的提高与运动员力量的提高成正比。跑步的节奏或方向的快速变化，如加速－减速，主要是力量提高的结果。在减速期间，腿部肌肉以离心方式存储弹性能量，而在加速期间，以向心方式释放能量。

从心理学的角度看，提高力量、爆发力和灵敏性的一个重要因素是做好刻苦训练的心理准备。运动员应做好准备迎接紧张的训练以及在每次训练中进行大负荷练习。在此期间，需要特别注意训练和训练之外的自律，包括营养和休息方面。相对应地，心理支持应该集中在运动动机、肌肉放松和自律上。在训练期间，运动员应该在每次训练过程中使用激励性的自我对话（例如，"我能""坚持""加油"）。教练和运动员要利用组间休息的时间，此期间适合进行技术指导性的自我对话。此外，运动员可以在重复动作之间和训练结束时使用肌肉放松技术和呼吸练习。学习并练习生物反馈训练，可更好地进行自我调节和保持专注。上述建议应根据运动项目加以考虑和调整。

从营养学的角度看，力量、爆发力和灵敏性训练的主要因素通常是摄入足量的蛋白质和热量，以支持组织的生长和 / 或重建。如果没有摄入每天所需的足够热量，在这种类型的训练中的恢复不会达到最佳水平，从而导致体能或随后的训练效果不佳。为改善特定的身体成分，在低热量条件下进行力量、爆发力和灵敏性训练的运动员，应该更加注意第 2 章所述的合理的主要饮食因素，以确保从训练中充分恢复。

速度训练

集体类项目教练一直在寻找动作迅速的运动员。最大速度是一种被人们推崇的能力。在进攻和防守期间快速移动是所有运动员的重要能力。可是，人们经常错误地认为速度直接取决于以下两个因素。

1. 遗传，或快肌纤维和慢肌纤维的比例（Bray et al., 2009）。当快肌纤维的比例占优势时，该运动员被认为具有天生的速度能力。
2. 运动员所接受的力量和爆发力训练的质量。敏捷和高速直接取决于肌肉强力收缩并将力作用于骨骼的能力，这样肢体可快速移动。运动员在身体强壮之后才能动作迅速。力量的提高总是优先于速度的提高。

从心理学的角度看，运动员应该将注意力放在专注以及在放松和专注之间取得最佳平衡上，为快速反应和快速移动做好心理准备。应特别注意运动员表现的技术方面。因此，使用指导性的自我对话（例如，"放松双臂""球的位置"）、预判练习、快速决策和自我情绪调节可有效改善速度训练效果。生物反馈训练有助于年轻运动员更好地理解肌肉放松和情绪唤醒之间的最佳平衡。肌肉放松、意象和自我对话可以帮助运动员在速度训练中改善技术表现，从而提高速度训练的质量。

从营养学的角度看，除补充肌酸外，针对速度训练的营养不需要进行任何重大调整。唯一需考虑的主要因素是，在进行速度训练时，运动员应该已经达到或处于比赛体重的 ±2% 内，不再需要改变身体成分。体重和体型的重大变化可能需要使用"重新校准"技术，也会改变运动员的用力感知。例如，减掉 10 千克体重后进行短跑可能感觉明显不同；类似情况下，增重 10 千克后进行短跑的感觉也不一样。无论好坏，运动员可能需要重新调整对速度技术的感觉，此时的体重应该已经接近比赛体重并保持稳定。

耐力训练

对于持续时间较长的运动，耐力是在所选运动中获胜必备的主要素质。可是，只有在进行马拉松、铁人三项、公路自行车或长距离的北欧滑雪等长时间运动时，人体才通过有氧能量系统提供能量。在大多数其他运动中，无氧耐力和有氧耐力之间存在特定的比例（请参考邦帕和哈夫于 2009 年提出的能量传输系统比例）。

在大多数运动中，耐力有助于运动员承受训练和比赛的压力和艰辛。耐力水平低，疲劳感累积得快，反过来影响运动员的专注力，导致技术、战术的失误，如影响传球和射门的准确性。

耐力在竞技能力发展的所有阶段都会不断地进步，并在成熟阶段达到顶峰（Baxter-Jones & Maffulli, 2003）。

对于健身爱好者而言，适度的耐力活动对高血压指数和心率等健康指标有积极的作用 （Iwasaki et al., 2003）。参与耐力活动的人很少罹患心肺疾病（Prasad & Das, 2009）。

从心理学的角度看，年轻运动员应该为枯燥而长时间的练习做好心理准备。根据不同的训练计划，大多数训练的重点是让运动员为"战胜自己"做好准备，也就是要付出额外的努力。为实现此目标，应在团队中营造积极的心理氛围，培养运动员对训练目标的积极态度，使其学习如何控制和忽视消极思想，专注于技术或外部因素。此外，运动员在感到疲倦时，需进行激励性的自我对话。这些内容都可以通过教练持续且强有力的指导和支持得以实现。为支撑耐力训练，运动员使用肌肉放松、呼吸练习和专注技术可有效应对疼痛，提高在运动期间付出额外努力的能力，并能坚持继续进行运动训练。

从营养学的角度看，耐力训练的优先事项确实不同于力量、爆发力、速度和灵敏性训练。由于耐力训练的训练量大，热量平衡当然是必须考虑的因素。在耐力训练中，相对于脂肪和蛋白质来说，碳水化合物是更重要的热量来源。参加马拉松、铁人三项和自行车等耐力运动的运动员通常不像参加力量项目的运动员一样体型高大且肌肉发达，相应地他们需要的蛋白质较少。另外，由于耐力运动员的训练量远高于力量项目运动员的训练量，他们需要的热量和碳水化合物产生热量的比例大大高于力量项目运动员。同样需要进行耐力训练的力量和爆发力运动员，如橄榄球、足球和其他田赛项目的运动员，可能需要保持蛋白质的摄入量、增加碳水化合物的摄入量、减少脂肪摄入量，以维持体重和训练量。

大学生运动员

凭借在高中或初中阶段奠定的基础，许多运动员加入了大学运动队。在充满挑战的几年时间里，大学生运动员将决定自己是否具备成为职业运动员的必要能力，或者成为从事其他各种工作的专业人员。

从心理学的角度看，年轻运动员应该做好心理准备，以便过渡到更高水平（从高中到高等教育），接受更高的训练和比赛标准，承担包括时间和行程在内的更多任务。年轻运动员必须离开熟悉的环境，包括家人、朋友和俱乐部，因此年轻运动员应该为适应新的心理、社会环境做好准备，这需要较高水平的独立性、纪律性和责任感。最重要的是，运动员应该与教练、队友和专业人员建立新的关系和互动。大学生运动员期望自己能够将学业教育与运动生涯相结合，这需要较高水平的自我调节能力、确定训练和教育之间的优先顺序的能力与时间规划的能力（Wylleman et al., 2016）。

大学生运动员在营养方面的注意事项通常与前述高中运动员相同，但更加详细。此时不再要求运动员"确保每餐都摄入蛋白质"，而是每天必须食用一定克数的蛋白质。现在不再规定运动员在训练时间进食和补水，而是精确地规定一天内每餐需要摄入的常量营养含量。运动员不再监测体重和身体成分，而是力图实现专项运动所需的发达的肌肉、适合的运动能力、速度和力量的完美平衡。为此，运动员在周期性地增加肌肉和减少脂肪，直到体重达到比赛所需水平并稳定下来，进入专项准备阶段。

多年的解剖适应和预防受伤的训练打下了坚实的基础，大学生运动员开始进行专项训练。此后，除了准备阶段早期和过渡阶段，所有的训练要素都非常具体，训练目的是达到最大限度的适应，以获得尽可能好的成绩。

表 7.1 至 7.3 介绍了大学生运动员训练的大部分细节。 以下对大学生运动员的训练细节提出简要建议。

力量训练

为最大限度地提高运动表现水平，力量训练起着重要的作用。集体类项目、持拍类项目和田径运动、水上运动、滑雪等大多数项目的运动员都受益于力量的增加。为最大限度地增强力量，必须关注主动肌（实际执行技术动作的肌肉）。除进行补偿外，不要进行任何非专项的力量训练。

最大力量训练的目的是增加快肌纤维的最大募集数量。参与动作的快肌纤维数量越多，运动员克服阻力（重力、水、对手、器械等）的能力就越高。最大力量阶段的训练负荷必须在 70% ~ 90%。教练可以采用向心和离心练习的方法来提高训练效率。

从心理学的角度看，大学生运动员应该具有很强的运动动机，做好进行艰苦训练的心理准备。力量训练中应用的基本心理技术包括放松、呼吸、意象、自我对话、专注和生物反馈训练。大学生运动员应该广泛应用较适合专项运动实际需求的心理技术。这体现在处于紧张、压力下使用和练习简略技术。此外，大学生运动员要学习如何将各种心理技术结合，形成一套干预方案，而不是单独使用心理技术。 例如，放松和呼吸、放松和意象、自我对话和意象等组合。最后，大学生运动员应该能够在训练结束时大量使用放松技术进行恢复。

在营养方面，大学生运动员的力量、爆发力和灵敏性训练的主要考虑因素之一是达到最佳的比赛体重和身体成分。这对于摔跤和举重等划分体重级别的运动，或者体操和山地自行车等爆发力 - 体重比很重要的运动而言，作用似乎是显而易见的，同时对其他运动而言也很重要。橄榄球运动员不仅必须强壮有力，也需具备耐力以完成每半场 40 分钟的两个半场（全场）的比赛，可能还需要具有一定的体重在争抢等身体互动中保持优势。教练也可能会发现某名马拉松运动员缺乏进行上坡跑所需要的力量，或者体重偏大从而影响跑步的效率。因此，教练在制订全年计划时需要综合考虑多方面的因素，从而在比赛期达到合理的体重和身体成分要求。

爆发力和灵敏性训练

爆发力和灵敏性都直接取决于最大力量的水平，具有力量依赖性。换言之，爆发力和灵敏性依赖于最大力量的大小。低水平的最大力量对爆发力和灵敏性有负面影响，因为运动员无法在运动中募集更多的快肌纤维。因此，运动员施力抗阻的能力会受到影响。在比赛期间快速改变方向的能力与此类似。

运动中必须尽可能迅速地施力抗阻（实心球、弹力球和较重的器材）。在爆发力训练阶段的早期，球的重量从 2 千克逐渐增加到 6 千克或更高。在逐渐增加重量 2 ~ 3 周后，数周内重量保持稳定，然后在比赛阶段开始前 2 ~ 3 周，将重量逐渐降低至 2 千克。通过负荷 – 减负荷的循序渐进过程，运动员的爆发力达到最大。

在生理学上，爆发力训练会提高快肌纤维肌肉的发力率，意味着运动员能够以更快的速度做出特定的动作。

最大力量对提高灵敏性也有类似的好处。在加速 – 减速转换时，产生弹性能量，然后释放。也就是说，在减速期间离心运动产生弹性能量。离心负荷对运动员做向心收缩动作的作用是显而易见的。它可以帮助运动员更快速地有效变向。

从心理学的角度看，大学生运动员应该着重发展以下几个方面：专注、做好快速反应的心理准备、预判和强烈的运动动机。为实现上述目标，心理支持应包括以下心理技术：短时间渐进式肌肉放松、反应训练计划（RTP）、模拟训练练习计划（STEP）和生物反馈训练（LMA 版本）。

在营养方面，进行爆发力和灵敏性训练需要考虑的因素通常遵循前述的指导原则，不过调整饮水和进食的时间也是一个主要考虑因素，其用于最大限度减轻训练期间的腹胀或不适。改变方向和快速加速可引起肠道"蠕动"的感觉，胃内容纳过多的食物可导致腹胀、恶心并有可能呕吐。

速度训练

无论是直线速度还是战术演练中的最大速度，大学生运动员的目标都是尽最大努力不断完成专项运动中必须迅速完成的所有动作。因此，大多数训练的目标是提高专项运动速度，临近比赛时的训练目标是增强运动员在比赛期间运用速度的能力。

仅仅依靠专项速度训练并不能使运动员的能力得到最大限度的提高。请记住：只有强壮有力才能动作迅速！因此对力量训练和爆发力训练进行周期整合，最终可提高速度和最大速度。

从心理学的角度看，心理支持的重点是为快速反应、在放松与专注之间取得最佳平衡、专注、保持乐观情绪和强烈动机做好心理准备。为实现上述目标，大学生运动员应使用自我调节、生物反馈训练、模拟训练练习计划和意象等心理技术，在此过程中将关注重点放在运动的技术要素上。大学生运动员进行速度训练的一个重要因素是在新的高水平训练计划中实现训练目标。

速度训练的营养也应遵循前文所述的爆发力和灵敏性训练的建议。速度训练阶段的另一个潜在考虑因素是此阶段通常大幅度减小训练量，以发挥速度水平，因此热量需求也需要进行相应的调整。如果运动员进入速度训练阶段，而摄入的热量保持与解剖适应阶段相同，则可能因为训练负荷减少而热量摄入不变，致使体重增加。

肌肉耐力训练

对于耐力决定成绩的运动，如水上运动、北欧滑雪、铁人三项和公路自行车，肌肉耐力是必不可少的身体素质。如邦帕和布齐凯利（2015）所述，为了最大限度地提高耐力主导类运动项目运动员的运动表现，肌肉耐力训练是非常重要的训练内容。在正常条件下，在进行肌肉耐力训练期间，运动员不会增加肌肉量。如果运动员增加了肌肉量，则应该减少负荷，并增加练习的持续时间。

按规定的速率和间歇时间以30％～50％ 1RM 的标准负荷进行长时间的重复动作，会提高运动员持续发力的能力，最终提高运动表现水平。对于以减少比赛持续时间为目标的运动项目来说，这意味着成绩的提高。

从心理学的角度看，大学生运动员应注重做好心理准备接受枯燥的训练，并具有强烈的动机和长时间保持专注、忍受疼痛和肌肉恢复的能力。为实现上述目标，大学生运动员的心理支持包括渐进式肌肉放松、长时间专注、自我对话和生物反馈训练。针对大学生运动员的心理素质和训练阶段，重要的是在团队内部营造乐观而积极的氛围，并让大学生与教练建立良好的关系。

耐力训练的营养因素需要考虑的是优化训练后的恢复策略，以及比赛期间运动前后的营养和补水方案。耐力运动的训练负荷通常很高，因此大学生运动员在进行长时间练习时更依赖于营养补充，他们更要了解所摄入的碳水化合物的血糖指数，以确保完全补充碳水化合物的消耗。

　　典型的运动后糖原补充方案常建议在运动后每小时补充约 1 克碳水化合物 / 千克 体重。对一些人来说，仅仅摄入这么多的碳水化合物已经是一个很高的要求了，更不用说任何额外的蛋白质或脂肪了。运动员应该开始尝试食用易于快速消化的食物，既满足其常量营养素需求又不会引起高血糖指数导致的不适。

　　运动员可能还需要学习在比赛期间如何补水和进食。自行车等运动项目允许在比赛期间灵活进食，而其他运动（如滑雪或跑步）就受到限制。在一场比赛中，比赛组织者或运动员个人会准备各种各样的运动饮料以及补充能量的食物，根据实际情况，每个人对上述这些能量补充物会有自己的摄入习惯。运动员可以根据自己对血糖指数、额外增加体重、能量类型的习惯进行选择，找到适合自己的能量补充来源。

耐力训练

　　耐力主导的运动必须采用以提升有氧耐力和无氧耐力为主的训练方法。一般情况下，训练的过程是先从建立有氧基础（非专项性或专项性的长时间活动）开始，逐步过渡到无氧和专项耐力训练。比赛阶段的补偿训练、恢复重建型训练主要采用低强度的有氧耐力运动。

　　为从一天的高强度、高要求的训练中恢复，也可进行专项战术练习。在此情况下，训练的目标是补偿和恢复，不应安排增加负担的训练。因此，此类练习的持续时间较长、强度较小、较轻松。在以有氧补偿为目标的一次训练过程中或训练的部分时间，也可关注专项技术 / 技能的完成方式。但是请记住，有氧补偿是主要目标。

　　从心理学的角度看，大学生运动员应该注重强烈的运动动机以及长时间专注和忍受身心痛苦的能力，并为长时间的枯燥训练做好心理准备。为实现这些目标，使用的心理技术应该包括自我对话、关联 / 解除关联、专注、放松、生物反馈训练和功能性音乐。在每次训练结束后和一周训练结束后，大学生运动员的训练必须包括各种恢复措施以预防受伤。此外，教练应记住，对待大学生运动员需将教育和训练结合起来。

职业运动员

对于任何一个拥有体育梦想的人来说，成为职业运动员是运动生涯中最重要的事情。这是世界上所有体育运动的最高阶段。许多运动员舍弃一切只为取得出色的运动表现，并成为一名职业运动员。其动机不仅仅是金钱！更是最大限度地达到个人最佳运动表现水平带来的满足感。

为发展高水平的运动能力，运动员不仅需要天赋，最重要的是投入精力，至少 10 年，通常近 20 年的奉献、训练、决心和努力。对这样的运动员来说，职业就是他们的信仰。

职业运动训练非常具有挑战性。集体类项目中的特定位置具有高度对抗性和竞争性。激烈的挑战总是与高度疲劳感相伴而生。因此需精心规划运动员的时间，以便其在训练和比赛后有时间进行身心恢复和重建。对运动员训练和空闲时间进行规划的关键是效率和有效性。

从心理学的角度看，职业运动员已是全职运动员。职业运动员需要进行更多的训练，经历激烈而严格的比赛，并且更需要关注恢复方式。在最高水平上取得卓越而稳定的成绩是职业运动员面临的主要挑战。因此在训练过程中，职业运动员必须根据周期模型全面整合心理技能训练。职业运动员通过提高在训练和比赛环境中的自我调节能力，实现身心的一致平衡。此外，职业运动员应将心理技术整合，形成一套干预方案，在运动前常规和比赛前常规中自动应用并加以完善。这使运动员在高水平的比赛中达到最佳运动表现水平做好了心理上的准备。

从营养学的角度看，职业运动员应该根据个人对食物类型、数量和进食时间的喜好，持续改进基本因素，不仅用于训练和比赛，还用于达到最佳运动表现水平和运动表现水平逐渐下降的时期，以及赛前称重和补水方案、锦标赛准备、旅程以及所有其他相关场景。对各大周期都制订热量和常量营养素的计划，全年体重通常不应偏离比赛理想体重的 5% 左右。很好地确定食物、补充剂和补水的喜好，以提高运动表现水平、促进恢复和缓解胃肠道不适。碳水化合物、脱水、再次补水、称重等具体方案都应该妥善安排和练习，运动员才能充满自信地轻松参赛。

表 7.1 至 7.3 介绍了职业运动员训练的大部分细节。以下是对职业运动员训练细节的简短建议。

力量训练

力量训练的关键要素之一是增加负荷，在周期的框架内合理使用 70% ~ 120% 1RM，同时也要使用向心和离心训练方法。大负荷（通常高于 120% 1RM ）的离心训练，对于很多不同专项运动员（田径运动中的投掷和跳跃项目、足球、高山滑雪及所有需要快速改变方向和高高跳起的运动等）运动表现水平的提高都有非常好的作用。

练习必须明确针对主动肌，即执行主要技术动作的肌肉进行。这种方法非常有效。选择最少的练习次数、重复次数和组数。热身、训练、离开健身房！然后咨询心理师和营养师！

力量训练中的心理支持重点是以最大限度的专注承受大负荷、掌握恢复和放松技术，这些是训练过程的一部分。由于负荷大、受伤风险高，考虑到职业运动员运动生涯的年限，心理支持具有非常重要的作用。为使力量训练的效果最大化进行的心理和营养计划的整合，可以使恢复手段取得最佳效果。职业运动员通常在力量训练中充分了解运动动机、自律和自我调节的心理方案。例如，心理方案可以是在每组练习之前的自我对话和专注，运动前教练的支持和呼吸技术，在每组练习之前的目标设置与专注。

提升最大力量的营养考虑因素与其他抗阻训练并无明显差异；不过鉴于最大力量训练的日程安排，需注意整个营养计划有一些重要的改变。通常在专项准备阶段进行最大力量训练，其最大训练量（见第 8 章）小于解剖适应、增肌或耐力训练阶段，所以此时的训练量通常较小。最大力量训练阶段的营养目标如下。

- 体重达到并保持在最佳比赛体重的 ±2% 内。
- 减轻为改变身体成分进行节食的压力。
- 完善营养摄入的时间和食物成分，以满足个体需求。

最大力量训练的总训练负荷通常低于前面的阶段（如增肌、解剖适应或提升运动员能力的其他阶段）。随着训练负荷的变化，不断调整热量和常量营养素的日摄入量非常重要。

当运动员从提升运动能力和 / 或增肌转为提升最大力量时，在营养计划方面，应该使运动员转至维持热量水平，即降低之前增加的体重或增加之前降低的体重，并开始逐步减轻节食的压力。此时，运动员应该已经建立了基本的饮食和补水常规，不应再面临增重或减重，完善进餐量、进餐时间、食物种类导致的不适和压力。例如，运动员不应选择会引起胃肠不适、腹胀、尿频、反弹性低血糖、肠道"蠕动"、恶心或任何可能影响运动表现的食物和进餐次数。

表 7.1 列出了 3 种类别的运动员进行力量训练的差异。

表 7.1　不同类别运动员的力量、爆发力和灵敏性训练以及营养计划和心理计划的模型

运动员类别 / 活动类型	高中运动员	大学生运动员	职业运动员
力量、爆发力和灵敏性训练	- 解剖适应 - 负荷逐渐增加（40% - 80% 1RM） - 爆发力：中 / 高强度 - 简单和复杂的灵敏性训练	- 最大力量：70% ~ 90%，向心 - 离心 - 专项爆发力和灵敏性达到最大化 - 肌肉耐力：低等 - 中等 - 最大负荷	- 最大限度地开发每名运动员的潜力 - 提升最大力量：向心 - 离心（70% ~ 120%） - 肌肉耐力：中等 - 高等负荷 - 提升爆发力和灵敏性：中等 - 最大负荷
营养计划	- 增加蛋白质摄入量 - 增加去脂体重 - 制订基本的饮食和补水常规 - 开始监测体重	- 确保达到每日热量和常量营养素的必需水平 - 进行营养补充时间的练习 - 为达到比赛体重优化身体成分	- 优化比赛、赛前称重和最佳表现的常规 - 选择个性化（特定）的食物，完善每日常规 - 精确的个性化进食时间策略
心理计划	学习和练习在训练和比赛中使用的基本心理技术（完整版）；主要目标是教育导向，专注于每种技术本身	制订和练习在训练和比赛期间使用的简要心理技术；整合心理技术；训练后的心理恢复	完善心理方案，包括自我调节技术和恢复手段；结合心理和营养计划；积极的自我对话和运动动机

爆发力和灵敏性训练

爆发力和灵敏性训练也必须非常高效！有效挑战运动员的神经肌肉系统，以提高爆发力和灵敏性。通过专项练习最大限度地提高这两种基本能力。不要浪费时间做过去 15 年一直进行的练习，如绳梯练习！这项练习没有任何训练效果。

经过这么多年的重复练习，运动员已达到稳定水平，不再产生效果！

如果你相信重复过去 15 年一直进行的练习仍然对运动员有益，那么你生活在一个虚幻的世界中！你是否仍然期望使用不稳定练习器械来提高运动员的竞技能力？你在妄想吗？醒醒吧，这只是一个噱头！

与此相反，请使用更严格的灵敏性训练，挑战运动员的神经肌肉系统。在一些灵敏性训练中让运动员更用力地蹬地，以产生地面反作用，提高运动员伸肌的爆发力。使用负重背心增加负荷。使用最重的实心球提高快肌纤维的发力速度，从而提高爆发力。

增强式训练法仍然非常有效。在一些增强训练中使用负重背心来增加负荷，但在比赛阶段开始之前，撤除负重背心，快肌纤维的发力速率将达到最大。为提高爆发力，可以使用重型器械，例如 20 ~ 30 千克 /40 ~ 60 实心球。例如，持实心球于胸前，半蹲，然后跳起，将实心球尽可能远地掷出。

职业运动员的心理支持是爆发力和灵敏性训练的内容之一，包括使用技术设备的心理计划，如反应训练计划、模拟训练练习计划和 LMA 三维法。在职业层面，这些运动员理解心理训练的重要性，也会用心理技术来帮助自己。我们可以向职业运动员提供心理技术的简版练习，在专项运动和训练时期（如时间限制）所特有的高水平压力干扰下使用，可使职业运动员在较长时期内稳定地产生强大而快速的反应能力。

提高爆发力和灵敏性的营养考虑因素通常遵循前述提升最大力量的指导原则。体重爆发力和灵敏性训练阶段的营养目标如下。

- 体重达到并保持在最佳比赛体重 ±2% 内。
- 减轻为改变身体成分进行节食的压力。
- 完善营养补充时间和食物成分，以满足个体需求。

如前所述，在考虑发展最大力量的过程中，爆发力和灵敏性训练首先应该确保将运动员的营养计划转至维持热量水平，也就是降低已增加的体重或增加已降低的体重，并应设法逐步减轻节食的压力。爆发力和灵敏性训练的性质要求运动员进行爆发式运动，如加速（减速）、改变方向和旋转身体，如果胃肠道填满食物或液体，这些运动都会使人感到不适。由于胃肠道不适以及填满食物或液体，腹胀和肠道"蠕动"可使运动员变得迟钝和不稳定，并且不愿付出最大的努力。此时是合适的时机，运动员可根据个人喜好来改进和调整运动前、中、后的进食时间、食物数量和食物种类，以便提高成绩，并减少痛苦。

速度训练

提升最大速度的方法非常多。尝试在战术练习期间不断提高速度和灵敏性。在一些练习中计时，以计算完成专项练习、特定的战术练习和标准战术练习的时间。时间减少说明速度提高。

继续进行力量、爆发力和灵敏性训练，为运动中的这些基本素质提供必要的生理支持。如果力量和爆发力降低，那么运动员的速度和灵敏性也降低！ 如果力量下降，就不可能动作迅速！

在速度训练中，职业运动员心理支持的重点是完善放松与专注之间最佳平衡状态下的行为模式、提升快速反应能力以及增强专注力。为实现此目标，职业运动员广泛使用简要版的自我调节与生物反馈训练、意象、自我对话和模拟训练练习计划。职业运动员使用便携式皮肤电反应生物反馈（galvanic skin response biofeedback）装置来完善自我调节能力（例如，在热身之后、练习之间和训练结束时），将其作为速度训练的内容之一。

提升速度的营养考虑因素通常遵循之前介绍的爆发力和灵敏性训练的指导原则。爆发力和灵敏性训练阶段的营养目标如下。

- 体重达到并保持在最佳比赛体重 ±2% 内。
- 减轻为改变身体成分进行节食的压力。
- 完善营养补充时间和食物成分，以满足个体需求。

除前述爆发力和灵敏性训练需要考虑的因素之外，提升速度的营养计划还可以考虑增加肌酸，尤其是进行间歇性爆发式训练时。肌酸可以略微提升短时间高强度运动的表现水平，是一种广为认可的能量补剂。过去曾建议必须在初始阶段向肌肉"加载"高剂量的肌酸，但这在很大程度上是错误的，这会使一些人感到胃肠道不适。仅仅每天在饮料中添加约 5 克（取决于运动员的体型）肌酸，就能产生相同的效果。教练和运动员应该了解，肌酸可使运动员存储更多的水分，因此可能需调整其体重监测计划以适应此差异。

表 7.2 介绍了 3 种类别运动员进行速度、爆发力和灵敏性训练的差异。

表 7.2　3 种类别运动员的速度、爆发力和灵敏性训练以及营养计划和心理计划的模型

运动员类别 / 活动类型	高中运动员	大学生运动员	职业运动员
速度、爆发力和灵敏性训练	- 逐渐提高速度和增加距离 - 采用专项战术练习促进强度、爆发力和灵敏性的变化 - 进行不同持续时间和强度的战术练习	- 进行最快速度和不同持续时间的技术、战术练习 - 提高（完善）专项速度 - 进行最大爆发力和灵敏性的练习	- 进行最大速度的专项练习 - 提高专项最大速度 - 进行提高爆发力和灵敏性的训练 - 减少标准战术练习的时间
营养计划	- 开始估算理想的比赛体重或者爆发力 - 体重比 - 制订基本的饮食和补水常规 - 开始监测体重	- 为达到比赛体重优化身体成分 - 确保每日必需的热量和常量营养素得到满足 - 进行营养补充时间的练习	- 优化比赛和最佳表现常规 - 选择个性化（特定）的食物，完善每日常规 - 精确的个性化进食时间策略
心理计划	以技术为导向学习和练习基本的指导性自我对话；学习和练习生物反馈训练，增强意识和提高自我调节水平	制订并练习放松与专注之间的最佳平衡；关注大学生运动员成绩的技术要素	在放松和专注之间取得最佳平衡；使用具有高水平干扰压力的反应时间训练、模拟训练练习计划和 LMA 三维法；放松；意象和自我对话

肌肉耐力训练

对于耐力主导的运动来说，肌肉耐力是一种秘密武器！不要低估肌肉耐力的好处！如果在大学期间已经进行了低等 - 中等负荷的肌肉耐力训练，那么成为职业运动员后，将负荷增加到中高水平（40% ~ 50% 1RM），运动员的表现水平会明显提高。

如果运动员能够完成多组较大负荷的多次重复动作，能力就真的提高了。例如，800 ~ 1,500 米游泳、赛艇、皮划艇，公路自行车、水球或铁人三项赛，靠什么进行这些运动？长时间的施力抗阻。施加越大的力抵抗水的阻力和重力，移动的速度就越快。

不过许多运动员仍然不愿意进行肌肉耐力训练。或许他们尚未察觉！或许他们仍然满足于运动的传统模式！传统模式很好，但有时会拖后腿。打破传统，在准备阶段的后期进行肌肉耐力训练！你会惊奇地发现这种训练有效提高了你的成绩！

肌肉耐力训练阶段的心理支持重点是专注和放松，用于更好地应对这一时期的单调训练。另外，教练的支持和积极的团队氛围是实现良好训练目标的重要因素。应特别注意心理恢复本身以及其与营养计划的结合。

肌肉耐力训练需考虑的营养因素通常与前述用于发展最大力量的指导原则相同。肌肉耐力训练阶段的营养目标如下。

- 体重达到并保持在最佳比赛体重 ±2%内。
- 减轻为改变身体成分进行节食的压力。
- 完善营养补充时间和食物成分，以满足个体需求。

尽管肌肉耐力训练的大多数营养建议与前述的最大力量相似，但要根据训练量的差异进行一些调整。

耐力训练

耐力训练计划是否有效取决于体育运动的专项特点。请使用专项耐力训练模拟无氧（有氧）训练的比例。在准备阶段的早期，当有氧能力增强后，剩下的时间必须以专项训练为主。随着比赛阶段的临近，进行更多的无氧耐力比例较高的耐力训练。

必须进行以乳酸为主导的训练。在准备阶段开始时奠定坚实的有氧耐力基础，在本阶段的第二部分，使运动员适应更高比例的高乳酸训练。这可使运动员在比赛期间应对更大的运动强度，最终战胜对手。

耐力水平的提高是比赛获胜的重要因素。如果运动员拥有良好的有氧基础，教练就可以安排不同的比赛策略。从准备阶段的第二部分开始，教练可以使用无氧训练方法来提高运动员应对快节奏比赛所产生的疲劳的能力。采用模型训练（model training）法（模仿比赛特征）可以提高比赛能力，但是，教练也要避免这种方法对团队带来负面影响。

职业运动员在耐力训练阶段的心理支持重点是长时间专注的能力。因此，运动员应该做好忍受痛苦和付出更多努力的心理准备。

职业运动员应在训练期间了解使用关联 / 解除关联技术的时间和方式。功能性音乐通常是耐力训练的内容之一。使用积极的自我对话至关重要。教练的支持和积极的团队氛围会影响运动员的整体动机水平。

耐力训练的营养目标重点是确保满足日常需求和碳水化合物需求，尤其是在训练前、训练中和训练后期间。耐力训练的总训练量在所有训练项目中最大，因此为该训练过程提供足够的能量是至关重要的，在训练后补充消耗的能量储备也很重要。耐力训练阶段的营养目标如下。

- 在运动前和运动期间摄入适当的碳水化合物以维持大训练量，尽可能减轻胃肠道不适。
- 制定训练后的糖原补充方案。
- 维持去脂体重。
- 制定排汗丢失的电解质和微量营养素的补充方案。

耐力训练的训练量很大，排汗造成大量的水分和微量营养素丢失，会导致一些问题。制定训练期间和运动后的补水方案，并饮用运动饮料和食用补充微量营养素的产品，有助于预防脱水和电解质失衡。

耐力运动员的去脂体重通常低于力量和爆发力类型的运动员；可是，由于耐力运动本身所具有高分解代谢的固有属性，耐力运动员往往难以维持现有的去脂体重。常量营养素产生的总热量通常主要源自碳水化合物；不过，蛋白质的日摄入量通常不应低于 1.3 克 / 千克体重（或去脂体重），这样才能确保肌肉组织得到充分恢复。

表 7.3 介绍了 3 种类别运动员进行耐力训练的差异。

表 7.3 不同类别运动员的耐力训练、营养计划和心理计划的模型

运动员类别 / 活动类型	高中运动员	大学生运动员	职业运动员
耐力训练	- 建立有氧基础 - 低、中和高强度的无氧耐力和有氧耐力 - 专项耐力	- 高强度的有氧耐力和无氧耐力 - 专项耐力 - 补偿有氧耐力	- 专项耐力 - 高强度的无氧耐力 - 补偿有氧耐力
营养计划	- 开始估算理想的比赛体重 - 开始监测每日的热量摄入和体重 - 制订基本的饮食和补水常规	- 确定热量需求，保持理想的比赛体重 - 制定糖原补充方案 - 制定运动前（比赛）的补水和饮食策略	- 优化比赛最佳表现和负荷方案 - 选择个性化（特定）的食物，完善每日常规 - 精确的个性化时间策略
心理计划	学习并练习肌肉放松、呼吸和专注的灵活性，以便能够忽视消极的思想并付出更多的努力	提高和练习长时间专注，以增加对疼痛的耐受性，并将其作为一种恢复手段；从消极思想转为积极思想，从内部专注转为外部专注	在关联与解除关联之间自动转换；积极的自我对话；功能性音乐；教练（团队）支持；与营养相结合的恢复手段

第 8 章

疲劳、功能性急增负荷和过度训练

斯科特·豪厄尔 博士 、詹姆斯·霍夫曼 博士 、鲍里斯 ·布鲁门斯坦 博士、爱丽丝 ·奥巴赫 博士

多数教练和体能训练专业人士都熟知汉斯·谢耶所提出的运动训练的刺激 - 适应的理论（一般适应综合征）：刺激、抵抗和适应（Selye, 1984）。雅科夫列夫在此基础上提出超量补偿理论（supercompensation）（Bompa & Haff, 2009）。运动科学专家提供了数种方法来观察刺激、疲劳和适应之间的关系。目前，已经建立的适应储备（adaptive reserve）和适应 - 疲劳模型在一定程度上能够解释我们在训练中遇到的问题。然而，目前还没有一个模型能够成功地将压力、健康、疲劳、适应和外部因素等合并在一起进行讨论，而这些因素都会影响运动表现。尽管适应 - 疲劳和适应储备模型能够有效地展示刺激的适应性变化以及适应与疲劳之间的关系，但仅限于提高运动表现水平的一些具体方法的直接适应性变化。

有关这一问题的某些方面仍缺乏研究，值得研究者密切关注。目前的研究局限在急性刺激导致的急性反应和中期疲劳两个方面。从急性反应到长期适应的转变则属于研究中的灰色地带。尽管我们都知道这个过程是存在的，但相关的具体细节主要来自生理学领域的推测和想象。我们期待其他科学领域的专家继续研究并能够给出答案。我们发现某些应激并不能与传统的适应反应观点联系在一 起，甚至与公认的应激的概念也不一致。许多因素都不属于运动科学的研究范围。本章试图阐述我们对应激、适应和疲劳之间的联系等方面的看法，也可能涉及其他影响运动表现的因素。

运动训练中的非稳态

我们都了解内稳态 / 体内平衡（homeostasis）这个术语，对其在生理学中

的应用也有基本了解。内稳态是一种模型，它可以帮助我们理解生理过程中的基本调节方法。还有另一个较少提及的模型称为非稳态（allostasis）范式。内稳态解释了运动科学中两个常用的主要概念：超量补偿曲线和适应－疲劳模型（fitness-fatigue）。尽管内稳态学说非常有用，但其实用性仍然有限。我们将进一步说明这两种模型的基本特征，并试图阐述它们之间的区别。

斯特林将内稳态描述为"恒定稳定"，将非稳态描述为"变化（动态）稳定"。从字面上来看，两个词定义的差异显而易见，但定义背后的含义方面的差别则并不太明显。以超量补偿曲线为例，我们用生理参数来描述它，会发现这些生理参数能快速恢复至基线水平。这是内稳态的直接体现。但当我们试图将急性反应与长期适应相联系时，就存在一定的限制。这里的适应只表现为某些适应参数的变化。如果我们严格规定恢复的标准是恢复至基线水平，则此适应就更不能表达这个意思，只限于描述快速自适应的机制。恢复至基线水平是以恒定的方式实现稳定。非稳态则认为生理意义上的稳定性只能通过变化来实现。例如，长期训练会使生理参数不断发生变化。这样的适应是指随着时间的推移，机体会产生相应的适应性变化，类似于时间反应。实际效果与预期效果是否一致是这种适应概念的核心意义。体育运动中的非稳态可以理解为运动表现。经典内稳态的概念指恒定产生的稳定，那么运动表现水平提高显然不属于恒定或正常反应，而是以变化为特征。这里的意图不是要确定这两种模型中的哪一种更好，而是对适应过程提出一个更广泛、更现实的观点，以符合当前的思想和来自该领域的观察。

经典内稳态模型只解决单一的高级控制机制（神经－躯体）（neural and somatic），以及单一训练负荷与适应之间的关系。运动表现的提高是多种神经和躯体控制的累积结果，这些适应性变化反映了在长期艰苦训练后运动员身体机能的变化。在整个训练过程中，增加的训练负荷会使机体的多个器官系统在这段时间产生相应的生理变化。尽管这种"非稳态"负荷的增加可能会导致某些医学问题，但这也是提高运动员最佳运动表现水平所必需的过程。身体结构和大脑适应产生"正常"适应，也称为运动表现习惯反应模式。"运动表现"则是一种可根据需求调整的"非正常"适应模式，只有通过多种训练方法的整合才能实现长期适应。本章所阐述的训练、营养和心理等方法都与这些反应模式有千丝万缕的联系。尽管本书不能涵盖非稳态的全部内容，但我们仍然会讨论涉及非稳态以及最佳运动表现管理的主要因素。

读者可能会质疑重新定义另一种概念的意义。我们用医学类比的方法来说明这一点。举个例子，几乎所有被诊断患有高血压的患者的确切病因都不清楚。但我们知道有些潜在的影响因素，这就可以用非稳态而不是内稳态进行解释。尽管这些因素依然存在，在内稳态的范围内，也可以恢复至基线值，但这并不能揭示患者持续高血压的原因。非稳态模型这样解释：患者血压上升，机体的血压感受器被重置，以满足神经系统控制机制"感知"的需求，建立更高的血压设定点。提高运动表现水平的过程与解释高血压相类似。

　　在运动训练中，可将非稳态视为受多种神经机制调节的一个整体过程，在这个过程中身体根据需求重新设置设定点，将急性反应转换为长期适应，以提高运动表现水平。非稳态负荷这个术语可用来解释各组织、器官、系统或机体对所有急性、长期或环境刺激产生的生理反应和适应。与刺激和疲劳有关的非稳态管理形成了一个理论框架，考虑了所有已知的应激因素，并将训练、营养、心理方法整合在一起，整体影响机体的神经调节生理机制，提高机体的恢复和适应能力。具有更强适应能力（生理性适应）的运动员通过高强度训练能获得更高的能力。非稳态管理的目的是评估和控制所有积极和消极的应激因素，引导和促进适应性变化过程。非稳态管理的范围超出了传统的应激－反应和适应－疲劳的范畴，涵盖了利用非稳态负荷增加机体内在潜力，产生的直接和间接影响的所有方面。疲劳恢复的传统解释强调的是单个变量的影响，以及如何调整这些变量以达到内稳态，而非稳态管理考虑的则是整体水平的内稳态，同时关注多个变量。本章将从生理学、营养学和心理学等方面来介绍非稳态范式。

定义与联系

　　疲劳、功能性急增负荷和过度训练是非稳态模式的核心概念。这些概念体现在从疲劳到过度训练的连续过程之中，其特征是急性应激反应蓄积导致非稳态负荷增加。疲劳是中枢神经系统、神经肌肉系统、内分泌、能量代谢和微细创伤等因素导致的复杂的生理反应，生理反应和用力感知增大，运动表现水平下降。

　　疲劳一般分为两种：急性疲劳和慢性疲劳。生理性疲劳与特定的身体活动有关，生理机制涉及钙循环、横桥周期、酸碱度和能量耗竭等。当非稳态负荷增加超过恢复能力时，形成慢性疲劳。生理反应为肌力下降、慢性劳损、能源物质耗竭和神经兴奋性下降。

　　无论是主观施加的还是偶然的急性疲劳都会使运动员进入功能性急增负荷状态，导致运动表现水平暂时性降低，直至停止运动或休息可使运动表现回到之前的水平。在实践中，过度训练是一种失控的非稳态管理，会使运动员进入病理状态，主要表现在运动员因身心能力的下降患病，不能适应训练负荷。

区别

一般情况下，非稳态所涉及的上述概念的差异在于刺激大小和持续时间长短。疲劳是整体应激反应，可以对其进行管理，在数天内解决运动表现水平下降的问题。

持续时间超过两周的非稳态负荷管理会转变为功能性急增负荷。在这种情况下需要减负荷和／或休息，才能达到最佳恢复状态，恢复已形成的适应，提高运动表现水平。而过度训练的特征是运动表现水平长时间下降，适应紊乱并表现出特定的医学症状。

虽然急性全身性疲劳可通过结构和功能的改善提高机体的适应能力，但慢性全身性疲劳会导致机体反应 - 适应能力下降，还会导致过度训练。过度训练会导致能量代谢体系、内分泌和神经系统功能下降，还会影响细胞间的信号传导、能量利用率、恢复和生长发育。

外周性疲劳和中枢性疲劳

疲劳分为外周性疲劳和中枢性疲劳两种。外周性疲劳指的是发生在周围神经系统的疲劳，主要影响因素有肌肉产生生物化学改变、神经兴奋性下降。生物化学改变主要是由氢离子、无机磷酸盐、乳酸盐和钙离子等代谢产物引起的。运动员都有自己的外周性疲劳的"个体临界阈值"，取决于运动员的机能状态、代谢酶的功能、运动过程和准备活动，并与传入神经和外周感受器的兴奋程度有关。中枢性疲劳发生的部位是大脑和脊髓，中枢性疲劳主要使中枢神经系统兴奋性降低，脊髓内的兴奋传递时间延长以及脊髓灰质中感觉和运动神经元之间的中枢延搁时间延长。中枢神经系统刺激运动神经元的能力下降，导致神经肌肉系统工作能力下降。中枢性疲劳不是专家主要关注的对象，在实际训练中，主要关注的还是外周性疲劳。

过度训练的体征和症状

过度训练是一个持续的过程，在这个过程中运动员会表现出特定的体征和反应，也存在一定的个体差异。在评估运动员是否过度训练时，研究者可选择生理学、心理学、运动表现和感知觉状态指标。过度训练的症状表现在运动员的主观感觉上，如无法集中注意力、对日常训练任务感到厌烦、自信心下降、食欲不振以及不想活动。睡眠的改变有易醒和失眠两种。这些症状可能与神经内分泌机制、神经递质的生成和功能改变，以及下丘脑 – 垂体 – 肾上腺（hypothalamic-pituitary-adrenal, HPA）轴的累积刺激有关。

　　过度训练的体征主要用心率、反应时间和激素水平来进行客观评价。在出现过度训练的情况下，运动员的舒张（血）压有升高的趋势，甚至可能达到临床高血压的范围。心率提高，可能与机体出现应激反应，儿茶酚胺增加，心脏组织中的离子通道发生改变，血液成分、水合状态和迷走神经状态改变的相关代偿机制有关（Kumar, Abbas, & Fausto, 2005）。机体摄入的能源物质减少，组织修复能力下降，大脑饱食中枢改变和内分泌改变，可能会导致体重下降。其他表现有糖原储备能力下降、免疫和适应能力下降。

　　从急性疲劳过渡到过度训练的主要机制与下丘脑 – 垂体 – 肾上腺轴、激素和内环境有关。由于应激管理失调，下丘脑 – 垂体 – 肾上腺轴缓慢激活，促肾上腺皮质激素释放激素（corticotropin-releasing hormone, CRH）增加，相应触发促肾上腺皮质激素（adrenocorticotropic hormone, ACTH）释放增加，肾上腺皮质释放皮质醇水平提高。皮质醇长期释放增加，可见于医学上的数种病症，与过度训练的体征和症状直接相关，表现为淡漠、抑郁、焦虑、体重下降和运动表现水平降低。一般情况下，皮质醇通过营养、免疫反应和炎症反应等因素双向调节葡萄糖代谢过程。

疲劳影响

　　疲劳产生的最重要的影响是运动模式和技术的改变。随着疲劳的累积，速度、爆发力、力 – 速度表现和力的生成率迅速下降，逻辑推理能力、决策能力和即时评估的反应能力下降。过去 10 年的研究表明，疲劳影响运动员的注意力和动作的准确性。人们普遍认为，当疲劳大于临界阈值时，运动员难以集中注意力，不能保持专注力和决策能力。当疲劳累积时，注意力下降的频率、强度提高，持续时间增加，不能专心训练程度加深。布克斯姆等人（Boksem et al., 2005）的研究揭示了疲劳受试者的表现特点——反应时间延长、错误率升高、误报率提高、完成任务的时间延长。有趣的是，受试者还会不自觉地将注意力转移到其他非相关刺激上去。这表明疲劳导致运动员的目标驱动性注意力（goal-driven attention）下降，从而导致运动员主要依靠初级的刺激驱动性注意力（stimulus-driven attention）做决策。

不同运动专项的运动员的运动表现都会受到疲劳的影响。在包括传球和射门在内的项目中，疲劳表现为运动员传球和射门的准确性与精确性下降，失误增多，发力能力下降，注意力下降。在涉及冲刺能力和灵敏性的运动中，运动员启动或改变方向的反应时间延长。由于运动员的注意力的转移，做动作费力，更依赖刺激驱动性注意力，多数动作的效率下降。

疲劳的营养因素

影响疲劳最严重的因素也是唯一可以控制的因素是能源物质的耗竭，表现为以肌糖原和肝糖原形式储存的内源性碳水化合物减少。虽然脂肪和蛋白质也能在运动过程中产生能量，但碳水化合物是几乎所有运动和训练活动的主要能源物质。已有研究充分证明，运动员在高强度或大量运动后不补充碳水化合物，运动表现水平会下降、恢复能力下降、血糖下降、认知能力下降、蛋白质降解率提高。有一些研究者评估了不同碳水化合物补充对运动员的影响，其中多数研究表明，运动员在没有补充消耗的碳水化合物时，摄入与其活动水平相匹配的碳水化合物，或仅摄入相对较少的碳水化合物时，其短期和长期的运动表现水平会下降。虽然有些摄入少量碳水化合物的方案能够增强耐力运动员的氧化能力，但仍然会使运动员练习时的表现水平下降，因此，大多数运动员应摄入与日常活动水平相当的碳水化合物，防止因能源物质耗竭产生疲劳。

导致慢性疲劳的另一个主要因素是软、硬组织中的微创伤累积。大负荷训练会破坏人体的内在机能，常会导致肌肉和结缔组织产生积累性微创伤。微创伤管理的主要方法是补充足够的蛋白质。运动员的膳食蛋白质的需要量通常大于非运动员，因为运动员的肌肉量更多，能量代谢需求量更大，高强度和大量训练导致的组织损伤的恢复也需要蛋白质。尽管不是所有的运动员都需要增加自己的肌肉围度，但由于蛋白质代谢的增加，运动员需要大量而稳定地摄入充足的蛋白质，以保证充分的恢复。

从营养学的角度管理疲劳的策略通常包括补充糖原、保持或补充水分，并根据运动员的体型和去脂体重补充足量蛋白质。补充碳水化合物和水，如在运动期间或运动后立即饮用运动饮料，也会直接影响运动表现和疲劳感，因此，在比赛和高强度训练期间运动员普遍选择饮用运动饮料。摄入蛋白质可能不会直接影响疲劳感或提高血糖水平，但可维持运动表现水平，确保蛋白质代谢，有利于蛋白质合成而非蛋白质分解。

疲劳与过度训练的心理学

疲劳、过度训练和耗竭（burnout）等术语在运动心理学中得到了深入讨论。教练和运动医学的专业人员应更全面地了解产生疲劳、过度训练和耗竭的心理学原因，从而减少疲劳的发生。运动心理学的研究和实际工作的重点是耗竭与过度训练综合征（overtraining syndrome, OTS）。耗竭被定义为一种心理综合征，包括疲惫（身体和情绪）、人格解体（depersonalization）、运动能力降低、个人成就感下降、抑郁、自尊水平下降，最终导致训练效率降低。过度训练包括积极的急性过度训练，又称"功能性急增负荷"，即通过集中负荷让运动员产生积极适应。而"非功能性急增负荷"最终会导致过度训练综合征。许多研究发现，训练内容、训练强度和训练负荷、恢复的质量、个人的能力以及家庭和财务状况等非训练因素，也会促使运动员出现过度训练综合征。运动员的完美主义态度和动机也与耗竭有关。训练负荷和恢复之间的平衡是防止出现过度训练综合征的主要因素。

疲劳检测方法

20 世纪 90 年代末以前，疲劳评估工作一直在临床实验室里进行。科研专业人员非常喜欢使用疲劳的主观指标。但现在，在运动科学领域中有许多低成本的方法用来评价疲劳。心率监控是一种实用检测方法，即在训练周期内记录心率，如在高强度训练中、恢复期间和早晨起床后进行心率测量。疲劳累积的最初表现是交感神经兴奋引起的晨脉增加。如果晨脉在一周或更长时间内超过基础值 10~30 次／分，就反映了运动员存在疲劳。握力是另外一种评价中枢神经疲劳的指标。只需要每天用测力计对每只手的握力进行测试。握力可以用来评估神经系统的兴奋能力。

另一种检测方法是监控心率变异性（heart rate variability, HRV）。测量心率变异性主要用于监控整体训练负荷的反应，观察训练期间的非稳态负荷。事实证明，心率变异性是一种非常有效的疲劳检测指标，教练可以用这个指标来调整训练负荷。当心率变异性变化较小时，应采取主动休息的方式；当心率变异性变化较大时，可增大训练负荷。应该指出的是，心率变异性依然是一个滞后于运动训练的指标，具有一定的局限性。其他一些自我感觉评估指标，如情绪状态曲线（profile of mood states, POMS）以及运动员生活需求的日常分析量表（daily analysis of life's demands for athletes, DALDA）等，可用于评价过度训练之前出现的情绪和行为变化。其他非传统测试指标包括血和尿生理生化指标。随着疲劳的累积，血液中的皮质激素水平会增加。可使用多种唾液和血液试纸来测量皮质醇水平。在使用时，体育科学工作者可以先获得运动员的基准值，然后用在不同的负荷量下获得的数值与基准值进行比较。运动表现水平下降是一项明显却容易被忽视的监控指标，特别是在集体类项目中更是如此。因为在集体类项目中，无法全程关注每位运动员。教练应细心注意持续两周或以上的运动表现水平下降。

单独评价疲劳没有价值，应利用所测的数据建立综合管理系统。尽管在目标训练周期内的指标分析和鉴别很复杂，但也可将其简化为有效的监督方案。关键是要选择至少 3 个能够测量的可靠指标，教会运动员如何进行自我监控和记录数据。如果确实有必要，运动科学专家可以尽可能多地使用不同的评价指标。所测的数据信息取决于决策系统的需要。将周期化训练原则与监控方案结合，可以更详细地了解训练过程、调整运动负荷、调整运动量和运动强度。在周期模型中整合生理学、营养学和心理学，实际上实现了非稳态管理。训练过程中的任何决策都应该仔细对待。

疲劳预防与监控

在训练周期中合理安排训练、测试和分析是控制疲劳及防止非功能性急增负荷转为过度训练最重要的因素。教练对运动员疲劳的管理是运动员最终能否获得成功的关键。疲劳监控的总体目标是防止疲劳超过临界阈值。虽然从某种意义上来说，疲劳会促进适应，但疲劳管理有利于提高运动表现水平。在训练中反复应用特定刺激会产生一定的累积生理效应，这些生理效应反过来影响运动员的机能状态，增加非稳态负荷。训练之外的刺激也会导致疲劳的产生，也应在监控方案中考虑。一旦停止训练，应该马上进行恢复、调整。

基于非稳态的疲劳管理的步骤和涉及因素如下。

1. 在生理、营养和心理层面进行周期整合。
   - 根据运动能力和训练年龄限制功能性急增负荷的产生。
   - 经常降低训练强度和减少训练量。
2. 根据个人恢复能力（训练日志和数据测量中获取的信息）量身定制训练计划。
3. 使用特定指标评估运动表现。
   - 评估最大可恢复训练量（maximum recoverable volume, MRV）。
   - 至少使用 3 种指标：运动表现指标、生理指标、心理或感知类指标。
   - 客观指标优于主观指标。
   - 建议的指标包括心率、心率变异性、疾病、睡眠数量和质量、疲劳感、RPE（主观用力感知）、无助感、睾酮与皮质醇比值、血肌酸激酶水平、运动表现水平下降程度和训练欲望。
4. 在测量系统中使用测试数据来评价疲劳和非稳态负荷的严重程度。
   - 与基线比较和重复测量，监控每名运动员的数据。
   - 利用趋势分析确定训练强度与过度训练的关系。
5. 指导运动员自我监控营养、日常压力、睡眠、运动表现水平以及教练所安排的训练阶段之间的不同。
6. 写训练日志，要求详细记录训练负荷、持续时间、体重、感知的健康等级、感知的睡眠等级、损伤情况、疾病等具体情况。
7. 定期检测血生化指标、选定的具体指标和自我评价数据。
8. 有效的管理。

最大可恢复训练量

与管理疲劳有关的最常见问题是：运动员的训练量应该是多少？剂量 - 反应关系的相关研究表明，在确定运动员的训练量时，要考虑很多因素。训练负荷 - 训练反应关系的相关研究表明，对运动员进行个性化的训练量安排时，教练要考虑若干主要因素；然而，相关研究似乎也表明，训练量越大，运动员提升越大。根据适应 - 疲劳模型，训练会提升体能，但同时会引发疲劳。训练量不足可能导致体能不会有较大提升，但训练量过大也会导致慢性疲劳累积，而这种疲劳会使运动员进入功能性急增负荷状态和 / 或产生过度训练综合征。伊斯泰等人（Israetel et al., 2005）曾尝试确定训练量的理论范围，用最大可恢复训练量（maximum recoverable volume, MRV）这个术语来说明最优训练量的问题。最大可恢复训练量是与非稳态负荷有关的一种方法。在使用最大可恢复训练量进行训练时，训练者应该考虑内稳态模型中的平均值。所有内稳态机制的平均值并不是设定点，而只是系统最常见的需求。随着适应能力的提高，需求的平均值也在发生变化，需要重新评估最大可恢复训练量。适应和疲劳不断发生变化，也需要进行调整。这就是在讨论最大可恢复训练量时我们不讨论具体训练负荷的原因。实际上，最大可恢复训练量考虑了适应产生的积极和消极的影响，允许操作者在不确定的范围内合理预测训练负荷。值得注意的是，几乎所有生理参数（体温、血液分配、激素水平）都有不同幅度的和与时间有关的波动，都是为了以最少的付出获得最大的生理适应。

最大可恢复训练量是运动员能够完成并能够恢复，还能提高运动表现水平的最大训练量。它是超负荷原则和非稳态管理原则之间的平衡，它确保运动员能尽力训练，但仍然处于可恢复和适应的能力范围内。该训练量的范围不仅考虑了不同时间点机体对急性训练负荷的耐受能力，还考虑了整个训练周期中急性训练适应性引起的累积变化。最大可恢复训练量考虑了训练周期开始阶段、累积阶段和计划中的功能性急增负荷期内（如果适用）的训练量范围。在评估最大可恢复训练量时，教练需要参照以下示例。对于举重中的抓举、挺举和健美等运动类型，运动员的主要训练模式都是力量训练，其他训练模式很少，最大可恢复训练量的概念相对简单，操作者只需考虑训练量即可。综合格斗（MMA）、十项全能和CrossFit 等项目要考虑运动员需要进行多样化的训练活动且还存在各项训练活动的负荷计算单位不统一的问题，包括训练量、训练距离、训练持续时间、拳击技术和投掷技术等。

在估算运动员的最大可恢复训练量时，第一步要确定可能导致疲劳和非稳态负荷的所有训练活动或应激源。其他因素如下。

- 力量训练的训练量。
- 代谢系统训练的距离或持续时间。
- 运动训练的技术和战术部分。
- 身体接触（铲球、对打、抱摔等）。
- 柔韧性和关节活动度训练。
- 速度和灵敏性训练。
- 比赛。

在以上例子中，如果我们更仔细地分析举重运动，会发现即使是这样的项目，运动员除了要完成力量训练外，还要进行专项技术动作训练、柔韧性训练和关节活动度训练等。对于这类项目，运动员的最大可恢复训练量可以简单地用力量训练负荷表示。在较复杂的项目和集体类项目中，我们要考虑专项活动、力量训练、代谢系统训练、速度和灵敏性训练以及其他影响因素。对于综合格斗这样的体育项目来说，我们需要考虑不同项目的特殊训练方法，如摔跤、巴西柔术、跆拳道等项目，还要考虑力量训练、代谢系统训练、身体接触等因素。估算运动员的最大可恢复训练量是一项艰巨的任务，但也有很多简单的方法可以用于了解运动员对训练的耐受能力。

首先，我们要理解最大可恢复训练量，先要了解恢复的真正含义。大多数生理学将恢复定义为身体恢复至基线特征（内稳态）。然而对于训练而言，在训练过程中运动员需要提高自己的适应能力（非稳态）。因此，我们讨论最大可恢复训练量时，其实是在讨论最大可适应训练量（maximal adaptive volume）。尽管训练一定会产生疲劳，但运动员仍能够恢复和继续进行训练。因为这一概念较容易理解和接受，所以教练在工作时更需要考虑最大可恢复训练量。如果在运动训练实践层面上来讨论恢复的概念，则恢复基本上是指能够再次进行超负荷训练的能力。此时，运动员可能尚未达到完全消除疲劳的状态，或任何给定的适应特征，但足以再次进行超负荷训练。

我们需要监控运动表现。具体的指标涉及现有的测试和监控方案，以及感知觉或心理评估系统中的相关指标。训练超过最大可恢复训练量的典型标志之一，是运动表现水平始终低于预期的超负荷或基线水平。有效的监控计划，必须能够从疲劳累积效应中区分 1 ~ 2 个有问题的训练日。如果训练量超过最大可恢复训练量，运动员则会在后续数次训练中表现不佳。

这种现象在举重训练时较易观察到。原来能够重复深蹲 10 次的运动员现在只能做 6 次或 7 次深蹲，或现在举起中等强度的重量也感到非常困难。技术水平和移动杠铃的速度明显下降，运动员在最大和次最大用力时能举起重量的次数减少。教练也会在运动员的场上表现或其他训练中看到类似的情况。了解最大可恢复训练量并不一定可以了解运动员疲劳的早期反应，但通过反复的试误可以了解运动员对训练的耐受能力。简而言之，其目的是了解最大训练量，以确定多大的训练量算大、多大的训练量较为合适。

教练要评估所有训练内容的训练量，并在训练过程中循序渐进地增加训练量，同时持续监控运动员的训练量。逐周增加组数和次数，直到运动员出现预警体征或疲劳累积。例如，一开始时一个训练周期中每次进行 3 组训练，然后逐周增至 4 组、5 组。如果运动员能够很好地耐受训练，就会恢复，然后在更高的基线水平开始进行另一个训练周期，每次训练从 4 组逐渐增加至 5 组、6 组。当然，不可能在一个训练周期中就测出运动员的最大可恢复训练量。对于最大可恢复训练量的再评估要放在大周期的框架内考虑，而非从小周期和训练日的层面来考虑。与训练状态相比，最大可恢复训练量的变化在很大程度上类似于剂量－反应关系。通常需要数个大周期，教练才能确定训练耐受和过度训练（最大可恢复训练量）之间的界限。运动员进行到第 4 组训练时感到非常困难，很难完成第 5 组训练，进行到第 6 组就超过了可恢复的范围。这就是最大可恢复训练量，是对运动员在不过量训练的情况下能够完成的超负荷训练量的一个合理估计值。

如前文所述，运动表现水平下降是训练量超过最大可恢复训练量的典型标志。但是，在没有其他证据支持的情况下，单独的运动表现指标可能产生误导。也可以使用生理学指标和心理指标。因此，本书作者建议使用 3 种方法来判断疲劳累积效应：运动表现、基于生物或心理的指标，以及基于心理或感知的指标。这样不仅可以确定最大可恢复训练量，还可以预防非功能性急增负荷和过度训练综合征。这是非稳态管理的本质。豪斯沃斯和穆吉卡编写的图书 *Recovery for Performance and Sport*（2013）中概述了许多有关非稳态管理、监控运动员训练安排的指标。本书作者建议使用以下指标（但不限于此）：心率变异性、疾病、睡眠时间、睡眠质量、疲劳感、主观用力感知（RPE）、淡漠感、睾酮与皮质醇比值、血肌酸激酶水平、运动表现和训练目标。

在考虑非稳态管理和恢复模式时，我们可以将最大可恢复训练量范围内的训练视为寻找额外恢复方法之前的首要方法。长期训练不足不存在恢复能力不足的问题，而长期的过度训练也不是仅仅通过额外的恢复方法就可以改善的。非稳态管理和恢复的措施需按需求层次予以实施，找出最大可恢复训练量排在第一位。关键在于尽可能多地利用超负荷训练的原则，提高运动表现水平，控制非稳态负荷。一旦确定了最大可恢复训练量，就执行原定的周期性训练的计划安排，这些策略本身就是周期概念的本质。我们将周期理论、阶段性超负荷理论和年度计划结合，管理大多数训练阶段的生理性疲劳和主动恢复。在制订计划的过程中，整合营养、放松安排和应激管理、心理调控和治疗等因素，监控整个训练过程中产生的疲劳。

最后是训练后的恢复方法。但这并不一定意味着在整个年度计划中方案不会改变，而是在运动员需要迅速恢复时选择多种方法。

该层次结构如图 8.1 所示。

长期训练不足

↓

恢复不是限制
因素

在最大可恢复训练
量范围内训练

↓

长期过度训练

↓

恢复方法不足以缓
解训练疲劳

↓

良好的指导，
周期化，
变化

←

预先计划恢复
适应策略

→

有计划的休息，
轻训练日，减
负荷，主动休
息

↓

睡眠，短睡，
放松，压力
管理

←

训练时的恢复
适应策略

→

理疗，社会
支持，同理
心

↓

体温

←

训练后的恢复
适应策略

→

压力

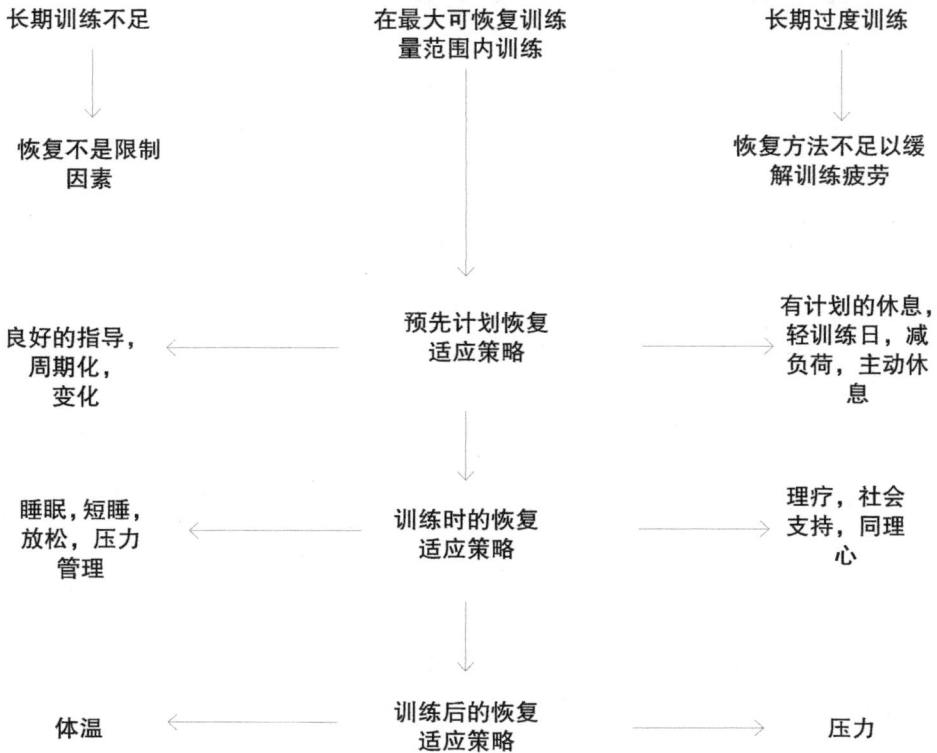

图 8.1　使用最大可恢复训练量和恢复适应进行非稳态管理的计划方法

营养考虑因素

一般说来，营养指标对于监控和预防疲劳并不是特别有效。营养指标主要起补充作用，验证运动表现、生理和心理的测试数据是否合理。主要监测的指标是食欲和体重。食欲作为监控疲劳的一项指标，在实际应用中与许多外行人的直觉恰恰相反。当运动员发生慢性疲劳累积，且还处于生理性疲劳和 / 或过度训练综合征状态时，食欲通常会显著下降，常导致饮食顺从性缺乏（poor dietary compliance），产生其他不良影响。虽然每天的饥饿程度可能不一样，但食欲的持续下降趋势可以作为疲劳累积的指标之一。

疲劳和过度训练综合征的心理表现

许多心理和知觉指标都与非功能性急增负荷和过度训练综合征有关，是监测过程必须了解的指标。由于疲劳在心理方面的迹象和症状已经在前面提过，我们将重点讨论过度训练综合征。情绪变化是过度训练早期出现的敏感信号。与过度训练综合征有关的心理因素是自尊和锻炼的动机降低、运动员在练习中／学校学习时难以集中注意力、冷漠、感到悲伤、害怕竞争、在训练时容易分心，当事情变得棘手时"放弃"，最后产生抑郁和慢性疲劳（Fry, Morton & Keast, 1991）。

为了评估和诊断上述症状，教练可以在训练中观察运动员的反应和行为。同样，运动员可以使用自我报告来评估自己对训练负荷的反应。例如，运动员被要求在训练前后对自己的心情、能量、动机和情绪状态进行评分（用利克特量表）。在训练周结束时，运动员可以分析自己在一周内的反应。根据实践经验和与运动员／教练的互动，教练可以进行初步的判断。过度训练综合征的一般症状是产生快速和不定期的疲劳、工作能力下降、睡眠障碍、缺乏活力和时发性头痛。另外，过度训练综合征的具体症状可以看作一个连续的过程。最初，运动员可能会表现为神经质、反复无常、情绪不稳定、肌肉疼痛和紧张。后来，持续的紧张表现为长期的愤怒、责备他人、不安、悲观和训练中的不稳定。最后，表现为抑郁、焦虑、缺乏自信、高度敏感、缺乏动力和应对能力。

如果运动员出现行为和反应方面的情况，可以使用更准确的心理诊断工具来测量其是否患过度训练综合征：情绪状态曲线（POMS: McNair, Lorr, & Droppleman, 1971）和心理运动表现（psychomotor performance）（反应时间）。POMS 测量 6 种短暂的情绪状态：紧张、抑郁、愤怒、活力、疲劳和困惑。过度训练的运动员通常在 PMOS 测量后，表现出反向冰山特征，这意味着抑郁、焦虑、疲劳、困惑和紧张的负面状态会加强，而活力则会下降。此外，过度训练的运动员的精神运动表现可能会受到损害。这反映在运动任务的反应时间下降上面（Nederhof, Lemmink, Zwerver & Mulder, 2007）。

过度训练综合征的诊断通常只能是回顾性的。因此，通过监测训练负荷和使用恢复手段来预防过度训练综合征是非常重要的，而在早期诊断过度训练综合征的心理症状是防止过度训练的重要组成部分。

治疗方式

非稳态管理中，我们针对特定运动项目选择合适的恢复方式。其重点是在周期整合模型中整合系统的恢复训练计划。教练可使用多种方法以提高运动员训练后的恢复效率。本书使用的术语"治疗"的定义是以可控模式来调整疲劳与非稳态负荷之间的关系。本章只讲述最实用和最有效的治疗方法。

被动恢复是所有治疗方法中最常用的治疗方法。充足的睡眠是降低非稳态负荷的主要因素，能显著促进训练后的恢复。研究表明，当长期发生睡眠改变时，几乎所有的运动表现参数的值都会下降，包括有氧耐力、无氧耐力和心理承受能力。个体所需要的充足睡眠的时间存在个体差异，美国曾在运动员进行高强度训练期间进行研究，结果显示，运动员应在整个星期内至少保持每晚 6 ~ 8 小时的睡眠时间。白天可进行短暂的睡眠，时间不超过 15 ~ 30 分钟，以防止昼夜节律颠倒和睡眠惯性。为了能主动恢复，应谨慎使用在某日完全停止训练的安排方式，也就是说，每天都应该训练。研究表明，没有任何一种食物、保健品、提高运动表现水平的药物或任何其他因素可以代替睡眠，弥补睡眠不足带来的影响。

另一种有效的被动恢复方法是指导运动员练习急性应激管理和放松。一些运动科学专家和教练认为，没有办法在训练场地使用许多恢复工具和简单、方便的放松方法。在非稳态管理的背景下，本节提到的概念及其应用可归结为以下两点。

1. 让运动员从较高水平的生理心理状态调整为较低水平的生理心理状态。
2. 在不同的时间段管理情绪反应和心理状态。

无论是身体还是心理的应激因素都会导致各种不良的健康刺激，这也是慢性疲劳的主要影响因素。目前并不明确其产生机制，但是压力过大会对机体的生理和运动表现水平产生积极和消极的影响，并且这些影响是可被测量的。我们可以利用训练期间的应激反应来增强感觉机能，提高能量消耗能力，使能量消耗超过正常静息状态的能量消耗。遗憾的是，应激反应的本质是分解代谢过程，长此以往，会破坏许多恢复适应过程，使训练过程中实际应激期间的反应幅度降低。皮质醇、儿茶酚胺和胰高血糖素升高的作用主要是产生能量，使运动员处于兴奋状态；一旦应激状态结束，这些就需要系统地逐步降低。

通常情况下，整合压力管理和放松说起来容易做起来难。在理想情况下，运动员进行训练，然后完全放松，并在一天的剩余时间里补充足量的营养。遗憾的是，这不切实际。在现实中，运动员需要在最有效的时间训练，然后放松，接着继续循环进行。将此概念融入实际训练过程，最好、最简单的方法是在训练的第二天进行全天放松，鼓励运动员放松、休息，做一些自己喜欢的事情，如看电影、给朋友发信息等。在营养补充上要采取措施，在训练结束后的 45 ～ 60 分钟内使运动员恢复到放松状态，然后及时补水和补充碳水化合物。这段时间十分重要，次级细胞信号大量产生，产生级联反应，促进训练影响的蛋白质的合成和基因表达。如果运动员同时还有工作或学习任务，必须保证一整天都保持精力充沛。当一天结束时，运动员应该努力去放松身心。在非稳态管理中，有效方法是保证全天有 1 小时的单独放松时间。

同时，需要鼓励运动员保持情绪稳定，对日常生活中的压力不要产生过度反应。在一天中，会发生各种各样的事情，导致人的压力增加，例如，在工作中遇到困难、与重要的人争吵、在开车回家的路上别人对你做出粗鲁的手势等，人们对这些琐事的反应不一。常对琐事感到焦虑或愤怒，会不断增加非稳态负荷，在计划时间内减弱应激反应，对运动员是有益的。运动员要努力管理自己的情绪去面对日常压力，避免对不太重要的事情过度情绪化，缓解焦虑情绪。运动员需要训练自己保持平静而放松的心态。尽管这说起来容易做起来难，但运动员可以通过放松和反复训练进行调节。

主动恢复过程中一般使用较小的运动负荷来促进和加强恢复，这也是一种非常有效的方式。主动恢复模式是最有效的缓解疲劳的方法，如教练可以安排轻松训练日、减负荷阶段、主动休息阶段与最佳状态和减量阶段，也可以采用其他类似的方法，如非稳态管理就是非常有效的方法。安排轻松训练日等积极的恢复方法通常比完全休息更能有效地缓解疲劳。下文将介绍一些在年度训练计划中可纳入主动恢复的最实用的方法。

计划中的和临时调整的轻松训练日是一种最简单而最有效的主动恢复方法。在轻松训练日，训练量会明显减少，相对训练强度可能小幅或适度减少，目的是减轻急性疲劳的影响。轻松训练日似乎可以促进工作肌肉的血流量增加、增强肌肉的营养补充、排泄代谢产物，有助于促进恢复适应过程，避免出现疲劳的累积。尽管运动员在轻松训练日前通常感到疲惫不堪，但在完成训练后会感到精神焕发、焦虑减轻。轻松训练日的选择较多，关键是减少训练量和降低相对训练强度。简单地改变训练内容和继续进行大运动量训练不能达到这种效果。

减少训练量的效果通常取决于运动员的训练水平和疲劳累积程度，一般说来，轻松训练日的训练量减少 30% ~ 50%。这样的减量不仅适用于体能训练，也适用于技术训练。例如，杠铃深蹲的计划是 3 组 10 次，调整为 2 组 10 次。再如正常橄榄球训练持续 90 分钟，在轻松训练日调整为 45 分钟。轻松训练日还可以降低相对训练强度。值得注意的是，对于那些技术难度大的运动，维持训练强度才能保持适当的"感觉"和熟练掌握技术。因此，通常建议只将该周正常超负荷训练的相对强度降低约 15%。例如，如果一名运动员能够完成 3 组 10 次 85% 最大负荷的杠铃深蹲，那么在轻松训练日调整为完成 2 组 10 次 70% 最大负荷。对于持续 90 分钟的正常橄榄球训练，调整为 45 分钟训练中包括正常的准备活动、传接球技术等基本技术训练以及一些较为轻松的练习，但限制身体接触和最大负荷。

值得注意的是，许多有关轻松主动恢复的研究采用步行、骑自行车和游泳等有氧训练完成。这种方法只适用于一般的体育活动锻炼者。对于运动员来说，继续进行正常的训练活动不仅可以针对主动肌进行训练，还可以强化专项技能。不要因为完成训练量非常轻松，就认为训练对于专项技能没有帮助。实际上，这意味着运动员的深蹲技术仍然保持正常，传球、接球动作流畅无失误，奔跑和冲刺技术合格。许多方法也会影响轻松主动恢复的效果。本书作者建议保持原来的训练特点，继续采用获取胜利所需的训练方法并提高运动技能，而不采用新的方式进行主动恢复。

安排减负荷阶段是另外一种方法，这时教练更全面地降低训练负荷以促进恢复。简单来说，减负荷阶段是由一系列轻松训练日组成一个微周期，通常安排在计划的功能性急增负荷阶段之后。安排这种减负荷训练阶段的目的是在持续数周的高强度训练后，缓解急性疲劳和累积疲劳。这不仅适用于物理应激，如能源物质耗竭、微创伤、神经和内分泌的不良变化，还适用于心理因素和累积的非稳态负荷。与轻松训练日相似，减负荷阶段的特征是总训练量显著降低。减少的负荷量取决于运动员的训练水平和疲劳的累积程度。负荷量减少的范围是超负荷总训练量的 30% ~ 60%（总训练量）。建议在此阶段有计划地降低训练强度，这有助于减轻心理压力，使累积的微创伤愈合。这往往与绝对负荷或努力程度相关。对于大多数运动员来说，应在功能性急增负荷期或难度阶段提升后，每 4 ~ 6 周安排一次减负荷阶段，时长为一个小周期。

主动休息阶段可能对普通人来说并不是特别重要，但却是运动员年度计划中不可缺少的部分。长时间的竞争性训练阶段会对运动员的身心健康产生不良影响，产生大量非稳态负荷。经过数月的训练后，许多运动员感到精疲力竭，甚至会对训练失去兴趣。主动休息阶段是调整疲劳和恢复的阶段。在此阶段，鼓励运动员坚持运动，但仅通过非系统化的、低强度的轻松训练保持健康，暂时停止要求严格的训练。鼓励运动员进行能够保持基本适应特征的训练，而非专项训练。通常在比赛阶段结束时安排这一阶段，然后再进入新的训练阶段。主动休息阶段的持续时间在很大程度上取决于运动员的心理应激和运动能力。年轻运动员或新手运动员可能在短短一周后就可以取得良好的效果，这有点类似于减负荷周。水平较高的运动员需要 2 ~ 3 周的主动休息时间，而高水平运动员，尤其是以力量为主的运动员，则需要 3 周甚至更长时间才能达到效果。建议大多数运动员的主动休息阶段每次约 2 周，每年 1 ~ 3 次，并根据个人需要进行调整。在完成主动休息阶段后，运动员对下一个训练周期的训练的兴奋程度和期待会显著增加。

虽然补偿性恢复方式可对促进恢复产生积极作用，但教练需要谨慎使用这些方法，因为这些方法不足以缓解非生理性疲劳和过度训练综合征。补偿性恢复方式往往以削弱训练的适应性过程为代价。特别值得注意的是热模式和压缩模式。研究表明，尽管这两种方式都可有效促进训练和比赛后的恢复，但由于具有减少自然炎症反应的相关影响，其也会减小运动员对训练的反应幅度。这些方法最适合在激烈的比赛时期使用，此时的运动表现比长期适应更重要。在非训练期间（例如一般准备阶段）应该尽量减少这些内容，身体正处于发育中的运动员和 / 或年轻运动员可能根本就不需要， 这些运动员应该更加重视养成良好的训练习惯，维持正常训练的耐受性。

营养整合

从营养角度看，疲劳恢复最有效和实用的方法就是吃东西——摄入热量。高热量状态对缓解艰苦训练导致的疲劳具有非常好的效果。大部分的疲劳是能源物质耗竭和能量失衡造成的。当教练怀疑运动员过度疲劳或处于非功能性急增负荷状态和 / 或患有过度训练综合征时，首选的处理方法之一是降低训练负荷，增加热量摄入，或两种方法同时使用，以平衡能量水平。对于体重意外减轻的运动员尤其如此。开始时每天增加 250 ~ 500 千卡的热量。如果运动员的训练负荷极大，每天可能需要增加 500 ~ 1,000 千卡的热量。

在前一实例中，我们考虑了第 2 章关于常量营养素的指南。尽管这种方法有积极效果，但我们不一定要增加 500 千卡的花生酱或牛排。如果非稳态负荷管理和恢复是主要问题，那么大部分这些额外的热量以及总热量应该来自碳水化合物。尽管蛋白质对于肌肉维持和恢复非常重要，但最重要的恢复物质是碳水化合物。每日在运动前、运动中和运动后补充大量碳水化合物；此外，摄入碳水化合物的时间也是非稳态管理中需要重点考虑的问题。血糖指数高的碳水化合物通常更容易消化、更可口，可以略微提高糖原合成的速率，此时也可多摄入。

当运动员每周的运动表现水平开始出现小幅、持续下降，感觉精疲力竭、动作迟钝，还可能感到焦虑时，体重会开始下降。教练可以让运动员进行一些轻松训练，每天增加高于基础水平 250 ~ 500 千卡的热量。主要增加的是碳水化合物，相当于每天增加 63 ~ 125 克碳水化合物。如果运动员的体重开始稳定，运动表现水平开始恢复，则可能不再需要进行恢复治疗，但仍需要持续监控。如果此时症状没有改善，教练可以采用减负荷策略，以显著降低训练负荷，同时继续增加每日热量。如果症状依然没有改善，则需要对运动员进行更彻底的分析调查。

心理整合

为避免运动员过度训练，提高运动表现水平，教练应系统地安排和实施训练恢复计划。如果运动员由于身体负荷过大而出现过度训练，则应该使用营养、按摩、被动休息（不进行训练）和主动休息（降低不同运动的训练强度，进行伸展运动）等方法进行恢复。如果导致疲劳的因素是心理因素，则选择采取渐进式肌肉放松、呼吸放松、意象、解除关联、思想管理策略（thought management strategies）等方法。对于集体类项目，应该将团体凝聚力、人际关系和情绪管理作为恢复手段。

教练应系统地应用心理策略让运动员恢复，并将其纳入训练计划。例如，必须在训练中加入数分钟的肌肉放松，训练结束时进行 10 ~ 15 分钟的肌肉放松以及呼吸放松。在一周的训练结束时，运动员应该进行放松，同时关注过去一周训练的积极指标（例如应对训练负荷和积极思考的能力）。在大自然中自然放松地行走也是一种恢复放松方式。对于集体类项目来说，运动员有时能在训练后进行 15 ~ 30 分钟的轻松慢跑，然后在返程的路上收听喜欢的音乐进行恢复。总而言之，预防过度训练综合征和从过度训练综合征中恢复的最重要因素是运动员的自我调节技能。

睡眠障碍

尽管人们常忽视睡眠障碍，但睡眠在健康和运动表现方面发挥着不可或缺的作用。恢复性睡眠对于实现最佳恢复和降低非稳态负荷至关重要。运动员在其职业生涯的各个阶段都会出现睡眠问题，尤其是在比赛和旅行期间。大多数教练通过直接观察，就很容易发现运动员的睡眠问题。研究表明，运动员始终进行高强度运动有助于保持昼夜节律。一些运动员因多种原因出现睡眠障碍。尽管目前对运动性睡眠障碍的研究不多，但现有的研究和实践经验表明运动员的睡眠时间长于那些久坐不动的人或娱乐活动爱好者。

睡眠剥夺与睡眠障碍有关，可对机体产生不良影响。研究表明，睡眠质量和时间受影响可导致精神失常、认知能力下降、运动学习能力受损、记忆受损、警觉性降低、注意力无法集中及反应能力下降。重要的是需清楚地认识到，睡眠和体力活动是交替进行而不是相互排斥的。

人们通常低估睡眠障碍的发生率。在一项研究中，研究者针对 107 名职业冰球运动员的睡眠质量和睡眠障碍的发生率进行了调查。研究人员进行了为期一年的研究性随访，使用问卷调查进行睡眠评估，然后根据需要提供咨询，使用多导睡眠图（polysomnography）进行个体治疗。研究发现，25% 的运动员存在较严重的睡眠问题。这一估计比较合理，值得参与集体类项目的教练进一步关注。

睡眠障碍的治疗方法

睡眠障碍通常是多种因素造成的，因此，标准的医疗方法不一定有效。教练也感到复杂并束手无策。如果睡眠问题严重，首先要寻求有治疗睡眠障碍经验的医生的帮助。使用运动员睡眠筛查问卷等进行评估可以发现中度睡眠障碍问题。

这种筛查旨在评估和治疗精英运动员的睡眠问题。睡眠障碍问题不是本书的讨论内容。一旦使用问卷确认了睡眠问题，运动员就需就诊，做进一步的检查。简单的治疗方法是养成正确的睡眠习惯以及明确如何调整日程以满足日常生活需求。对于经常睡眠严重不足的大学生运动员尤其如此。就诊和问卷调查可能会发现导致问题的"真正"原因。

如果体育专业人员无法确定问题，医生可以用多导睡眠图进行短期睡眠诊断。使用该方法可获得大量的信息，为运动员制订个性化治疗计划提供所需数据。请记住，周期整合的整个过程需要进行跨学科的有效沟通。所有相关科研人员都必须了解问题所在，然后向团队或就诊医师汇报。

睡眠障碍的心理因素

根据运动心理咨询的相关知识，当运动员出现睡眠困难（排除临床或医学疾病）时，应对该状况提出一般建议。训练结束时间和晚餐时间应该在睡眠开始前至少 2 小时结束。短途轻松行走（例如 20 ~ 30 分钟）、听最喜欢的轻松音乐、阅读书籍、呼吸放松和渐进式肌肉放松，以及意象（自然步行或喜爱的放松场景），都是获得良好睡眠的重要方法。可以根据每个运动员的特点、个性特征和动态情况提出具体建议。

小结

本章介绍了一种非稳态管理的整体方法。这种方法根据周期原则，结合并运用了运动生理学、营养学和心理学的相关知识。其目的不是取代训练过程的基本原则，而是丰富科研人员的技能，以使运动员取得最佳运动表现。我们认为，短期刺激转化为具体、长期而有益的适应性时，内稳态和非稳态平衡发挥了关键作用。这是通过"恒定产生的稳定性"和"变化产生的稳定性"实现的，其最终目标是提高运动表现水平。

本章探讨了疲劳、功能性急增负荷和过度训练之间的关系，重点是生理学、营养学和心理学。非稳态范式是一种使用特定方法预防疲劳、过度训练和提高运动员的运动表现水平的系统范式，教练和体能训练专家可综合使用这些方法。作为体育专业人士，在追求卓越的运动表现的同时，必须更全面地了解如何更有效地运用生理、营养和心理原则——此过程通过周期整合得以实现。

第 9 章

减量和比赛最佳状态

图德·邦帕 博士、詹姆斯·霍夫曼 博士、鲍里斯·布鲁门斯坦 博士、爱丽丝·奥巴赫 博士

运动员训练几个月的唯一目的是在有组织的运动环境中，检验自己与对手对抗的运动潜力。运动员在训练过程中承受着各种类型的压力，包括完善个人技能、提高身体能力、应对短期的神经心理疲劳等。虽然运动员在长达数月的训练期间必须培养自己克服比赛时的多重挑战的能力，但更重要的是在比赛时达到最佳运动表现水平。为了让运动员在合适的时间展示出高水平的运动表现，教练必须制定减量策略。

减量与最佳状态

减量阶段是整个训练计划中非常重要的历时较短的阶段，目的是使运动员在年度重大比赛中达到最佳运动表现水平。减量阶段的功能主要是减少运动员所承受的应激因素，以便在重大比赛之前消除年度计划准备阶段中产生的疲劳累积。通过在减量过程中降低训练强度、训练量和频率，运动员可以达到放松状态，同时使用最佳营养计划恢复身体能量储备，实现超量补偿。超量补偿应视为在重大比赛之前达到身心唤醒状态的必要条件。疲劳是一种急性反应，是训练后的直接反应，而减量的目的是消除可能干扰运动员在比赛期间展示最佳运动表现的所有生理和心理因素。

最佳状态是指运动员在比赛前达到良好的准备状态，从而为达到最佳运动表现水平提供可能。减量引发的连锁效应如下。

减量 > 超量补偿 > 最佳运动表现。

图 9.1 介绍了从准备阶段至比赛阶段的循序渐进过程，运动员在最后阶段通过赛前减量达到最佳运动表现水平。此例中，运动员为个体项目运动员，且针对的是一项赛事。对于需要完成数个比赛和减量过程的运动员，他们的准备阶段和比赛阶段安排的活动会更密集。

训练阶段	准备阶段	比赛阶段		
		针对比赛的训练	赛前 减量	重大比赛 最佳状态
时长	数月	数周（数月）	7 ～ 10 天	1 ～ 3 天
活动	技术和战术 根据主导能量系统和主导身体运动能力，通过特定的训练改善或提高适应性	针对比赛的技术和战术训练 根据运动和主导能力的具体情况，最大限度地提高训练适应性 最大限度地提高运动员的抗疲劳能力，并使其在最大的生理和心理压力下进行训练	为比赛做好准备 实施身体、营养计划和心理技术来触发超量补偿	最佳状态 超量补偿触发最佳状态
方法	增强耐力以及应对疲劳的能力 营养计划 心理策略	使用专门的训练方法，旨在最大限度地提高生理和心理能力，从而达到最高水平的适应和运动表现水平 根据主导能力和主导能量系统所需，实施营养计划 心理策略	减少生理、社会和心理应激，以进入最佳状态	应用生理学、营养学和心理学技术以取得最佳成绩

图 9.1　训练阶段的连锁效应：主要比赛前的减量和最佳状态

虽然减量和最佳状态是教练和运动员经常使用的现代词汇，但读者可能会惊讶地发现，约 2,500 年前，希腊奥林匹克运动员也使用了减量策略。您必须非常谦虚地知道我们不是最早的！有人在学术、科学和方法论领域比我们知道得更早！希腊医生菲罗斯特拉托斯在古代奥运会之前采用集群系统（tetra system）（4 天训练计划）作为运动员的减量策略。

第 1 天：简短而充满活力。

第 2 天：高强度训练。

第 3 天：放松和恢复活动。

第 4 天：中等强度训练。

我们可不是最早使用减量策略以达到最佳运动表现水平的人！现代训练知识尚有继续发展的空间！我们引以为豪的信息源于科学发现、研究和开发，也来自教练的专业知识。毫无疑问，未来属于富有好奇心、敢于挑战的人！这才是读者应该了解的内容！

减量模式

无论采用何种减量模式，其目的均是使运动员达到比赛准备状态，优化运动表现。为了达到这一目的，我们通常采用降低训练强度、训练量和频率的方法。穆吉卡（Mujika, 2009）回顾了不同研究或很多教练使用的 3 种最常用的减量模式。

1. 线性模式：连续、线性、逐渐地降低训练要求。

2. 阶梯模式：增加训练负荷的反向模式。阶梯减量是用较小的渐进幅度减少所有训练刺激。

3. 指数模式：按比例减少训练量、降低训练强度和频率。两种变式为慢减和骤减。

分析有关减量模式的现有研究似乎发现，指数骤减减量模式最有效，能够达到提高运动表现水平 4% ～ 7.9% 的效果，而阶梯模式带来的改善效果不显著，仅能提高运动表现水平 1.2% ～ 1.5%（Banister, Carter & Zarkardas, 1999; Zarkardas, Carter & Banister, 1995）。

如何实施减量，并达到最佳状态

通俗地讲，训练本身就是指达到最佳生理和心理适应水平的调节方法，用来达到比赛所需的准备状态。在理想情况下，如果通过减量训练，运动员在主要比赛之前达到最高适应水平，就会引发超量补偿，并提升运动表现水平。降低训练需求、训练量、训练强度和频率，通常有助于消除先前累积的身心疲劳，促进超量补偿。

教练在减量期间需要减少特定专项活动中使运动员感到最疲劳的训练活动。以下简要分析 3 种主要能量系统。

1. 磷酸肌酸能量系统在短期、高强度和高密度的活动中占主导地位。大多数训练活动持续 5 ~ 15 秒，由磷酸肌酸（ATP-CP）系统提供能量。属于此类别的运动是速度 - 爆发力项目，如田径中的田赛项目、短跑、体操、棒球、武术、击剑、举重等。对这些运动项目而言，导致疲劳的因素是大训练量、长时间和有氧训练活动。

2. 糖酵解系统为持续 20 秒至 2 ~ 3 分钟的运动提供必要能量，如长时间保持全力活动的比赛（田径比赛中的 400 ~ 1,500 米、100 ~ 200 米游泳、速滑）、搏击、武术、持拍类项目等。根据这些运动的具体情况，在比赛活动的早期阶段使用磷酸肌酸系统供能，然后是糖酵解系统供能，在比赛活动结束时，有氧系统也会为运动员提供能量。尽管 3 种能量系统都按特定的百分比供能，但这些运动中最疲劳的因素是有氧、长时间、不间断和持续的身体活动。

3. 有氧系统在长时间的低强度运动中占主导地位，能够持续 3 ~ 5 分钟甚至数小时不间断供能。在比赛活动的初期，由糖酵解系统提供能量，随着不间断持续时间的增加，身体依靠脂肪提供能量，最终靠蛋白质提供能量。集体类项目、马拉松、铁人三项、北欧滑雪、公路自行车等大多数运动都按一定的百分比依赖有氧系统提供能量。大多数进行长时间不间断活动的运动员都很难应付或耐受高强度训练产生的疲劳。

特别提示：请避免在减量期间让运动员进行最疲劳、非专项的活动！同样正确的是，永远不要让运动员在此期间进行尚未习惯的训练！

降低训练负荷，引发超量补偿

超量补偿有助于运动员达到最佳运动表现水平，教练可以采用 3 种策略降低减量期间的训练负荷。减量期间的训练计划的目的是消除疲劳以及避免训练带来的不良影响，而不是降低适应水平。减量策略的核心要点是：减少疲劳！

在制订减量计划时，可以考虑采用以下降低训练强度、训练量和频率的策略。

降低训练强度

- 在减量期间，进行保持适应性的训练活动（Bosquet et al., 2007）。
- 虽然应该循序渐进地降低训练强度，但仍然应该继续使运动员体验最大速度的训练（McNeely & Sadler, 2007）。这些训练会使运动员有信心进行已经习惯的训练（Bosquet et al., 2007）。
- 精力充沛而非感到疲劳对运动员的心理健康非常重要（Bosquet et al., 2007）。
- 进行高强度训练时，减少持续时间，增加休息间隔以避免疲劳。

减少训练量

- 为优化适应性，在减量期间应将减量期前的训练量减少 41% ~ 60%（Bosquet et al., 2007）。
- 在减量期间将减量期前的训练量减少 41% ~ 60%，可以最大限度地提高表现水平（Bosquet et al., 2007）。但是小于或大于 41% ~ 60% 的减量也可以提高表现水平（Mujika, 2009）。
- 适应和提高表现水平对训练量的降低很敏感（Rietjens et al., 2001）。
- 在减量期前和减量期间，消除所有生理、心理和社会应激。

降低频率

- 训练频率降低 50%，可提高运动表现水平（Dressendorfer et al., 2002）。
- 例如，有研究表明，"每天保持训练"与"每 3 天休息一次的训练"两种不同的减量模式相比，前者有更好的运动表现：运动员的 800 米成绩分别提高了 1.93% 和 0.39%（Kubukeli, Noakes & Dennis, 2002; Mujika et al., 2002）。作者认为，采用每 3 天休息一次的运动员成绩提高较少的原因在于训练量减少，且有"潜在的感觉丧失"的可能。

- 与降低训练频率相比，降低每次训练课的训练量和强度导致运动表现水平下降的情况更明显（Bosquet et al., 2007）。
- 大多数教练的习惯做法是在减量期间保持运动员已经习惯的训练频率，减少训练量并降低训练强度。

减量的益处

科学已证明，减量有益于有氧能量系统主导类项目及集体类项目等所有专项的运动员的运动表现水平提升。下面简要介绍一些科学数据。

减量对有氧能量系统的影响

- 应用减量方法减少 50% 的训练量，肌肉有氧能力增强（Neary, Martin & Quinney, 2003）。
- 降低静息心率（Dressendorfer et al., 2002）。
- 经过 7 天的减量期后，运动员的红细胞数据增加了 15%（Shepley et al., 1992），这对运动表现是有利的，因为红细胞的增加可以提高运动员的携氧能力。
- 血红蛋白浓度增加（Mujika et al., 2000）。
- 经过 4 ~ 8 天的减量期后，血液中的肌糖原浓度增加 17% ~ 29%（Neary et al., 2003），减量可使能量储备增加。
- 经过 7 天的减量期后，最大摄氧量（VO_{2max}）增加 6.0%（Neary et al., 2003）至 9.1%（Banister et al., 1999; Margaritis et al., 2003）。

减量对神经肌肉系统的影响

- 数项研究表明，减量可改善力量和爆发力（Raglin et al., 1996; Trappe, Costill & Thomas, 2001; Trinity et al., 2006）。
- 7 天的减量期可以使成绩提高 7% ~ 20%（Izquierdo et al., 2007; Trappeet al., 2001）。
- 手臂爆发力提高 10% ~ 12%，进而使运动表现水平提高 4.4%。

减量对内分泌系统的影响

- 虽然没有文献报道相应的变化，但已有报道表明，减量会引起睾酮、皮质醇或睾酮与皮质醇的比值的改善（Mujika et al., 2004）。
- 人们一直认为，儿茶酚胺激素的反应会出现良好变化——因为文献表明它可识别和监测应激、功能性急增负荷和过度训练综合征。然而这方面的研究结果尚未形成统一结论，仍需要进行更多的研究。
- 尽管减量能够改善人类生长激素（human growth hormone, HGH）和胰岛素样生长因子 - Ⅰ（IGF- Ⅰ），但目前尚无充足的文献结果予以支持（Mujika, 2009）。

集体类项目的减量：真正的挑战

　　探讨集体类项目的减量模式是一项高难度的挑战。集体类项目和个人项目之间的差异非常大，主要是因为集体类项目的运动员要在完成一定数量的比赛期间处于最佳状态。同样，针对集体类项目的科学研究及相关信息很少。科学家可以分离个人体育项目中的速度、爆发力和耐力等专项能力，却很难量化集体类项目中的这些能力。在 2016 年欧洲足球锦标赛期间，足球运动员的奔跑距离是可以检索到的唯一数据。有些球员每场比赛奔跑 11 ～ 14 千米！ 在分析集体类项目的减量方法时，我们必须考虑以下几个难点。

- 难以分离训练强度与训练量。
- 尝试量化灵敏性，这在大多数集体类项目中非常重要！如何单独量化力量和速度对灵敏性的作用？
- 职业球员连续完成为期约 10 个月的赛季。许多运动员在 2016 年的比赛阶段的持续时间为 11 个月！
- 多数运动员参加 60 ～ 70 场比赛！
- 运动员在下一赛季前何时休息/恢复？
- 运动员何时开始下一赛季的训练？
- 承受高受伤风险。

　　集体类项目的减量必须考虑更多的方面，往往比力量举和举重等力量运动更具挑战性。如前所述，减量的一个重要方面是大幅减少所有训练量。集体类项目通常包括（但不限于）力量训练、专项练习、体能训练以及在特定时间进行的任何类型的灵敏性、爆发力和速度训练。不仅是力量训练，上述所有训练内容都需要减少。也就是说，教练要逐渐减少运动员在训练场上和健身房里的训练时间，以及跳跃、冲刺和变向练习的时间（Mujika, 2007）。

由于每次训练的持续时间会减少和应激水平会降低，教练可以将整周内分散的训练课整合在同一天进行，从而在整个减量期安排明确的恢复时间。例如，教练可以不采用将力量训练课分散到一周的不同时间进行的方式，而是采用将它整合到上午 / 下午其他训练课期间进行的方式。通过这种方式可以增加运动员的恢复时间。这样的安排可降低某些内容的训练频率，从而在减量期间安排不同的身心恢复时间。

减量的持续时间

确定减量期的时长并非易事。我们现在处于科学和传言碰撞的环境之中，传统和心态影响最终决策。减量期的时长通常取决于运动员开始减量之前的状态。如果运动员在减量前的训练阶段疲劳水平高，处于功能性急增负荷状态，则减量的时长必须比正常情况长。

减量期的时长通常需要考虑消除训练导致的疲劳所需的时间。运动员从事的项目常是要考虑的因素。短跑运动员需要两周时间进行减量，赛艇运动员一般需要 5 ~ 7 天。游泳运动员经常遵循 4 周减量的习惯。博斯凯等人（Bosquet et al., 2007）认为，积极性效果和消极性效果（停训效应）的分界线似乎为 8 ~ 14 天。拳击项目有一个奇怪的传统：在 15 ~ 30 秒内以最大速度进行多回合出拳训练！这不是一个减量策略，而是一种错觉：如果你现在可以快速出拳，明天在比赛期间也能做到！

大多数教练会安排运动员进行持续 2 周至 4 ~ 5 天的减量期。持续时间过长会使运动员出现停训效应，降低先前达到的积极适应（准备比赛状态），甚至丧失日常训练的感觉。减量的持续时间通常是个性化的训练概念。

教练在执行减量策略和确定减量期持续时长时，当然应该考虑相关科学信息。穆吉卡等（Mujika, 1996）建议，睾酮与皮质醇的比值的变化与提高运动表现水平和消除疲劳累积之间存在显著的相关性。这表明恢复水平提高和超量补偿触发。据谢普利等（Shepley, 1992）报道，减量导致红细胞 - 血红蛋白水平提高。托马斯和布索（Thomas & Busso, 2005）指出，减量期间在消除疲劳和保持先前获得的训练适应之间，必有一个最佳平衡。教练在使用 10 ~ 24 天或更长的减量期时必须小心，停训效应会影响运动表现。

为比赛制订减量计划

无论是根据科研结果还是教练的经验，运动员似乎对标准减量的反应各异。必须针对单个运动员精心设计减量计划。沃拉德和希尔曼（Vollaard & Shearman，2006）建议，对减量效果的预期可能会影响训练减量的获益，减量计划不一定对所有运动员有效。从逻辑上讲，如果适应是个性化的，那么减量策略应该也是个性化的。教练在为重大比赛制订减量策略时，考虑个人反应具有实际意义。

减量计划是一项旨在引导最佳运动表现的计划，但不能指望出现奇迹。这就是教练需要重点考虑通过减量促进超量补偿，而不是减少所有训练内容的原因。这也是为什么减量、训练、营养和心理策略的综合计划是使运动员达到最佳运动表现水平的最佳途径。下面介绍几种减量的策略（Mujika & Padilla, 2003）。

两场比赛

在很多项目中，运动员在进入决赛之前需要进行多个级别的比赛。通常两场比赛之间的时间很短，如搏击、持拍类项目、田径比赛，甚至是集体类项目的比赛。这就要求教练必须制订一项恢复／再生计划，让运动员精力充沛地进行下一场比赛。在制订这种计划时，教练必须考虑营养和心理策略。以下介绍两场比赛之间的两种恢复方法（Bompa & Haff, 2009）。

1. 间隔 20 分钟的两场比赛之间的恢复。在恢复期间，运动员进行 3.5 分钟的主动休息（50%），7.5 分钟的按摩，最后 3.5 分钟进行主动恢复（50%）。
2. 训练后恢复计划持续 30 分钟，运动员进行 15 分钟的主动恢复和 15 分钟的水浸泡，并饮用碳水化合物蛋白质饮料。

在同一天或短时间内进行多次比赛之间的营养重点通常是根据营养补充时间和食物类型增加糖原。尽管蛋白质仍很重要，但除单纯的能源物质耗竭外，组织的结构损伤不太可能是成绩的限制因素。没有足够的时间再生明显受损的组织，必须强调碳水化合物的摄入以保证后续的运动表现。

　　运动员应坚持在比赛期间和比赛后立即饮用运动饮料等能够升高血糖的碳水化合物。至关重要的是，运动员在第一回合比赛结束后，按每小时每千克体重至少摄入 1 克的速度食用这些升高血糖的碳水化合物。大约 1 小时后，运动员可以转为食用能够小幅升高血糖的碳水化合物和去脂蛋白质，如希腊酸奶、巧克力牛奶、儿童谷物、去脂糖和无花果点心。运动员应该食用自己习惯的食物，避免引起胃肠道不适。例如，喝大量运动饮料可能使运动员感到饱胀、腹内充满水，而儿童麦片可能更容易消化，运动员食用后可能比较舒适。高脂肪和纤维食物可能使运动员过饱，在赛前感觉迟钝或恶心。为了找到合适的能量补充方案，运动员需要采用试误法在重大比赛之前进行尝试。

　　动机是多场比赛必不可少的要素。运动员接受挑战，然后感到疲惫。尽管如此，他们必须为下一场比赛做好准备。在职业体育领域，经济利益是决定性的动机，但对于青年和大学生运动员而言，在比赛中展示自己的运动能力、获得优异成绩是更典型的动机。 以下为针对集体类项目或个人项目所设计的比赛计划。

　　图 9.2 是每周两场比赛的标准的比赛小周期计划，常用于个人项目。请注意一周当中每天的活动建议，包括为期两天的减负荷（减少每日训练负荷）计划，以触发超量补偿，周六安排比赛。每周可能有两场集体类项目比赛，两场比赛分散或均在周末进行。图 9.3 介绍了每周两天的比赛，而图 9.4 介绍了比赛之间活动的类型。请注意，每场比赛后的第一天会安排专门的休息、恢复 / 再生。换言之，休息和恢复后再进行训练。请记住，必须像安排任何其他类型的训练一样安排休息!

小周期天数	训练需求					
	恢复 0	很低 < 50%	低 50% ~ 70%	中等 70% ~ 80%	高 80% ~ 90%	很高 90% ~ 100%
周六	比赛					
周日	休息					
周一	再生					
周二	技术训练					
周三	技术训练					
周四	减负荷					
周五	减负荷					
周六	比赛					
周日	休息					

% – 最佳成绩的百分比。

图 9.2　每周两场比赛（个人项目）的比赛小周期计划

小周期天数	训练需求					
	恢复 0	很低 < 50%	低 50% ~ 70%	中等 70% ~ 80%	高 80% ~ 90%	很高 90% ~ 100%
周一	再生					
周二	战术训练					
周三	比赛					
周四	再生					
周五	技术训练（战术训练）					
周六	减负荷					
周日	比赛					

% – 最佳成绩的百分比。

图 9.3　一周两场比赛（集体类项目）的比赛小周期计划

小周期天数	训练需求					
	恢复 0	很低 < 50%	低 50% ~ 70%	中等 70% ~ 80%	高 80% ~ 90%	很高 90% ~ 100%
周一	再生					
周二	技术训练（战术训练）					
周三	技术训练（战术训练）					
周四	减负荷					
周五	减负荷					
周六	比赛					
周日	比赛					

% – 最佳成绩的百分比。

图 9.4　一个周末两场比赛（集体类项目）的比赛小周期计划

在许多情况下，周末会连续两天安排比赛。图 9.4 介绍了比赛后和比赛前的活动，为周末比赛进行的休息 / 再生和减负荷是标准活动。图 9.5 介绍了为期一周的联赛小周期计划。在两场比赛之间进行的唯一训练是低强度的战术训练，使运动员为下一场比赛做好准备。

小周期天数	时间	
	上午	下午
周一	比赛	
周二	再生	战术训练
周三	比赛	
周四	再生	战术训练
周五	比赛	
周六	再生	战术训练
周日	比赛	

图 9.5　为期一周的联赛小周期计划

　　通常，在全国联赛和重大的国际比赛，如全国或世界锦标赛、奥运会之间，有持续数周的使运动员从全国比赛过渡到国际比赛的训练营。图 9.6 介绍了在全国联赛和国际比赛之间进行的 4 个小周期的训练活动。

小周期	1	2	3	4	5
训练范围	休息、恢复 / 再生 消除疲劳 制订营养计划 根据教练的训练目标，在每个小周期中应用必需的心理策略	体能重建	体能重建 友谊比赛，以测试运动员和团队的战术	赛前 减量 训练 下一场联赛的营养计划和心理策略	比赛开始

图 9.6　全国联赛和国际比赛之间每个小周期的建议活动

　　如图 9.6 所示，任何比赛计划的制订都是一项复杂而高度综合的活动。为实现比赛目标，必须始终制订包含预期目标的计划。

1. 休息、恢复 / 再生以消除赛后疲劳。
2. 体能重建，以避免在下一场比赛开始之前出现停训效应。
3. 体能重建，参加友谊赛，以提升团队战术协同性。

4. 赛前减量：利用训练、营养和心理策略促进比赛时的超量补偿。
5. 参与计划中的国际性比赛。

减量和最佳状态的营养考虑

尽管已有大量研究关注不同的赛前进食方案对运动表现的影响，但很少有人明确研究最佳状态和赛前减量的营养策略。对于耐力项目而言，碳水化合物补充等概念的使用得到了很好的证实，在科学和实践中受到广泛认可，近期人们还研究了脂肪适应状态的策略（Jeukendrup & Gleeson, 2010）。目前，力量和爆发力项目尚缺乏这方面的重要文献证据支持。这并不是因为已完成的研究质量很差，而是研究的数量有限，其中多数研究涉及的时长较短，不是在系统地达到最佳状态和减量情况下进行的研究。本节旨在基于有限的直接证据，以及普遍适用的大量理论依据，概述运动员在达到最佳状态和减量阶段的基本营养建议。

类似于运动和运动科学领域，运动营养学领域同样会受时尚、潮流和伪科学的影响。根据其对成绩的相对影响程度以及经验和传言，读者可能很难分辨出需要关注哪些营养领域。应该使用多少补剂？应该增加多少体重？应该食用哪类水果？应该摄入多少克某种微量营养素？尽管这些都是重要的问题，但是摄入后的作用是什么？虽然科学知识要不断更新，概念随着时间的推移不断变化，但目前我们建议运动员在达到最佳状态和减量阶段关注以下营养因素。

- 遵循先前确定的饮食模式。
- 热量平衡和保持体重。
- 优先摄入碳水化合物，补充能源物质。
- 水合作用和体液调节。

让我们谈谈如何在有效的最佳状态和减量计划中应用这些考虑因素。

遵循先前确定的饮食模式

与流行观点不同的是，最佳状态和减量阶段不是运动员养成新的饮食习惯的好时机。这可能严重影响训练过程，遗憾的是，由于减量阶段的时长较短，运动员不可能在这么短的时间内通过营养干预计划获得太大的帮助。营养专家应在训练周期的早期引入主要的营养干预措施和模式，如一般准备阶段，以便运动员有时间在任何重大比赛之前养成新的习惯。一旦运动员进入专项准备阶段，这些习惯应该已经养成并加以实践，直至延续至比赛阶段，只有在需要时再进行微调。

想象一下，教练正在指导一群体操运动员为世界锦标赛做准备。在赛前两周，在他们掌握了自己的动作模式后，教练要求运动员在动作模式中增加一个难度极大的技术性动作。有些人可能掌握并适应，而大多数人可能觉得有困难，他们需要花费宝贵的时间练习新动作，而不是掌握现有的常规动作。营养干预计划的使用与上面例子的道理相同。即使既定常规习惯并不完善或某些方面可能不甚理想，此时最好只进行小幅变动，因为任何重大变化都可能对训练过程有重要的潜在干扰。重大比赛结束后，教练、运动员和运动科学团队可以在随后的训练周期中寻找改进策略。

应该强调的是，教练和运动员不应在此阶段实施新的或运动员尚未熟悉的方案。对于通常在减量阶段增加或减少碳水化合物的摄入量，调节常量营养素的方案，运动员应该在非重大比赛中试用这些方案，这样才能在需要达到自己最佳状态的比赛期间接受并理解这些方案（Benardot, 2006; Burke, 2007; Jeukendrup & Gleeson, 2010）。对于要进行体重分级的项目，运动员应该在早期比赛前执行体重控制的方案，体验、了解恢复水合的最佳策略。此外，还包括旅程安排，因为在这种条件下获得某些食物或资源的方式与平时是不同的。教练和运动员应该做好准备，确定自己是否能够保持这些模式，或者在旅行前准备好补救措施。制定比赛的营养策略时，要避免出现措手不及的情况。

热量平衡和保持体重

在许多运动中，尤其是搏击、力量举和举重等运动，运动员需要持续改变体重直至比赛当天。在最佳状态和减量阶段改变体重也是不得已而为之，这件事本身是与此阶段的目标相悖的。什么是最佳状态？对于该训练周期，最佳状态表示运动员的运动技能和战术、适应性特征和心理准备达到最佳状态。具有讽刺意味的是，改变体重可能对上述所有方面产生不良影响。

在实践中，我们利用前馈和反馈机制不断改进运动技能和技术。重要的是，运动员尤其是高水平运动员在最佳状态和减量阶段应保持对技能和技术的"感觉"或熟悉程度。尽管这些技术"感觉"可随体重的显著变化而改变，有时变好、有时变坏，但是已建立起来的感觉若出现不一致则会导致问题。例如，足球运动员能够断球、对抗对手的身体接触，橄榄球运动员能够在争抢中保持姿势，或者举重运动员能在最大限度下蹲时做动作。体重变化可能略微改变上述技术或能力。

体重变化可能会对体能产生潜在影响。这里，值得教练特别注意的是力量、爆发力 - 体重比、代谢效率等。尽管变化可能是积极或消极的，但教练应该设法避免运动员出现运动表现波动。在最佳状态和减量阶段，运动员在多种不同场景中应该对移动速度、跳跃高度以及发力能力感到满意，在非必要情况下不应该再进行纠正或调整。同样重要的是，教练需注意此训练阶段的目标是缓解积累的疲劳，最大限度地发挥运动员潜在的适应性特征。赛前数周应调整运动员的体能状态，将其转化为运动表现。在此过程中体重显著变化会增加额外的变数，进一步延迟这一过程，可能影响运动员获得比赛所需感觉。研究已充分证明，低热量节食产生的疲劳会使身体能力下降（Loucks, 2004）。赛前限制大量热量摄入会对技术、速度、爆发力和力量直接产生不良影响，是运动员的运动表现的主要限制因素。

在最佳状态和减量阶段，运动员的最后一个问题是继续改变体重的策略。如前所述，尽管短期调整应该已经驾轻就熟，但是担心体重过重或过轻是一种不良干扰。如果运动员在赛前继续努力调整体重，肯定不可能尽力专注于比赛本身，他们可能会自己寻求其他训练和营养方法来调整体重，如进食至感到胃肠道不适、进行额外的有氧运动、感受饥饿或脱水。缓解疲劳是最佳状态和减量阶段的主要目的，上述方法不仅不能缓解疲劳，还会产生不同程度的疲劳，继续增加疲劳，不利于运动员的表现。

鉴于此，我们通常建议运动员在最佳状态和减量阶段保持热量摄入不变。这种策略应该开始于专项准备阶段，并持续到训练周期或者所有重大比赛结束之后。在这段时间内，运动员的体重应保持稳定，包括正常的日常波动。对于划分体重级别的体育项目，运动员应在赛前 1 ~ 2 个月内达到体重在理想比赛体重的 1% ~ 2% 以内——这取决于运动员专项准备阶段的安排。这样做可以使训练免受身体成分改变的不良影响，运动员仍能改变最终体重，而不必采取可能影响运动表现的较激进的方法。维持热量摄入稳定只需监测热量摄入量和运动员的体重即可。

优先摄入碳水化合物

碳水化合物几乎是所有运动和练习的主要能源物质。多年来，文献和实践都已充分证明了其对提高运动表现水平的作用。没有补充损耗的碳水化合物或故意限制碳水化合物摄入的运动员，其运动表现水平会下降或低于高碳水化合物摄入的运动员（Benardot, 2006; Burke, 2007; Burke et al., 2001; Burke, Kiens & Ivy, 2004; Cermak & van Loon, 2013; Gropper & Smith, 2012; Hausswirth & Mujika, 2013; Jeukendrup & Gleeson, 2010）。碳水化合物也是运动员在运动后建立恢复适应过程的重要因素（Burkeet al.2004; Cermak & van Loon, 2013; Hausswirth & Mujika, 2013; Howarth et al., 2010; Zoorob et al., 2013）。因此，补充内源性碳水化合物储备在最佳状态和减量阶段至关重要，可确保运动员最大限度地发挥能力，提升运动表现水平，为恢复适应过程提供有利的条件。

以前的研究非常强调碳水化合物摄入时间和碳水化合物来源；较近的研究似乎对碳水化合物的摄入时间和类型并不是那么严格（Aragon & Schoenfeld, 2013; Beelen et al., 2010; Mondazzi & Arcelli, 2009; O' Reilly, Wong & Chen, 2010; Zoorob et al., 2013）。在优化营养策略时，这些因素似乎确实有意义并值得考虑。研究者的建议主要包括训练时优先摄入碳水化合物（训练前、训练期间和训练后）。在最佳状态和减量期，一般建议运动员在训练前 1~3 小时食用富含碳水化合物的食物，包括高和低升糖指数的碳水化合物——这取决于进餐与训练之间的时长。运动员还应考虑在持续时间超过 1 小时的训练期间饮用中 / 高升糖指数的碳水化合物饮料，时间短的训练则非必需。最后，运动员应在训练后立即以每小时每千克体重约 1 克的量摄入富含碳水化合物的膳食，最好是能适度或大幅升高血糖的食物（Beelen et al., 2010）。

尽管在最佳状态和减量阶段采用的方法应该与先前在专项准备阶段采用的方法非常接近，但其中的差别在于最佳状态和减量阶段的碳水化合物在每日总热量中占相对较大的比例。因为碳水化合物与运动表现和恢复密切相关，所以可略微减少其他来源的热量，以确保为运动员达到最佳运动表现水平创造条件。为保持肌肉量，通常每日蛋白质摄入量不应低于每天每千克体重约 1.3 克的水平（Leidy et al., 2015; Westerterp-Plantenga et al., 2009 ）。通常情况下，每日脂肪摄入量更为灵活，其对运动表现的影响小于碳水化合物和蛋白质，在短期内可显著降低它的摄入量，用碳水化合物替代。作为一种指导性启发原则，由于可能导致不良的内分泌反应和关节问题，运动员每天的脂肪摄入量不应长时间低于每千克体重约 0.66 克，但由于最佳状态和减量阶段的持续时间实际上通常较短，减少脂肪而优先摄入碳水化合物大多在短期内是有利的（Bardner & Shoback, 2011; Borer, 2013; Hamalainen et al., 1984; Hamalainen et al., 1983）。研究发现，力图使运动员提升脂肪适应状态的方案对一些生理变量具有积极效果。但通常情况下，这样做的代价是运动表现水平下降。虽然未来对脂肪适应方案的研究可能更多地阐明其用途，但鉴于高碳水化合物方案已得到众多支持，目前很难对其提出异议。

水合作用和体液调节

在整个训练过程中水合作用至关重要，最佳状态和减量阶段也是如此。液体流失导致体重略微减轻（1% ~ 2%）和运动表现水平下降，如果程度继续加深则可发生痉挛（2% ~ 5%），直至心率变化和产生幻觉（7% ~ 10%）（Benardot, 2006; Casa et al., 2000; Hausswirth & Mujika, 2013; Jeukendrup & Gleeson, 2010; Judelson et al., 2007; Maughan & Shirreffs, 2010）。毫无疑问，在最佳状态和减量阶段，促进水合作用、补充损耗的液体和电解质至关重要。年龄较大的运动员通常可以合理地应对口渴、促进水合作用，而在炎热环境条件下训练的年轻运动员或普通运动员可能需要更加注意水合作用。一般的建议包括，在运动前和运动后饮水，饮用水量约为损耗量的 1.5 倍，直到大量排出清澈的尿液。补水量需要根据运动量和强度以及运动条件进行调整。在炎热条件下训练和比赛的耐力型运动员也应考虑补充损耗的电解质，预防低血钠症。

在体重分级类的体育项目中，为了在重量级别上达到最大净体重，运动员经常采用的是"减少水的摄入以去除最后的多余重量"的方法。在最佳状态和减量阶段，为了达到比赛体重，减少水的摄入是一种有效策略。但是，这种策略有局限性，体现在减少的量及之后留给运动员补水的时间上。巴西柔术等项目通常会采用赛前称重的方式，在这种情况下运动员几乎没有时间补水；而其他运动则在24 小时前称重，有更长的时间进行补水。一般来说，水合作用充足的运动员可以在不导致任何重大医学并发症的情况下减少超过 5% 的体重。不过，由于会增加健康风险，不建议运动员减少 ≥ 7%的体重。请记住，上述数字并不意味着运动表现水平不会下降，完全再水合的时间可能需要超过 24 小时。

基本的减水方案通常涉及在最佳状态和减量阶段减少水、碳水化合物和钠的摄入量。运动员会以糖原的形式存储相当多的碳水化合物，因此，他们通常会在比赛的 5 天前开始低碳饮食，直到赛前称重。钠与碳水化合物类似，常常会增加细胞的水合。通常在比赛之前的两天大幅减少钠摄入量，一直持续到赛前称重。最后，通常只需要在赛前 24 小时实际减少水的摄入量，一直到赛前称重。一些运动员选择在赛前数周开始减少水的摄入量，但这可能导致长期脱水，没有任何益处。高级方案可在比赛之前一周补水，以增加水分流失量，但这应该获得医生批准，并在经验丰富的教练的密切监督下进行。

所有减少体液的方案都有潜在危险，应该获得医生批准。在减少水的摄入量和赛前称重之后，运动员应该摄入水、碳水化合物以及富含钠的食物，如运动饮料、果汁、儿童麦片、冷冻酸奶或苏打水。

减量和最佳状态的心理支持

在多数个人和集体类项目的比赛阶段，运动员或团队需要达到多次最佳状态。个人项目的运动员在一个赛季中需参加 10 ~ 20 场以上的比赛，集体类项目运动员在一个赛季期间需参加 40 场以上比赛（例如，足球和手球），有时甚至会参加超过 70 场比赛（例如，篮球）。此外，运动员在一个赛季期间，还要参加重要比赛（例如，欧洲锦标赛或世界锦标赛、NBA 季后赛）和其他比赛（例如，联赛）。在针对比赛减量并达到最佳状态的过程中，运动员必须在数月内"全力以赴"，同时要避免受伤、保持强烈动机以及高度的自我调整能力、自信和专注水平。

针对比赛的减量阶段的持续时间可能是 7 ~ 10 天（Bompa & Haff，2009）。运动员在此期间的所有准备工作（身体、心理、技术和战术）应该有效而精准。重要的一点是，在 7 ~ 10 天内，与训练量、强度和持续时间有关的身体负荷降低，而心理紧张加剧。心理紧张加剧的主要原因可能是训练常规和负荷发生变化、比赛条件和比赛结果的不确定性以及媒体关注。其他刺激可能是睡眠，消极想法，生活压力（例如，家庭、经济和关系），与教练（团队成员）、媒体的矛盾，旅行问题（例如，飞行时间、时差调整），以及比赛地的训练、比赛条件（例如，天气和设备）。

这 7 ~ 10 天中的心理支持可分为 4 个阶段。第 1 个阶段是适应阶段，其时长会根据飞行时间的长短持续数日。运动员在此期间必须适应训练场地和当地条件，如天气、时区和食物。此阶段的心理支持包括练习和完善达到最佳运动表现水平所需的主要心理技术。具体内容可以是放松、意象（技术和战术演练）、专注和自我对话。建议心理工作者在运动员进行心理训练的过程中使用生物反馈技术，以增强运动员的自信心。心理练习可在酒店房间或训练场所进行，重点是提高运动员自己练习心理技能和技术的能力。

第 2 个阶段是在赛前两天进行赛前心理准备。从身体和心理角度看，此阶段的目标是帮助运动员恢复正常的训练节奏。此阶段，运动员的心理训练不仅要在心理咨询室进行，还要在训练场所、练习前后进行。这可以强化心理技术与运动表现之间的联系，提高运动员在赛前几天的自我调节和自我控制能力。在此阶段，评估取得最佳运动表现的心理变量是必不可少的。运动员可以通过进行一系列心理训练和取得特定的结果来实现这一点，这当然与不同项目的运动员的心理准备相关。

第 6 章介绍了使用反应训练计划练习的步骤。对于表格中的结果，重要的是注意（快速和慢速反应训练）比率数据。在单一反应训练模式中，柔道（运动员）进行 10 次练习（9 次快速和 1 次慢速）。在选择和区分性反应训练模式中，注意力是运动员训练的关键点，该比率是基于 10 次练习而不是 20 次练习得出的。

模拟训练练习计划包括两种运动训练：（1）"停止 – 反应"练习（stop reaction exercise, SRE）；（2）"时间再现"练习（time reproduction exercise, TRE）。在进行"停止 – 反应"练习时，运动员手持一个秒表，拇指按下开始 – 停止按钮。本练习的主要目标是尽可能快地启动和停止计时。运动员必须学会放松肌肉，专注于动作，同时达到肌肉紧张和必要的注意力水平之间的最佳平衡，这样才能取得良好的结果。在进行"时间再现练习"时，要求运动员在不看计时器的情况下能够判断出 5 秒的时间。运动员先做 3 ~ 4 次尝试，之后正式做 5 次练习。目标是尽可能让自己的判断与实际情况一致（见图 9.7）。

	柔道	跆拳道	韵律体操	游泳	赛艇
反应训练计划			不适用	不适用	不适用
10 简单	115 ~ 145 比率：9 ∶ 1	127 ~ 130 比率：8 ∶ 2			
20 选择					
20 区分性	140 ~ 168 比率：8 ∶ 2	140 ~ 164 比率：8 ∶ 2			
	127 ~ 136 比率：9 ∶ 1	122 ~ 138 比率：9 ∶ 1			
模拟训练练习计划 停止 – 反应练习（SRE）	0.6 ~ 0.7 秒	0.6 ~ 0.8 秒	不适用	0.11 ~ 0.13 秒	0.13 ~ 0.14 秒
时间再现练习（TRE）	4.94 ~ 5.06 秒 （±0.06）	4.95 ~ 5.05 秒 （±0.05）	4.95 ~ 5.05 秒 （±0.05）	4.97 ~ 5.03 秒 （±0.03）	4.94 ~ 5.06 秒 （±0.06）

	柔道	跆拳道	韵律体操	游泳	赛艇
Δ GSR（kΩ）（30 秒，1 分钟）	Δ 600 ~ 700（1 分钟）	Δ 600 ~ 650（1 分钟）	Δ 450 ~ 500（30 秒）	Δ 500 ~ 600（30 秒）	Δ 500 ~ 600（30 秒）
意象期间的运动时间	不适用	不适用	个人：1.29 ~ 1.30 团队：2.29 ~ 2.30	接近个人最佳时间	接近个人最佳时间

图 9.7　评估与最佳运动表现相关的心理准备指标

　　另一种指标是皮肤电流反应（galvanic skin response，GSR）。进行这种生物反馈练习时，要求运动员放松，然后注意力集中一段时间（例如，搏击运动为 30 秒，其他运动为 60 秒）。达到的数值表示运动员的自我调节能力。最后一个练习是想象训练。训练目标是在理想的比赛时间内想象一个流畅的动作。例如，100 米游泳的个人最佳成绩的时间，或在比赛规定的时间限制内（例如，1 分 30 秒）完成一个体操常规动作。在某些情况下，教练和运动员都应该对运动员的准备工作进行必要的更改，以改善未达到上述要求的情况。例如，基于图 9.7 的反应训练计划和模拟训练练习计划的测量值，使运动员了解速度决策、专注以及在专注和放松之间取得最佳平衡的能力。如果运动员在这些练习中表现不佳，就必须更加关注技术细节（尤其是比率为 7∶3 或 6∶4 的反应训练计划），在即将到来的搏击运动的热身准备和战术准备中进行更正。在整个比赛过程中，运动员可能取得反应训练计划和模拟训练练习计划的最佳表现。例如，第 1 次柔道比赛获胜后在为第 2 次比赛做准备的过程中，运动员"停止 – 反应"练习的成绩达到 0.6 秒，"时间再现"练习的 3 次尝试结果为 4.97 秒、5.01 秒和 4.96 秒。

　　图 9.7 中的数据是基于各体育项目以及和国家精英运动员合作的 40 多年经验得出的（Blumenstein & Orbach, 2012a, b）。在进行个人心理训练时，运动员练习第 3 章和第 6 章所述的心理技术。心理准备包括 LMA 三维法、反应训练计划和模拟训练练习计划。例如，在搏击项目中，运动员使用专注技术可以提高有效忽略外部干扰的能力，使用表现技术则可以帮助运动员回顾为准备比赛练习的一些新技术。表象训练（只想象成功的表现）的时长可以是专项比赛的时长（例如，女子柔道比赛 4 分钟，跆拳道比赛 2 分钟共 3 个回合）。反应训练计划用于使运动员在运动回合、比赛和搏击之间保持冷

静和放松。要求运动员在每晚独自在房间内时，练习意象和自我对话，记住即将到来的训练内容。最后，进行 10 分钟的肌肉放松。

　　通常在赛前最后两天（包括比赛日）进入第 3 个阶段，进行特定的心理准备。此阶段的重点是运动员为重大比赛做准备，重点是比赛的第一部分（例如，预赛、热身、资格赛和首场比赛）。在有限时间内练习心理技术，尤其是模拟特定运动的比赛，重点是制订比赛初期使用的比赛计划。通常结合、应用自我对话（例如，"我准备好了""我很冷静地专注于技术表现""我能做到"），在与第一个对手比赛时使用意象、积极思维（例如，"记住：想好再干"）、简短的反应训练计划和模拟训练练习计划，以及用皮肤电流生物反馈仪器放松，增强自信心，为比赛做好心理准备。值得注意的是，准确的客观指标，如反应训练计划、模拟训练练习计划和皮肤电流生物反馈训练，可使运动员了解自我调节能力、注意力和准备情况等信息，对运动员的最佳心理状态的形成产生积极影响。运动员在赛前的最后 24 小时内进行赛前活动程序（precompetitive activity routine, PCA-R），包括动作、思维和程序的具体操作。赛前活动程序帮助运动员达到最佳的心理准备状态，调节情绪，增强自信心。赛前活动程序基于运动员对积极表现经验的回顾，运动员从中选择与过去获胜经验相关的赛前活动、行动、思维和心理策略等不同要素，例如，放松、自我对话、意象、习惯穿着的衣物，以及坐在公共汽车上的特定位置、食物、热身的时间长短和内容、赛前 24 小时进行的各种日常活动和仪式。在集体类项目中，运动员将自己的个人准备活动程序与团队的日程安排相结合，如团队会议、小组会议（例如，防守和进攻）、与教练交谈以及团队热身。

　　运动员可在实际比赛前不久演练运动前常规，达到最佳的身心状态以达到最佳运动表现水平（更多详情见第 3 章）。运动前常规是运动表现的重要组成部分，在此期间运动员运用自己的行为、思维和情感，为运动做好准备。一般情况下，运动前常规是运动员（团队）在实际运动之前为进入"状态"对所做、所思、所感进行的程序化演练。心理学文献描述了许多不同项目的运动前常规（Blumenstein & Orbach, 2012b; Lidor, 2007）。例如，篮球的赛前常规包括在实际投篮之前控球、自我对话、运球和将注意力集中于篮筐等。足球点球射门的运动前常规包括采取积极的态度、深呼吸、观察守门员位置、做出罚球射门的决定、想象罚球射门取得成功以及进行罚球射门。100 米游泳冲刺的运动前常规包括积极的自我对话、想象冲刺、深呼吸以及肌肉放松、对爆发用力的期待、对开始命令做出反应，以及专注于开始动作和信号等。

运动员需要自动、快速而准确地演练运动前常规。在此期间应用的所有心理技术必须简短（例如，放松 5 ~ 10 秒）、准时、时机恰当，还应注意力完全集中和高度自信。在比赛中，特别是在田径比赛中，运动员寻求场内观众的掌声支持，以便在试跳 / 投之前优化、激发自己的状态。换言之，掌声改变了运动员的运动前常规，这在赛前并没有练习。尽管运动员受到掌声激励，但可能无法完全专注于运动技术。

运动员无法控制掌声节奏，而且它与运动员的动作节奏无关。在某些情况下，只有高度自律和具有稳定技术的运动员才能使用这种支持。总之，运动前常规具有个体特点，与运动员的经验和比赛需求相关。

最后一点，动作表现完成之后的活动，包括刚完成动作表现的分析和以便运动员为下一次努力做好准备的行动，这可能始于前一次尝试后数分钟或几小时（例如，格斗运动的对抗、田径运动的跳跃）。在此时期，运动员对刚刚出现的情况进行首次自我评估，应强调对接下来运动表现有利的积极因素，总结下一次尝试、对抗和投篮中需改进的地方。在即将演练运动前常规之前，运动员提前计划采取什么样的行动和想法进行对抗，以便保持情绪和身体能量。在多数情况下，运动员进行肌肉放松、呼吸、意象或只是步行和听音乐等活动。在即将比赛时，运动员开始短暂的热身和运动前常规。

第 4 个阶段是在比赛后一天或两天进行恢复。此阶段的目标是帮助运动员从比赛期间的极端身心付出中恢复。每名运动员在此阶段进行 1 ~ 2 次 30 分钟的心理康复训练。训练内容包括分析比赛结果的积极面和消极面，以及听音乐时的放松技术。完成比赛回国后，建议召开几次个人 / 团队会议，讨论未来与运动心理学顾问的合作以及下一次比赛的新目标。

个人和集体类项目不同常规活动和恢复技术

本节根据数个比赛计划讨论个人和集体类项目的不同赛前活动常规 / 运动前常规和恢复技术。

1. 为期一天的个人项目比赛计划。例如，在搏击类项目（例如，奥运会比赛）中，比赛当天包括 64 进 32、32 进 16、16 进 8 的淘汰赛和四分之一决赛，之后，休息数小时后，继续进行半决赛和决赛。运动员首先要准备第一场比赛，获胜后休息约 40 分钟，恢复能量和制订战术计划，为下一场比赛做好准备。运动员的目标是在下一场比赛开始时保持注意力高度集中并且要有自信。在此段时间内，运动员在心理上脱离先前的比赛，用身心理疗技术（例如，按摩）恢复能量，进行肌肉放松，之后确定下一场比赛的心理策略和战术计划。然后进行热身和运动前常规活动。此外，补充 / 复活赛、半决赛和决赛之前的休息时间可能会持续数个小时。在此期间，运动员通常停留在热身区域或找一个安静的房间睡觉和放松（有时听自己最喜欢的音乐），摄入清淡的食物，接受放松按摩和 / 或深层肌肉放松（20 ～ 25 分钟）。在此期间，重要的是要避免谈论比赛，只接触身边的工作人员。运动员在比赛开始前大约 1 小时进行常规热身，通过自我对话引发积极的态度（"我感觉不错""我精力充沛""我感觉良好"）。运动员应该在乐观而热情的氛围中与陪练伙伴进行柔道练习和轻松的活动，应该专注于专项柔道准备运动，以增强自身的注意力和自信心。之后，运动员和教练应该讨论和练习即将开始的搏击比赛中的主要战术动作，接着是短暂的局部放松和对成功比赛表现的想象。最后，运动员准备以自信、专注而明确的战术计划进行比赛。

在田径比赛的资格赛期间，运动员有 3 次尝试三级跳和投掷的机会。运动员在第一次尝试前进行运动前常规活动，在各次尝试之间进行简短的运动前常规活动，包括短暂的热身和局部放松、积极的自我对话（"我还有一次机会，保持冷静""我现在可以做到"），想象理想运动技术表现，最后集中注意力。在各次尝试之间，应用上述的运动前常规。

2. 为期一天的集体类项目比赛计划。集体类项目的赛前常规活动和运动前常规包括个人和团队常规，这些都受到各种文化、地区（俱乐部）和社会差异的影响。集体类项目中个人的赛前常规活动有一些非常重要的必备内容：（1）在赛前睡个好觉（约 8 小时），中午睡 1 ～ 2 小时，然后在前一天晚上准备物品；（2）在前一天晚上想象比赛片段（表现良好时的情况），做好心理准备，应对第二天发生的情况；（3）常规进餐；（4）积极的思想和平静的状态（例如，听喜欢的音乐或看电影）；（5）根据"同一个团队，同一种信念"形成积极而强大的团队凝聚力。集体类项目的赛前常规活动应特别强调团队凝聚力。嘱咐有经验的运动员与年轻运动员进行交流，让经验丰富的队员承担团队协作的责任。教练在这一时期发挥主导作用，他们要在运动员上场之前召开个人和团队会议，激励运动员。

足球比赛之前的常规活动还包括个人 / 团队与教练举行会议，从酒店乘大巴以及在更衣室做准备。还有球队热身，包括标准练习以及比赛开始前 10 ～ 15 分钟的练习。球员回到更衣室穿上球衣和护腿板，然后出去开始比赛。赛前常规活动和运动前常规的主要目的是帮助运动员建立自信、形成专注而放松的心态，使其相信自己的能力，自如发挥。

3. 持续 2 ～ 3 天的比赛计划。包括一天的资格赛，然后暂停一天或数天，接着进行半决赛和决赛。运动员使用赛前常规活动和运动前常规达到理想的状态，减少心理和体力的付出。然后，在进入半决赛（决赛）后，运动员进行放松和恢复活动，以便更好地为比赛做准备。在练习之后，运动员每天下午在房间内放松 25 ～ 30 分钟。运动员可以阅读书籍、看电影、玩计算机游戏，以及进行轻松的体育活动、休闲活动。这段时间的主要目标是保持乐观和高度职业习惯，避免对即将开始的比赛产生负面想法。教练可以要求运动员以集体练习的方式或在自己的屋里（不是在睡觉前）进行对最佳运动表现的想象（10 ～ 15 分钟）。

4. 搏击运动中快速减重的赛前常规活动。搏击运动员根据体重划分级别。许多运动员在短期内急剧减轻体重，试图在与体重较轻、体型较小、力量较弱的对手比赛时占据优势。在大多数搏击运动中（例如，摔跤、柔道和跆拳道），快速减重是普遍现象，是赛前常规活动。多数运动员报告自己在赛前称重前一周内，体重最多减轻约 5%。通常情况下，有多种减轻体重的方法，例如蒸桑拿、减少能量摄入以及称重前一天禁食。值得注意的是，迅速减重使运动员愤怒、疲劳和紧张的程度提高，身体活力降低（Hall & Lane, 2001）。 赛前常规活动（通常禁食一天）的心理支持包括目标设置和运动动机、练习自律和自我控制、肌肉放松，以及改变思维并注重行为改变。建议运动员在此期间参加轻松的活动，如听喜欢的音乐、阅读、轻松谈话（避免谈论食物）和玩计算机游戏。

　　综上所述，以下内容总结了比赛期间减量和最佳状态等心理支持的主要考虑因素。教练和运动员的关系良好是成功实施上述内容的基础。教练在赛前常规活动（尤其对于集体类项目）和运动前常规活动中起主导作用。运动心理咨询师实践并确保运动员完善自己的心理技术，为运动员和教练设计比赛行为模式，最后纠正可能出现的错误。在实际比赛前的最后一天，教练是最接近运动员的人，发挥着主要作用。最终，教练和运动员在实际比赛中使用上述心理计划。运动心理咨询师为运动员和教练提供支持，完成咨询工作。因此，运动员、教练、运动心理咨询师之间的充分合作是运动员获胜和达到最佳运动表现水平的重要因素。

参考文献

Acharya, J., & Morris, T. (2014). Psyching up and psyching down. In A. G. Papaioannou & D. Hackfort (Eds.),*Routledge companion to sport and exercise psychology: Global perspectives and fundamental concepts* (pp. 386–401). Hove, East Sussex, UK: Routledge.

Achten, J., & Jeukendrup, A. E. (2003). Applications and limitations. *Sports Medicine, 33*(7), 517–538.

Amann, M. (2011). Central and peripheral fatigue: Interaction during cycling exercise in humans. *Medicine & Science in Sports & Exercise, 43* (11), 2039–2045.

Anshel, M. H., & Payne, J. M. (2006). Application of sport psychology for optimal performance in martial arts. In J. Dosil (Ed.), *The sport psychologist's handbook: A guide for sport-specific performance enhancement* (pp. 353–74). Inglaterra: John Wiley & Sons.

Antonini-Philippe, R., Reynes, E., & Bruant, G. (2003). Cognitive strategy and ability in endurance activities. *Perceptual and Motor Skills, 96* (2), 510–516.

Aragon, A. A., & Schoenfeld, B. J. (2013). Nutrient timing revisited: Is there a post-exercise anabolic window? *Journal of the International Society of Sports Nutrition, 10* (1), 5.

Balague, G. (2000). Periodization of psychological skills training. *Journal of Science and Medicine in Sport, 3* (3), 230–237.

Banister, E. W., Carter, J. B., & Zarkardas, P. C. (1999). Training theory and taper: Validation in triathlon athletes. *European Journal of Applied Physiology, 79*, 182–191.

Bar-Eli, M., & Blumenstein, B. (2004). The effect of extra-curricular training with biofeedback on short running performance of adolescent physical education pupils. *European Physical Education Review, 10* (2), 123–134.

Baxter-Jones, G., & Maffulli, N. (2003). Endurance in young athletes: It can be trained. *British Journal of Sports Medicine, 37*, 96–97.

Beauchamp, M. K., Harvey, R. H., & Beauchamp, P. H. (2012). An integrated biofeedback and psychological skills training program for Canada's Olympic short-track speed skating team. *Journal of Clinical Sport Psychology, 6*, 67–84.

Beelen, M, Burke, L. M., Gibala, M. J., & van Loon, L. J. C. (2010). Nutritional strategies topromote postexercise recovery. *International Journal of Sport Nutrition and Exercise Metabolism, 20* (6), 515–532.

Behringer, M., Vom Heed, A., Yue, Z., & Mester, J. (2010). Effects of resistance training in children and adolescents: A meta-analysis. *Pediatrics, 126* (5), e1199–e1210.

Bellisle, F., McDevitt, R., & Prentice, A. M. (1997). Meal frequency and energy balance. *British Journal of Nutrition, 77*, S57-70 (suppl. 1).

Benardot, D. (Ed.). (2011). *Advanced sports nutrition*. Champaign, IL: Human Kinetics.

Blumenstein, B., Bar-Eli, M., & Tenenbaum, G. (1995). The augmenting role of biofeedback: Effects of autogenic, imagery, and music training on physiological indices and athletic performance.

Journal of Sports Sciences, 13, 343–354.

Blumenstein, B., Bar-Eli, M., & Tenenbaum, G. (1997). A five-step approach to mental training incorporating biofeedback. *Sport Psychologist, 11,* 440–453.

Blumenstein, B., Bar-Eli, M., & Tenenbaum, G. (Eds.). (2002). *Brain and body in sport and exercise: Biofeedback application and performance enhancement.* Hoboken, NJ: Wiley.

Blumenstein, B., & Lidor, R. (2004). Psychological preparation in elite canoeing and kayaking sport programs: Periodization and planning. *Applied Research in Coaching and Athletics Annual, 19,* 24–34.

Blumenstein, B., Lidor, R., & Tenenbaum, G. (2005). Periodization and planning of psychological preparation in elite combat sport programs: The case of judo. *International Journal of Sport and Exercise Psychology, 3,* 7–25.

Blumenstein, B., Lidor, R., & Tenenbaum, G. (Eds.). (2007). *Psychology of sport training.* Oxford, UK: Meyer & Meyer Sport.

Blumenstein, B., & Orbach, I. (2012a). *Mental practice in sport: Twenty case studies.* Hauppauge, NY: Nova Science Publishers.

Blumenstein, B., & Orbach, I. (2012b). *Psychological skills in sport: Training and application.* Hauppauge, NY: Nova Science Publishers.

Blumenstein, B., & Orbach, I. (2014). *Biofeedback for sport and performance enhancement.* Oxford Handbooks Online. New York, NY: Oxford University Press. doi:10.1093/oxfordhb/9780199935291.013.001.

Blumenstein, B., & Orbach, I. (2015). Psychological preparation for Paralympic athletes: A preliminary study. *Adapted Physical Activity Quarterly, 32,* 241–255.

Blumenstein, B., & Orbach, I. (2018). Periodization of psychological preparation within the training process. *International Journal of Sport and Exercise Psychology.*

Boksem, M. A., Meijman, T. F., & Lorist, M. M. (2005). Effects of mental fatigue on attention: An ERP study. *Cognitive Brain Research, 25,* 107–116.

Bompa, T. (1956). *Antrenamentul in perioada pregatitoare* (Training Methods during the Preparatory Phase) (Vol. 3, pp. 22–28). Bucuresti: Caiet pentru sporturi nautice.

Bompa, T. (1999). *Periodization: The theory and methodology of training* (4th ed.). Champaign, IL: Human Kinetics.

Bompa, T., & Buzzichelli, C. (2015). *Periodization of training* (3rd ed.). Champaign, IL: Human Kinetics.

Bompa, T., & Haff, G. (2009). *Periodization: Theory and methodology of training* (5th ed.). Champaign, IL: Human Kinetics.

Bosquet. L., Monpetit, J., Arvisals, D., & Mujika, I. (2007). Effects of tapering on performance: A meta-analysis. *Medicine & Science in Sports & Exercise, 39,* 1358–1365.

Boutcher, S. H. (1992). Attention and athletic performance: An integrated approach. In T. Horn (Ed.), *Advances in sport psychology* (pp. 251–265). Champaign, IL: Human Kinetics.

Bradely, W. J., Cavanagh, B., Douglas, W., Donovan, T. F., Twist, C., Morton, J. P., & Close, G. L. (2015). Energy intake and expenditure assessed 'in-season' in an elite European rugby union squad.

European Journal of Sport Science, 15(6), 469–79.

Bray, M. S., Hagberg, J. M., Perusse, L., Rankinen, T., Roth, S. M., Wolfarth, B., & Bouchard, C. (2009). The human gene mapfor performance and health-related fitness phenotypes: The 2006–2007 update. *Medicine & Science in Sports & Exercise, 41*(1), 35–73.

Burke, K. L., & Brown, D. (2003). *Sport psychology library series: Basketball.* Morgantown, WV: Fitness Information Technology.

Burke, L. M. (Ed.). (2007). *Practical sports nutrition.* Champaign, IL: Human Kinetics.

Burke, L. M., Cox, G. R., Culmmings, N. K., & Desbrow, B. (2001). Guidelines for daily carbohydrate intake: Do athletes achieve them? *Sports Medicine, 4,* 267–299.

Burke, L. M., Kiens, B., & Ivy, J. L. (2004). Carbohydrates and fat for training and recovery. *Journal of Sports Science, 22*(1), 15–30.

Burton, D., Naylor, S., & Holliday, B. (2001). Goal-setting in sport: Investigating the goal effectiveness paradigm. In R. Singer, H. Hausenblas, & C. Janelle (Eds.), *Handbook of sport psychology* (2nd ed., pp. 497–528). New York, NY: Wiley.

Cain, D. J., & Maffulli, N. (2005). Epidemiology of children's individual sports injuries: An important area of medicine and sports research. *Medicine and Sport Science, 48,* 1–7.

Calmels, C., Berthoumieus, C., & d'Arripe-Longueville, F. (2004). Effects of an imagery training program on selective attention of national softball players. *Sport Psychologist, 18,* 272–296.

Carrera, M., & Bompa, T. (2007). Theory and methodology of training: General perspectives. In B. Blumenstein, R. Lidor, & G. Tenenbaum (Eds.), *Psychology of sport training* (pp. 19–39). Oxford, UK: Meyer & Meyer Sport.

Casa, D. J., Armstrong, L. E., Hillman, S. K., Montain, S. J., Reiff, R. V., Rich, B. S., ... Stone, J. A. (2000). National athletic trainers' association position statement: Fluid replacement for athletes. *Journal of Athletic Training, 35*(2), 212–224.

Cermak, N. M., & Van Loon, L. J. (2013). The use of carbohydrates during exercise as an ergogenic aid. *Sports Medicine, 43*(11), 1139–1155.

Clayton, B., Brown, C., Burrell, L. M., & Matthews, M. D. (2011). The use of neuropeptide Y as a measurement of the effectiveness of stress inoculation. *West Point Resilience Project,* 1–16. www.dtic.mil/dtic/tr/fulltext/u2/a540922.pdf.

Collins, D. (1999). The psychology of power training. *Faster-Higher-Stronger, 3,* 28–29.

Collins, D., & MacPherson, A. (2007). Psychological factors of physical preparation. In B. Blumenstein, R. Lidor, & G. Tenenbaum (Eds.), *Psychology of sport training* (pp. 40–61). Oxford, UK: Meyer & Meyer Sport.

Cornier, M. A. (2011). Is your brain to blame for weight regain? *Physiology & Behavior, 104* (4), 608–612.

Cotterill, S. (2010). Pre-performance routines in sport: Current understanding and future directions. *International Review of Sport and Exercise Psychology, 3* (2), 132–153.

Croce, R. V. (1986). The effects of EMG biofeedback on strength acquisition. *Biofeedback and Self-*

Regulation, 11, 299–310.

Csikszentmihalyi, M. (1990). *Flow: The psychology of optimal experience.* New York, NY: Harper & Row.

Cumming, F., & Williams, S. E. (2014). Imagery. In R. C. Eklund & G. Tenenbaum (Eds.), *Encyclopedia of sport and exercise psychology* (pp. 369–372). Thousand Oaks, CA: Sage Publications.

Davenne, D. (2009). Sleep of athletes—Problems and possible solutions. *Biological Rhythm Research, 40*(1), 45–52.

De Lorme, T., & Watkins, A. (1951). *Progressive resistance exercises.* New York, NY: Appleton-Century Croft.

Dosil, J. (Ed.). (2006). *The sport psychology handbook: A guide for sport specific performance enhancement.* Chichester, UK: Wiley.

Dotan, R., Mithell, C., Cohen, R., Klentrou, P., Gabriel, D., & Falk, B. (2012). Child-adult differences in muscle activation—A review. *Pediatric Exercise Science, 24*(1), 2–21.

Dressendorfer, R. H., Peterson, S. R., Moss Lovshin, S. E., Hannon J. L., Lee, S. F., & Bell, G. J. (2002). Performance enhancement with maintenance of resting immune status after intensified cycle training. *Clinical Journal of Sports Medicine, 12*(5), 301–307.

Eccles, D. W., & Riley, K. R. (2014). Psychological skills. In R. C. Eklund & G. Tenenbaum (Eds.), *Encyclopedia of sport and exercise psychology* (pp. 562–563). Thousand Oaks, CA: Sage Publications.

Elbe, A. M., & Kellmann, M. (2007). Recovery following training and competition. In B. Blumenstein, R. Lidor, & G. Tenenbaum (Eds.), *Psychology of sport training* (pp. 162–185). Oxford, UK: Meyer & Meyer Sport.

Elfhag, K., & Rössner, S. (2005). Who succeeds in maintaining weight loss? A conceptual review of factors associated with weight loss maintenance and weight regain. *Obesity Reviews, 6*(1), 67–85.

Enoka, R. M., & Duchateau, J. (2008). Muscle fatigue: What, why and how it influences muscle function. *The Journal of Physiology, 586* (1), 11–23.

Essig, K., Janelle, C., Borgo, F., & Koester, D. (2014). Attention and neurocognition. In A. G. Papaioannou & D. Hackfort (Eds.), *Routledge companion to sport and exercise psychology: Global perspectives and fundamental concepts* (pp. 253–271). Hove, East Sussex, UK: Routledge.

Evans, L., Jones, L., & Mullen, R. (2004). An imagery intervention during the competitive season with an elite rugby union player. *Sport Psychologist, 18*, 252–271.

Feltz, D., & Oncu, E. (2014). Self-confidence and self-efficacy. In A. G. Papaioannou & D. Hackfort (Eds.), *Routledge companion to sport and exercise psychology: Global perspectives and fundamental concepts* (pp. 417–429). Hove, East Sussex, UK: Routledge.

Fontani, G., Migliorini, S., Benocci, R., Facchini, A., Casini, M., & Corradeschi, F. (2007). Effect of mental imagery on the development of skilled motor actions. *Perceptual and Motor Skills, 105*, 803–826.

Forbes, G. B. (1987). Lean body mass-body fat interrelationships in humans. *Nutritional Reviews,*

45(8), 225–231.

Forbes, G. B. (2000). Body fat content influences the body composition response tonutrition and exercise. *Annals of the New York Academy of Sciences, 904,* 359–365.

Frey, M., Laguna, P., & Ravizza, K. (2003). Collegiate athletes' mental skills use and perceptions of success: An exploration of the practice and competition settings. *Journal of Applied Sport Psychology, 15,* 115–128.

Fry, R. W., Morton, A. R., & Keast, D. (1991). Overtraining in athletes: An update. *Sports Medicine, 12* (1), 32–65.

Gardner, D. G., & Shoback, D. (2011). *Greenspan's basic & clinical endocrinology* (9th ed.). New York, NY: McGraw-Hill Companies.

Goodger, K., Gorely, T., Lavallee, D., & Harwood, C. (2007). Burnout in sport: A systematic review. *The Sport Psychologist, 21,* 127–151.

Gould, D. (2002). The psychology of Olympic excellence and its development. *Psychology, 9,* 531–546.

Gould, D. (2015). Goal setting for peak performance. In J. M. Williams & V. Krane (Eds.), *Applied sport psychology: Personal growth to peak performance* (7th ed., pp. 188–206). New York, NY: McGraw-Hill.

Gould, D., & Carson, S. (2007). Psychological preparation in sport. In B. Blumenstein, R. Lidor, & G. Tenenbaum (Eds.), *Psychology of sport training* (pp. 115–136). Oxford, UK: Meyer & Meyer Sport.

Gould, D., & Damarjian, N. (1998). Mental skills training in sport. In B. Elliot (Ed.), *Applied sport science: Training in sport. International handbook of sport science* (Vol. 3, pp. 69–116). Sussex, UK: England: Wiley.

Gould, D., Flett, R., & Bean, E. (2009). Mental preparation for training and competition. In B. Brewer (Ed.), *Handbook of sport medicine and science: Sport psychology* (pp. 53–63). Chichester, UK: Wiley-Blackwell.

Gould, D., & Maynard, I. (2009). Psychological preparation for the Olympic Games. *Journal of Sport Sciences, 27* (13), 1393–1408.

Gould, D., & Udry, E. (1994). Psychological skills for enhancing performance: Arousal regulating strategies. *Medicine & Science in Sport & Exercise, 26,* 478–485.

Graf, S., Egert, S., & Heer, M. (2011). Effects of whey protein supplements on metabolism: Evidence from human intervention studies. *Current Opinion in Clinical Nutrition of Metabolic Care, 14* (6), 569–580.

Greenspan, M., & Feltz, D. (1989). Psychological interventions with elite athletes in competitive situations: A review. *Sport Psychologist, 3,* 219–236.

Hackfort, D., & Tenenbaum, G. (2014). Ethical issues in sport and exercise psychology. In A. G. Papaioannou & D. Hackfort (Eds.), *Routledge companion to sport and exercise psychology: Global perspectives and fundamental concepts* (pp. 976–987). Hove, East Sussex, UK: Routledge.

Hall, C. J., & Lane, A. M. (2001). Effects of rapid weight loss on mood and performance among amateur boxers. *British Journal of Sports Medicine, 35,* 390–395.

Hall, C. R. (2001). Imagery in sport and exercise. In R. N. Singer, H. A. Hausenblas, & C. M. Janelle (Eds.), *Handbook of sport psychology* (2nd ed., pp. 529–549). New York, NY: Wiley.

Hall, K. D. (2008). What is the required energy deficit per unit weight loss? *International Journal of Obesity (Lond), 32* (3), 573–576.

Hanin, Y. (2000). Individual zones of optimal functioning (IZOF) model: Emotion-performance relationships in sport. In Y. Hanin (Ed.), *Emotions in sport* (pp. 65–89). Champaign, IL: Human Kinetics.

Hanson, T. (2006). Focused baseball: Using sport psychology to improve baseball performance. In J. Dosil (Ed.), *The sport psychologist's handbook: A guide for sport-specific performance enhancement* (pp. 159–182). Chichester, UK: Wiley.

Hanton, S., & Jones, G. (1999). The effects of multi-modal intervention program on performers: Pt. II. Training butterflies to fly in formation. *Sport Psychologist, 13,* 22–41.

Hardy, J., Hall, C. R., & Hardy, L. (2004). A note on athletes' use of self-talk. *Journal of Applied Sport Psychology, 16,* 251–257.

Hardy, J., & Zourbanos, N. (2016). Self-talk in sport: Where are we now? In R. J. Schinke, K. R. McGannon, & B. Smith (Eds.), *Routledge international handbook of sport psychology* (pp. 449–460). Abingdon, Oxon, UK: Routledge.

Harris, D. V., & Harris, B. L. (1984). *The athlete's guide to sport psychology: Mental skills for physical people.* New York, NY: Leisure Press.

Hatzigeorgiadis, A., Zourbanos, N., Latinjak, A. T., & Theodorakis, Y. (2014). Self-talk. In A. G. Papaioannou & D. Hackfort (Eds.), *Routledge companion to sport and exercise psychology: Global perspectives and fundamental concepts* (pp. 372–385). Hove, East Sussex, UK: Routledge.

Hausswirth, C., & Mujika, I. (Ed.). (2013). *Recovery for performance in sport.* Champaign, IL: Human Kinetics.

Hayes, A., & Cribb, P. J. (2008). Effect of whey protein isolate on strength, body composition and muscle hypertrophy during resistance training. *Current Opinion in Clinical Nutrition and Metabolic Care, 11*(1), 40–44.

Heishman, M., & Bunker, L. (1989). Use of mental preparation strategies by international elite female lacrosse players from five countries. *Sport Psychologist, 3,* 138–150.

Helms, E. R., Aragon, A. A., & Fitschen, P. J. (2014). Evidence-based recommendations for natural bodybuilding contest preparation: Nutrition and supplementation. *Journal of the International Society of Sports Nutrition, 11,* 20.

Henschen, K. (2005). Mental practice—Skill oriented. In D. Hackfort, J. Duda, & R. Lidor (Eds.), *Handbook of research in applied sport and exercise psychology: International perspectives* (pp. 19–36). Morgantown, WV: Fitness Information Technology.

Henschen, K., Statler, T., & Lidor, R. (2007). Psychological factors of tactical preparation. In B. Blumenstein, R. Lidor, & G. Tenenbaum (Eds.), *Psychology of sport training* (pp. 104–114). Oxford, UK: Meyer & Meyer Sport.

Henschen, K. H., & Cook, D. (2003). Working with professional basketball players. In R. Lidor & K. P. Henschen (Eds.), *The Psychology of team sports* (pp. 143–160). Morgantown, WV: Fitness Information Technology Publishers.

Hodge, K., & Kentta, G. (2016). Athlete burnout. In R. Schinke, K. McGannon & B. Smith (Eds.), *Routledge international handbook of sport training* (pp. 157–166). New York, NY: Routledge.

Holliday, B., Burton, D., Sun, G., Hammermeister, J., Naylor, S., & Freigang, D. (2008). Building the better mental training mousetrap: Is periodization a more systematic approach to promoting performance excellence? *Journal of Applied Sport Psychology, 20*, 199–219.

Hooper, L., Abdelhamid, A., Moore, H. J., Douthwaite, W., Skeaff, C. M., & Summerbell, C. D. (2012). Effect of reducing total fat intake on body weight: Systematic review and meta-analysis of randomised controlled trials and cohort studies. *BMJ, 345*, e7666.

Houston, M. E. (1999). Gaining weight: The scientific basis of increasing skeletal muscle mass. *Canadian Journal of Applied Physiology, 24* (4), 305–316.

Houtkooper, L., Abbot, J. M., & Nimmo, M. (2007). Nutrition for throwers, jumpers and combined events athletes. *Journal of Sports Sciences, 25* (S1), S39–S47.

Howarth, K. R., Phillips, S. M., MacDonald, M. J., Richards, D., Moreau, N. A., & Gibala, M. J. (2010). Effect of glycogen availability on human skeletal muscle protein turnover during exercise and recovery. *Journal of Applied Physiology, 109* (2), 431–438.

Howell, S. & Kones, R. (2017). "Calories in, calories out" and macronutrient intake: the hope, hype, and science of calories. American Journal of Physiology Endocrinology and Metabolism, 313(5), E608-E612.

Hulthen, L., Bengtsson, B. A., Sunnerhagen, K. S., Hallberg, L., Brimby, G., & Johansson, G. (2001). GH is needed for the maturation of muscle mass and strength in adolescence. *The Journal of Clinical Endocrinology and Metabolism, 86* (10), 4765–4770.

Israetel, M., Hoffmann, J., & Smith, C. (2015). *The scientific principles of strength training*. JTS.

Issurin, V. B. (2013). Training transfer: Scientific background and insights for practical application. *Sports Medicine*. doi:10.1007/s40279-013-0049-6

Ivy, J. (Ed.). (2004). *Nutrient timing: The future of sports nutrition*. Laguna Beach, CA: Basic Health Publications.

Izquierdo, M., Ibanez, J., Gonzales-Badillo, J. J., Ratamess, N. A., Kraemer, W. J., Hakkinen, K., ... Gorostiaga, E. M. (2007). Detraining and tapering effects on hormonal responses and strength performance. *Journal of Strength and Conditioning Research, 21*, 768–775.

Jacobsen, B. H., Sobonya, C., & Ransone, J. (2001). Nutrition practices and knowledge of college varsity athletes: A follow-up. *Journal of Strength and Conditioning Research, 15* (1), 63–68.

Jackson, R. C. (2014). Preperformance routines. In R. C. Eklund & G. Tenenbaum (Eds.), *Encyclopedia of sport and exercise psychology* (pp. 550–553). Thousand Oaks, CA: Sage Publications.

Jackson, S. (2000). Joy, fun and flow state in sport. In Y. Hanin (Ed.), *Emotions in sport* (pp. 135–156). Champaign, IL: Human Kinetics.

Jacobson, E. (1938). *Progressive relaxation*. Chicago, IL: University of Chicago Press.

Jeukendrup, A., & Gleeson, M. (Ed.). (2010). *Sport Nutrition* (2nd ed.). Champaign, IL: Human Kinetics.

Judelson, D. A., Maresh, C. M., Anderson, J. M., Armstrong, L. E., Casa, D. J., Kraemer, W. J., & Volek, J. S. (2007). Hydration and muscular performance: Does fluid balance affect strength, power and high-intensity endurance? *Sports Medicine, 37* (10), 907–921.

Karageorgis, C., & Priest, D. (2012). Music in the exercise domain: A review and synthesis. *International Review of Sport and Exercise Psychology, 5* (1), 44–66.

Keesey, R. E., & Hirvonen, M. D. (1997). Body weight set-points: Determination and adjustment. *Journal of Nutrition, 127* (9), 1875S–1883S.

Kellmann, M., & Beckmann, J. (2003). Research and intervention in sport psychology: New perspectives on an inherent conflict. *International Journal of Sport and Exercise Psychology, 1*, 13–26.

Kerksick, M., Arent, S., Schoenfeld, B. J., Stout, J. R., Campbell, B., Wiborn, C. D....Antonio, J. (2017). International society of sport nutrition position stand: nutrient timing. Journal of the *International Society of Sports Nutrition, 14*, 33.

Kerksick, C, Harvey, T., Stout, J., Campbell, B., Wilborn, C., Kreider, R., ... Antonio, J. (2008). International Society of Sports Nutrition position stand: Nutrient timing. *Journal of International Society of Sports Nutrition, 5*, 17.

Klem, M. L, Wing, R. R., McGuire, M. T., Seagle, H. M., & Hill, J. O. (1998). Psychological symptoms in individuals successful at long-term maintenance of weight loss. *Health Psychology, 17* (4), 336–345.

Krane, V., & Williams J. (2015). Psychological characteristics of peak performance. In J. M. Williams & V. Krane (Eds.), *Applied sport psychology: Personal growth to peak performance* (7th ed., pp. 159–175). New York, NY: McGraw Hill.

Kubukeli, Z. N., Noakes, T. D., & Dennis, S. C. (2002). Training techniques to improve endurance exercise performances. *Sports Medicine, 32*, 489–509.

Kumar, V., Abbas, A. K., & Fausto, N. (2005). *Robbins and Cotran: Pathologic basis of disease (7th Edition)*. Philadelphia, PA: Elsevier Saunders.

Laemmle, J., & Martin, B. (2013). Children at play: Learning gender in the early years. *Journal of Youth Adolescent, 42* (2), 305–307.

Lebon, F., Collet, C., & Guillot, A. (2010). Benefits of motor imagery training on muscle strength. *Journal of Strength and Conditioning Research, 24* (6), 1680–1687.

Leidy, H. J., Clifton, P. M., Astrup, A., Wycherley, T. P., Westerterp-Plantenga, M. S., Luscombe-Marsh, M. S., ... Mattes, R. D. (2015). The role of protein in weight and maintenance. *The American Journal of Clinical Nutrition, 6* (101), 1320s–1329s.

Lidor, R. (2007). Preparatory routines in self-paced events. Do they benefit the skilled athletes? Can they help the beginners? In G. Tenenbaum & R. Eklund (Eds.), *Handbook of sport psychology* (3rd ed., pp. 445–468). Hoboken, NJ: Wiley.

Lidor, R., Blumenstein, B., & Tenenbaum, G. (2007). Psychological aspects of training in European basketball: Conceptualization, periodization, and planning. *The Sport Psychologist, 21*, 353–367.

Loehr, J. E. (1986). *Mental toughness training for sports: Achieving athletic excellence.* New York, NY: The Stephen Greene Press.

Logan, J. G., & Barksdlae, D. J. (2008). Allostasis and allostatic load: Expanding the discourse on stress and cardiovascular disease. *Journal of Clinical Nursing, 17* (7b), 201–208.

Loucks, A. B. (2004). Energy balance and body composition in sports and exercise. *Journal of Sports Sciences, 22* (1), 1–14.

Loucks, A. B., Kiens, B., & Wright, H. H. (2011). Energy availability in athletes. *Journal of Sports Science, 29*, S7–S15.

Manore, M. M. (2012). Dietary supplements for improving body composition and reducing body weight: Where is the evidence? *International Journal of Sport Nutrition and Exercise Metabolism, 22* (2), 139–154.

Marchant, D. C., Grieg, M., Bullough, J., & Hitchen, D. (2011). Instructions to adopt an external focus enhance muscular endurance. *Research Quarterly for Exercise and Sport Science, 82* (3), 466–473.

Margaritis, I, Palazetti, S, Rousseau, A.-S, Richard, M.-J., & Favier, A. (2003). Antioxidant supplementation and tapering exercises improve exercise-induced antioxidant response. *Journal of American College of Nutrition, 22* (2), 147–156.

Martin, K. A., & Hall, C. R. (1995). Using mental imagery to enhance intrinsic motivation. *Journal of Sport and Exercise Psychology, 17*, 54–69.

Maughan, R. J., & Shirreffs, S. M. (2010). Development of hydration strategies to optimize performance for athletes in high-intensity sports and in sports with repeated intense efforts. *Scandinavian Journal of Medicine & Science in Sports, 20* (s2), 59–69.

McNair, D., Lorr, M., & Droppleman, L. (1971). *Profile of mood states manual.* San Diego, CA: Educational and Testing Service.

McNeely, E., & Sadler, D. (2007). Tapering for endurance athletes. *Strength and Conditioning Journal, 29*, 18–24.

Meyers, A., Whelan, J., & Murphy, S. (1996). Cognitive behavior strategies in athletic performance enhancement. In M. Mersen, R. Miller, & A. Belack (Eds.), *Progress in behavior modification* (pp. 137–164). Pacific Grove, CA: Brooks/Cole.

Mondazzi, L., & Arcelli, E. (2009). Glycemic index in sport nutrition. *Journal of the American College of Nutrition, 28*, 455S–463S.

Moran, A. (2003). Improving concentration skills in team-sport performance: Focusing techniques for soccer players. In R. Lidor & K. Henschen (Eds.), *The psychology of team sports* (pp. 161–190). Morgantown, WV: Fitness Information Technology.

Moran, A. (2010). Concentration/attention. In S. J. Hanrahan & M. B. Andersen (Eds.), *Routledge handbook of applied sport psychology: A comprehensive guide for students and practitioners* (pp. 500–509). Abingdon, Oxon, UK: Routledge.

Moran, A. P. (1996). *The psychology of concentration in sport performers: A cognitive analysis*. East Sussex, UK: Psychology Press.

Morris, T. (2010). Imagery. In S. J. Hanrahan & M. B. Andersen (Eds.), *Routledge handbook of applied sport psychology: A comprehensive guide for students and practitioners* (pp. 481–490). Abingdon, Oxon, UK: Routledge.

Morris, T., Spittle, M., & Watt, A. P. (2005). *Imagery in sport*. Champaign, IL: Human Kinetics.

Morton, R. W., McGlory, C., & Phillips, S. M. (2015). Nutritional interventions to augment resistance training-induced skeletal muscle hypertrophy. *Frontiers in Physiology, 6*, 245.

Mujika, I. (2007). Challenges of team sport research. *International Journal of Sports Physiology and Performance, 2*, 221–222.

Mujika, I. (2009). *Tapering and peaking for optimal performance*. Champaign, IL: Human Kinetics.

Mujika, I., Chatard, J. C., Padilla, S., Guezennec, C. Y., & Geyssant, A. (1996). Hormonal responses to training and its tapering off in competitive swimmers: Relationship with performance. *European Journal of Applied Physiology and Occupational Physiology, 74* (4), 361–366.

Mujika, I., Goya, A., Padilla, S., Grijalba, A., Gorostiaga, E., & Ibanez, J. (2000). Physiological responses to a 6-d taper in middle-distance runners: Influence of training intensity and volume. *Medicine and Science in Sports and Exercise, 32* (2), 511–517.

Mujika, I., Goya, A., Ruiz, E., Grijalba, A. Santisteban, J., & Padilla, S. (2002). Physiological and performance responses to a 6-day taper in middle-distance runners: Influence of training frequency. *International Journal of Sports Medicine, 23* (5), 367–373.

Mujika, I., & Padilla, S. (2003). Scientific basis for precompetition tapering strategies. *Medical Science of Sport Exercise, 35* (7), 1182–1187.

Mujika, I., Padilla, S., Pyne, D., & Busso, T. (2004). Physiological changes associated with the pre-event taper in athletes. *International Journal of Sports Medicine, 34* (13), 891–927.

Neary, J. P., Martin, T. P., & Quinney, H. A. (2003). Effects of taper on endurance cycling capacity and single muscle fiber properties. *Medicine and Science in Sports and Exercise, 35*, 1875–1881.

Nederhof, E., Lemmink, K. A. P. M., Zwerver, H. J., & Mulder, T. (2007). The effect of high load training on psychomotor speed. *International Journal of Sports Medicine, 28*, 595–601.

Oliver, J. (2010). Ethical practice in sport psychology: Challenges in the real world. In S. J. Hanrahan & M. B. Andersen (Eds.), *Routledge handbook of applied sport psychology: A comprehensive guide for students and practitioners* (pp. 60–68). Abingdon, Oxon, UK: Routledge.

O'Reilly, J., Wong, S. H., & Chen, Y. (2010). Glycaemic index, glycaemic load and exercise performance. *Sports Medicine, 40* (1), 27–39.

Orlick, T. (1990). *In pursuit of excellence*. Champaign, IL: Leisure Press.

Orlick, T., & Partington, J. (1988). Mental links to excellence. *The Sport Psychologist, 2*, 105–130.

Patrick, T. D., & Hrycaiko, D. W. (1998). Effects of a mental training package on an endurance performance. *The Sport Psychologist, 12*, 283–299.

Phillips, S. M. (2012). Dietary protein requirements and adaptive advantages in athletes. *British*

Journal of Nutrition, 108 (2), S158–S167.

Phillips, S. M., Moore, D. R., & Tang, J. E. (2007). A critical examination of dietary protein requirements, benefits, and excesses in athletes. *International Journal of Sport Nutrition and Exercise Metabolism, 17,* S58–S76.

Phillips, S. M., & Van Loon, L. J. (2011). Dietary protein for athletes: From requirements to optimum adaptation. *Journal of Sports Science, 29,* S29–S38.

Prasad, D. C., & Das, B. C. (2009). Physical inactivity: A cardiovascular risk factor. *Indian. Journal of Medical Science, 63* (1), 33–42.

Raglin, J. S., Koceja, D. M., & Stager, J. M. (1996). Mood, neuromuscular function and performance during training in female swimmers. *Medicine and Science in Sports and Exercise, 28,* 372–377.

Ravizza, K. (1977). Peak experiences in sport. *Journal of Humanistic Psychology, 17,* 35–40.

Reiser, M., Busch, D., & Munzert, G. (2011). Strength gains by motor imagery with different ratios of physical to mental practice. *Frontiers in Psychology, 2* (194).

Rietjens, G. J. W. M., Keizer, H. A., Kuipers, H., & Saris, W. H. (2001). A reduction in training volume and intensity for 21 days does not impair performance in cyclists. *British Journal of Sports Medicine, 35,* 431–434.

Rogol, A. D., Roemich, J. N., & Clark, P. A. (2002). Growth at puberty. *Journal of Adolescent Health, 31* (6), S192–S200.

Sahlin, K. (2014). Muscle energetics during explosive activities and potential effects of nutrition and training. *Sports Medicine, 44,* S167–S173.

Samuels, C., James, L., Lawson, D., & Meeuwissee, W. (2016). The athlete sleep screening questionnaire: A new tool for assessing and managing sleep in elite athletes. *British Journal of Sports Medicine, 50* (7), 418.

Schaafsma, G. (2000). The protein digestibility-corrected amino acid score. *Journal of Nutrition, 130* (7), 1865S–1867S.

Schultz, J. (1932). *Das autogene Training* (Autogenic training). Stuttgart, Germany: Thieme.

Selye, H. (1984). *The stress of life.* New York, NY: McGraw-Hill.

Sheard, M., & Golby, J. (2006). Effect of a psychological skills training program on swimming performance and positive psychological development. *International Journal of Sport and Exercise Psychology, 4* (2), 149–169.

Shepley, B, MacDoughall, J. D., Cipriano, N, Sutton, J. R., Tarnopolsky, M. A., & Coates, G. (1992). Physiological effects of tapering in highly trained athletes. *Journal of Applied Physiology, 72,* 706–711.

Shi, X., & Gisolfi, C. V. (1998). Fluid and carbohydrate replacement during intermittent exercise. *Sports Medicine, 25* (3):157–172.

Si, G., Statler, T., & Samulski, D. (2014). Preparing athletes for major competition. In A. G. Papaioannou & D. Hackfort (Eds.), *Routledge companion to sport and exercise psychology: Global perspectives and fundamental concepts* (pp. 495–510). Hove, East Sussex, UK: Routledge.

Singer, R. N., & Anshel, M. (2006). An overview of interventions in sport. In J. Dosil (Ed.), *The sport psychologist handbook—A guide for sport-specific performance enhancement* (pp. 63–88). West Sussex, UK: John Wiley & Sons.

Slater, G., & Phillips, S. M. (2011). Nutrition guidelines for strength sports: Sprinting, weightlifting, throwing events, and bodybuilding. *Journal of Sports Science, 29* (1), S67–S77.

Smith, D., Collins, D., & Holmes, P. (2003). Impact and mechanism of mental practice effects on strength. *International Journal of Sport Psychology, 1*, 293–306.

Smith, R. E. (1989). Applied sport psychology in an age of accountability. *Journal of Applied Sport Psychology, 1*, 166–180.

Spriet, L. L. (2014). Nutrition for training and performance. *Sports Medicine, 44*, S115–S116.

Stambulova, N., & Wylleman, P. (2014). Athletes' career development and transitions. In A. Papaioannou & D. Hackfort (Eds.), *Routledge companion to sport and exercise psychology: Global perspective and fundamental concepts* (pp. 605–620). Hove, East Sussex: Routledge.

Statler, T., & Henschen, K. (2009). A sport psychology service delivery model for developing and current track and field athletes and coaches. In T. Hung, R. Lidor, & D. Hackfort (Eds.), *Psychology of sport excellence* (pp. 25–31). Morgantown, WV: Fitness Information Technology.

Sterling, P. (2004). *Principles of allostasis: Optimal design, predictive regulation, pathophysiology and rational therapeutics.* Cambridge: Cambridge University Press.

Stiegler, P., & Cunliffe, A. (2006). The role of diet and exercise for the maintenance of fat-free mass and resting metabolic rate during weight loss. *Sports Medicine, 36* (3), 239–262.

Suinn, R. (1993). Imagery. In R. Singer, M. Murphey, & L. Tennant (Eds.), *Handbook of research on sport psychology* (pp. 492–510). New York, NY: Macmillan.

Sumithran, P., & Proietto, J. (2013). The defence of body weight: A physiological basis for weight regain after weight loss. *Clinical Science (Lond), 124* (4), 231–241.

Taylor, J. L., & Gandevia, S. C. (2008). Fatigue mechanisms determining exercise performance: A comparison of central aspects of fatigue in submaximal and maximal voluntary contractions. *Journal of Applied Physiology, 104*, 542–550.

Thelwell, R., & Greenlees, I. A. (2001). The effect of a mental skills training package on gymnasium triathlon performance. *The Sport Psychologist, 15*, 127–141.

Thelwell, R. C., & Greenlees, I. A. (2003). Developing competitive endurance performance using mental skills training. *The Sport Psychologist, 17*, 318–337.

Thomas, L., & Busso, T. (2005). A theoretical study of taper characteristics to optimise performance. *Medicine and Science in Sports and Exercise, 37*, 1615–1621.

Tod, D. A., Iredale, K. F., McGuigan, M. R., Strange, D. E., & Gill, N. (2005). "Psyching-Up" enhances force production during the bench press exercise. *Journal of Strength and Conditioning Research, 19* (3), 599–603.

Tortora, G. J., & Derrickson, B. (2012). *Principles of anatomy and physiology (13th Edition).* Hoboken, NJ: John Wiley and Sons.

Trappe, S., Costill, D., & Thomas, R. (2001). Effect of swim taper on whole muscle and single fiber contractile properties. *Medicine and Science in Sports and Exercise, 33*, 48–56.

Trinity, J. D., Pahnke, M. D., Reese, E. C., & Coyle, E. F. (2006). Maximum mechanical power during taper in elite swimmers. *Medicine and Science in Sports and Exercise, 38*, 1643–1649.

Tuomilehto, H., Vuorinen, V. P., Penttila, E., Kivimaki, M., Vuorenmaa, M., Venojarvi, M., ... Pihlajamaki, J. (2017). Sleep of professional athletes: Underexploited potential to improve health and performance. *Journal of Sport Sciences, 35* (7), 704–710.

Vealey, R. (1988). Future directions in psychological skills training. *Sport Psychologist, 2*, 318–336.

Vealey, R. (1994). Current status and prominent issues in sport psychology interventions. *Medicine and Science in Sport and Exercise, 26*, 318–336.

Vealey, R. (2005). *Coaching for the inner edge.* Morgantown, WV: Fitness Information Technology.

Vealey, R. (2007). Mental skills training in sport. In G. Tenenbaum & R. C. Eklund (Eds.), *Handbook of sport psychology* (3rd ed., pp. 287–309). New York, NY: Wiley.

Vealey, R., & Forlenza, R. (2015). Understanding and using imagery in sport. In J. M. Williams & V. Krane (Eds.), *Applied sport psychology: Personal growth to peak performance* (7th ed., pp. 240–273). New York, NY: McGraw Hill.

Vealey, R., & Greenleaf, C. (2006). Seeing is believing: Understanding and using imagery in sport. In J. Williams (Ed.), *Applied sport psychology: Personal growth to peak performance* (5th ed., pp. 306–348). Boston, MA: McGraw-Hill.

Vealey, R. S., & Vernau, D. (2010). Confidence. In S. J. Hanrahan & M. B. Andersen (Eds.), *Routledge handbook of applied sport psychology: A comprehensive guide for students and practitioners* (pp. 518–527). Abingdon, Oxon, UK: Routledge.

Vernacchia, R. (2003). Working with individual team sports: The psychology of track and field. In R. Lidor & K. Henschen (Eds.), *The psychology of team sports* (pp. 235–265). Morgantown, WV: Fitness Information Technology.

Vollaard, N. B., & Shearman, J. P. (2006). Exercise-induced oxidative stress in overload training and tapering. *Medicine and Science in Sports and Exercise, 38*, 1335–1341.

Weinberg, R. (2010). Activation/arousal control. In S. Hanrahan & M. Andersen (Eds.), *Routledge handbook of applied sport psychology* (pp. 471–480). Abingdon, UK: Routledge.

Weinberg, R., & Butt, J. (2014). Goal-setting in sport performance. In A. G. Papaioannou & D. Hackfort (Eds.), *Routledge companion to sport and exercise psychology: Global perspectives and fundamental concepts* (pp. 343–355). Hove, East Sussex, UK: Routledge.

Weinberg, R., & Comar, W. (1994). The effectiveness of psychological interventions in competitive sport. *Sport Medicine, 18*, 406–418.

Weinberg, R. S. (1988). *The mental advantage: Developing your psychological skills in tennis.* Champaign, IL: Leisure Press.

Weinberg, R. S., & Gould, D. (2015). *Foundations of sport and exercise psychology* (6th ed.). Champaign, IL: Human Kinetics.

Weinberg, R. S., & Williams, J. M. (2015). Integrating and implementing a psychological skills training program. In J. M. Williams & V. Krane (Eds.), *Applied sport psychology: Personal growth to peak performance* (7th ed., pp. 329–358). New York, NY: McGraw Hill.

Weinsier, R. L., Nagy, T. R., Hunter, G. R., Darnell, B. E., Hensrud, D. D., & Weiss, H. L. (2000). Do adaptive changes in metabolic rate favor weight regain in weight-reduced individuals? An examination of the set-point theory. *American Journal of Clinical Nutrition, 72* (5), 1088–1094.

Westerterp-Plantenga, M. S., Nieuwenhuizen, A., Tomé, D., Soenen, S., & Westerterp, K. R. (2009). Dietary protein, weight loss, and weight maintenance. *Annual Review of Nutrition, 29*, 21–41.

Wild, C. Y., Steele, J. R., & Munro, B. J. (2013). Musculoskeletal and estrogen changes during the adolescence growth spurt in girls. *Medicine and Science in Sports and Exercise, 45* (1), 97–109.

Wrisberg, C. A., & Pein, R. L. (1990). Past running experience as a mediator of the attentional focus of male and female recreational runners. *Perceptual and Motor Skills, 70*, 427–432.

Wylleman, P., Rosier, N., & De Knop, P. (2016). Career transition. In R. Schinke, K. McGannon & B. Smith (Eds.), *Routledge international handbook of sport psychology* (pp. 111-118). New York, NY: Routledge.

Yao, W. X., Ranganathan, V. K., Allexandre, D., Siemionow, V., & Yue, G. H. (2013). Kinesthetic imagery training of forceful muscle contractions increases brain signal and muscle strength. *Frontiers in Human Neuroscience, 7* (561).

Zaichkowsky, L. D., & Fuchs, C. Z. (1988). Biofeedback application in exercise and athletic performance. In K. B. Pandolf (Ed.), *Exercise and sports science reviews* (pp. 381–421). New York, NY: Macmillan.

Zarkardas, P. C., Carter, J. B., & Banister, E. W. (1995). Modeling the effect of taper on performance, maximal oxygen uptake, and the anaerobic threshold in endurance triathletes. *Advances in Experimental Medicine and Biology, 393*, 179–186.

Zatsiorsky, V. (1995). *Science and practice of strength training*. Champaign, IL: Human Kinetics.

Ziegler, E. F. (1987). Rationale and suggested dimensions for an ethics code for sport psychologists. *The Sport Psychologist, 1*, 138–150.

Ziv, G., & Lidor, R. (2009). Physical attribute, physiological characteristics, on-court performances and nutritional strategies of female and male basketball players. *Sports Medicine, 39*(7), 547–568.

Zoorob, R., Parrish, M. E., O'Hara, H., & Kalliny, M. (2013). Sports nutrition needs: Before, during, and after exercise. *Primary Care, 40* (2), 475–486.

作者简介

图德·邦帕（Tudor Bompa）

图德·邦帕出生于罗马尼亚，是一位哲学博士。20世纪60年代早期，图德·邦帕对于计划性训练周期以及主导体能周期等训练理论产生了浓厚的兴趣。他的一些理论已经广泛应用于体育训练、军事训练、健身和健美运动训练中。

邦帕教授分别于美国、加拿大、德国、波兰和罗马尼亚共出版过16本著作，其中有12本训练理论的著作、1本社会人类学著作、3本政治学著作（截至本书英文原版出版时）。他的一些著作已经被翻译成19种语言，在超过180个国家中被用作体能训练的教材。他的著作之一——《周期训练理论与方法》（*Periodization: Theory and Methodology of Training*），在世界许多的大学中成了最受欢迎的教材之一。同时，他也在46个国家发表过演讲。

有21个国家给图德·邦帕颁发过荣誉奖章，其中不乏一些重磅奖励，诸如纽约大学荣誉教授奖、多伦多大学与安大略大学的荣誉教授奖、美国国家体能协会（NSCA）终身成就奖（2014年于拉斯维加斯），以及纽约科技大学、罗马尼亚蒂米什瓦拉大学的荣誉博士奖。

鲍里斯·布鲁门斯坦（Boris Blumenstein）

鲍里斯·布鲁门斯坦教授是体育医疗科学与研究里布斯坦中心的行为科学部的负责人，该中心位于温盖特国家体育研究所。他也是里雄莱锡安管理与学术研究学院负责体育与训练心理学的MA（医疗学术）计划以及吉瓦特·华盛顿教师学院MA（医疗学术）计划的副研究员。鲍里斯·布鲁门斯坦于1980年获得博士学位。

鲍里斯·布鲁门斯坦教授在体育心理学领域从业时间长达30余年，并为许多精英级的运动员提供过训练指导。他曾作为多个国家的体育运动心理学顾问，出征了1996年的亚特兰大奥运会、2000年的悉尼奥运会、2004年的雅典奥运会以及2008年的北京奥运会。鲍里斯·布鲁门斯坦教授的著作及合著图书共有7本，并发表了60余篇期刊论文，主要专注于体育和训练心理学领域。在国家以及国际会议上，发表演讲80余次。

鲍里斯·布鲁门斯坦教授目前的主要研究领域包括提升成绩的心理技巧训练、压力与运动成绩的关系以及在运动员大赛准备期间的不同的心理干扰等。此外，他还是以色列体育心理学协会的前任主席。

詹姆斯·霍夫曼（James Hoffmann）

詹姆斯·霍夫曼在东田纳西州立大学获得了体育心理学博士学位。他早期师从麦克·斯通博士，专注于橄榄球运动员通过滑板助推以提高运动成绩的应用研究，并获得了博士学位。詹姆斯·霍夫曼也是训练与体育科学计划的前负责人。此外，他还负责大量的关于力量与协调性、运动营养以及训练心理学的相关课程的教学工作。

詹姆斯·霍夫曼参与了多部著作的编撰，其中包括 *The Renaissance Diet*、*The*

Scientific Principles of Strength Training、*How Much Should I Train: An Introduction to the Volume Landmarks* 以及 *Recovering from Training: How to Manage Fatigue to Maximize Performance*。詹姆斯·霍夫曼教授和他的同事们也在体育训练、运动营养以及恢复策略的理论与实践领域，在全世界范围内举办了多次论坛。

詹姆斯·霍夫曼还在健身、运动营养、恢复等领域指导了数千名运动员和健身爱好者。他曾经作为体能教练，执教过大学生男子与女子橄榄球队。作为一名运动员，詹姆斯·霍夫曼在竞技橄榄球、美式足球以及摔跤领域都曾取得过不俗的成绩，而他现在正在征服的运动项目是泰拳。

斯科特·豪厄尔（Scott Howell）

斯科特·豪厄尔是图德·邦帕学院（TBI）的国际理事。他拥有医学和哲学的双博士学位。斯科特·豪厄尔对研究方法、数据统计、传染病学、心理学以及体育科学有着浓厚的研究兴趣。在运动周期以及在体育训练中的应用领域，斯科特·豪厄尔是一名享誉海内外的知名专家。作为图德·邦帕学院（TBI）的国际理事，他将图德·邦帕学院（TBI）推向了世界，目前在 36 个国家建立了科研办公室。

斯科特·豪厄尔博士最热衷的事情之一便是教学，尤其是在体育科学与运动周期的领域。他经常受邀作为演讲嘉宾参加统计学、雄性激素对心血管疾病及肝脏与肾脏疾病的副作用、提升运动成绩药物的药理学、体能训练、流行病学、运动营养学以及运动周期原则等方面的会议。

斯科特·豪厄尔博士曾经在几个著名的学术期刊上发表过多个主题的科研论文，其中包括 *American Journal of Physiology*、*Journal of Obesity and Diabetes*、*Yale Journal of Biology and Medicine* 以及 *Karger（Cardiology）* 杂志。他还曾经被一些医学与运动相关的组织授予相关的资格证书，也是几个医学研究与体育训练组织的成员。

爱丽丝·奥巴赫（Iris Orbach）

爱丽丝·奥巴赫是体育医疗科学与研究里布斯坦中心的行为科学部的研究员与运动心理学顾问。她也是里雄莱锡安管理与学术研究学院负责体育与训练心理学的MA（医疗学术）计划的负责人，还是温盖特国家体育研究所纳特·霍尔曼学校教练员与指导员的健康推广计划的负责人。

爱丽丝·奥巴赫博士于 1999 年在佛罗里达大学获得体育与训练科学的博士学位。她曾就职于美国马萨诸塞州塞勒姆的塞勒姆州立大学，担任体育、健身以及放松研究学院的助理教授。除日常授课外，爱丽丝·奥巴赫博士还发表和出版了大量的论文与著作，并且在国家级、国际级会议上多次发表过运动心理学主题的演讲。爱丽丝·奥巴赫博士参与合著的图书 *Mental Practice in Sport: Twenty Case Studies and Psychological Skills Training* 已经由 Nova Science 出版社于 2012 年出版。

爱丽丝·奥巴赫博士当前的研究领域包括压力与成绩的关系、儿童与运动动机以及不同的心理训练实践的有效性等。爱丽丝·奥巴赫博士利用她的专业知识，作为顾问辅导过不同水平的运动员。在业余时间，爱里丝·奥巴赫博士热衷于跑步、骑行、游泳、举重以及很多其他的健身活动。

译者简介

曹晓东

博士，职业足球俱乐部体能教练、青训体能总监；2008年至今担任各级男女足球国家队体能教练；中国体育科学学会体能训练分会委员／专家组成员；中国足球协会体能讲师。

高志青

北京市体育科学研究所副研究员；长期深入运动队，开展高水平运动员的心理训练及心理咨询研究和服务工作；现为中国体育科学学会运动心理学分会和中国心理学会体育运动心理专业委员会委员，中国心理学会临床心理学注册工作委员会认证的注册督导师；国家体育总局"优秀中青年专业技术人才百人计划"第二批培养对象。

张栋

美国加州大学访问学者；上海体育学院运动训练学硕士。上海市竞技体育训练管理中心体能教练；曾执教多名奥运冠军和世界冠军；NSCA认证专业体能教练（CSCS）；NSCA-Shanghai中国地区特邀讲师。

田石榴

博士，美国加州大学高级访问学者，上海体育学院运动科学学院副教授，硕士生导师；上海体育学院体质测试中心专家；上海市社会体育指导员培训讲师；长期深入运动队，开展高水平运动员的生理生化监控、体能及康复的研究和服务工作。